尽 善 尽 美　　弗 求 弗 迪

研发再造

IPD变革管理六步法

樊 辉 著

电子工业出版社
Publishing House of Electronics Industry
北京·BEIJING

内 容 简 介

本书以 IPD 变革管理过程的六个步骤为主线，串联起了与变革管理相关的五个基本问题，以及与系统性问题分析和解决相关的工具方法。导论部分描述了 IPD 体系的核心价值与核心思想，以及指导 IPD 变革的思维框架。第一章至第六章则是对 IPD 变革管理六步法中每一步应完成的主要工作内容、要用到的工具方法及变革管理过程的详细描述。结语部分对 IPD 变革的八个关键成功因素进行了总结性提炼。本书内容完整、方法实操、逻辑清晰，可以为企业自学习、自诊断、自设计、自推行 IPD 变革提供有效的帮助。

未经许可，不得以任何方式复制或抄袭本书之部分或全部内容。
版权所有，侵权必究。

图书在版编目（CIP）数据

研发再造：IPD 变革管理六步法 / 樊辉著．—北京：电子工业出版社，2024.3
ISBN 978-7-121-46992-3

Ⅰ．①研… Ⅱ．①樊… Ⅲ．①产品开发 Ⅳ．① F273.2

中国国家版本馆 CIP 数据核字（2024）第 009505 号

责任编辑：王小聪
印　　刷：河北虎彩印刷有限公司
装　　订：河北虎彩印刷有限公司
出版发行：电子工业出版社
　　　　　北京市海淀区万寿路 173 信箱　　邮编：100036
开　　本：720×1000　1/16　印张：17　字数：270 千字
版　　次：2024 年 3 月第 1 版
印　　次：2025 年 7 月第 2 次印刷
定　　价：79.00 元

凡所购买电子工业出版社图书有缺损问题，请向购买书店调换。若书店售缺，请与本社发行部联系，联系及邮购电话：（010）88254888，88258888。

质量投诉请发邮件至 zlts@phei.com.cn，盗版侵权举报请发邮件至 dbqq@phei.com.cn。
本书咨询联系方式：（010）68161512，meidipub@phei.com.cn。

序言

在持续的变革中生存与发展

2022年4月底，我在上一部著作（《业务增长战略：BLM战略规划7步法》，本书简称《业务增长战略》）还在联系出版社商讨出版事宜时，就已经开始了本书的写作准备工作。因为我知道，企业在制定出新的业务战略之后要配合战略的落地执行，多数情况下会触发管理体系的变革。而企业管理的基本逻辑是价值创造、价值评价与价值分配的不断循环，参照华为公司的IPD、LTC与ITR这两大一小的价值创造流，在产品的过度竞争时代，构建起一套能够帮助企业开发出有竞争力的好产品的研发体系，自然就成了管理变革的首要目标。我写作本书的出发点之一，正是为了帮助《业务增长战略》一书的读者朋友们，在企业内部成功地实现这一变革目标。

生存与发展是企业永恒的主题，要想在激烈多变的市场竞争中活下来，企业必将或主动或被动地启动管理变革，特别是与产品创新和研发管理相关的研发体系变革。于是，近几年来向华为学习IPD就成了一股新热潮。与此同时，我也见证了太多IPD变革失败的案例，痛心之余便不断地思考如下三个问题：

（1）为什么咨询公司或咨询顾问都号称自己是在授人以渔，而非授人以鱼，可是等他们从企业撤退之后，企业的管理模式却又回到了老路上？

（2）为什么会有一些企业只通过一两堂IPD扫盲课的培训或几本相关书籍的粗浅学习，就要仓促地开始"飞蛾扑火"般的IPD变革之旅？

（3）面对激烈的市场内卷，企业不变革就是在等死，无章法的变革又是在飞蛾扑火。怎么办？有没有一套源自IPD变革实践，既有普适价值的理论指引，又可因地制宜进行实操的变革方法？

作为一名长期为企业提供陪跑辅导的IPD咨询顾问，我对上述三个问题的回答，便是愿举洪荒之力，倾毕生之所学与所用，写一本能够帮助企业自学习、自诊断、自设计、自推行 IPD 变革的书。这便成了我写作本书的第二个原因。

我承认本书取名"再造"二字，有蹭迈克尔·哈默所提出的"企业再造"之名气的嫌疑。本书原名为"研发重构"，因担心企业高层依然认为，所谓的研发重构就是研发部门内部组织、流程的重新编排与组合而已，故改用"再造"二字。如此改动，是希望让企业高层意识到，这是一次广度和深度都与以往完全不同的再造或重生的变革过程。如果真能唤醒企业高层的这一意识并减少 IPD 变革失败的哪怕一个案例，我认为即使"被嫌疑"也是值得的。

樊辉

2023 年 3 月 20 日于深圳

内容摘要

本书所描述的"研发体系"（也称研发管理体系）指的是，集成了企业内部市场、研发、采购、制造、销售、服务等资源，对产品全生命周期的商业成功负责的产品创新与研发管理的体系。按照华为公司两大一小的价值创造流（IPD、LTC、ITR）的概念，与之相配套的是由 LTC 和 ITR 所构成的销售与服务体系，简称"销服体系"。

本书将基于 IPD 价值创造流的研发体系称为 IPD 体系，有时也简称为 IPD。IPD 体系是一套成熟的集成产品开发体系，基于 IPD 的研发体系的变革本质上也是在开发一款新的产品，只不过这款新产品是一套新的管理体系而已。因此，研发体系的变革过程自然也就可以用 IPD 的集成产品开发流程来进行管理，并可将变革管理过程也划分为立项、概念、计划、开发、验证和发布六个阶段。而这，也正是笔者为本书所阐述的研发体系变革管理方法取名为"IPD 变革管理六步法"的缘由。

IPD 变革管理六步法描述的是研发体系变革管理的过程，其产出是一套新的并可为实现未来业务战略目标提供强有力支撑的研发体系。这套体系本身是一套复杂的系统，其变革的切入点可以有不同的维度。在本书中，笔者建议通过业务战略重组、市场管理重组、开发过程重组和研发能力重组来"再造"一套新的研发体系。四个维度的体系再造方法加上六个步骤的变革管理过程，组成了笔者首创的"四维六步 IPD 变革模型"。

本书以 IPD 变革管理过程的六个步骤为主线，串联起了与变革管理相关的五个基本问题，以及与系统性问题分析和解决相关的工具方法（如调研诊断五星模型等）。导论部分描述了 IPD 体系的核心价值与核心思想，以及指导 IPD 变革的思维框架。第一章至第六章则是对 IPD 变革管理六步法中每一步应完成的主要工作内容、要用到的工具方法及变革管理过程的详细描述。第一章是关于变革项目立项分析及其商业计划的内容，明确了 IPD 变革的目的、范围、初步假定的变革方向及主要的交付成果；第二章介绍了对研发体系现状进行调研诊断的过程和方法，以及新研发体系的蓝图设计与变革路径规划；第三章主要描述了在新研发体系蓝图的指引下，分模块进行框架设计的基本原则和相关方法；第四章以新产品集成开发体系（小 IPD）为例，描述了如何从组织结构、流程体系及运作机制等方面对研发体系的各模块进行详细设计；第五章描述了如何对新体系在受限范围内进行试点运行及解决方案的调优；第六章是对变革全面推行阶段如何分阶段有节奏地推进变革，并最终将变革成果固化成组织文化等关键过程和内容的阐述；结语部分则是对 IPD 变革八个关键成功因素的总结性提炼。

尽管笔者想倾尽毕生之所学与所用，保证本书内容完整、方法实用和逻辑清晰，也难免会存在疏漏之处，欢迎读者朋友们批评指正，不吝赐教。更多信息可以通过关注公众号【锐恩 BLM 及 IPD 咨询】或笔者的微信号【18665802507】进行交流。

目录

导论
IPD 的核心价值及其变革指导框架

第一节　产品创新与研发管理的典型问题　3

第二节　IPD 的四个核心价值　6

　　核心价值一：基于 IPD 的变革是企业研发管理模式转型的必由之路　8

　　核心价值二：IPD 是业界最佳的产品创新与研发管理的方法集　9

　　核心价值三：IPD 使产品的成功由偶然转向必然　10

　　核心价值四：IPD 有助于构建优秀的企业文化　11

第三节　IPD 的五个核心思想　13

　　核心思想一：将研发视为投资行为，聚焦有价值的市场机会　13

　　核心思想二：产品创新要基于客户需求和技术创新的双轮驱动　13

　　核心思想三：产品开发需要跨部门团队和结构化的流程来支撑　14

　　核心思想四：业务分层及平台架构是实现高质量低成本研发交付的能力基础　14

　　核心思想五：核心人才梯队和有效的激励机制是 IPD 高效运作的有力保障　15

第四节　IPD 变革指导框架　15

　　IPD 变革指导框架对五个基本问题的回答　16

　　IPD 变革的内容要聚焦四个重组　18

第五节　IPD 变革管理六步法　19

第一章
变革项目的立项及商业计划的制订

第一节　变革项目立项阶段的关键活动总览　25

第二节　IPD 变革是由业务战略触发的　26

第三节　变革项目的立项分析及商业计划的制订　29

　　　　访谈项目发起人，具化并量化变革项目的目标　29

　　　　初识项目关键干系人并进行初步评估　31

　　　　组建变革项目运作指导团队　32

　　　　变革项目的立项分析及其商业计划　34

第四节　变革准备度调查及项目启动　37

　　　　组建变革项目团队　37

　　　　增强变革的紧迫感　38

　　　　组织变革项目的立项决策评审　41

　　　　召开变革项目启动会　41

第五节　IPD 不是银弹：M 公司 IPD 变革案例分享　42

第二章
调研诊断及新体系的蓝图设计

第一节　调研诊断及蓝图设计的关键活动总览　51

第二节　调研诊断的四个重要性原则　52

　　　　重要性原则一：问题是什么比如何解决更重要　53

　　　　重要性原则二：系统思考比线性思考更重要　55

　　　　重要性原则三：了解历史比找出责任人更重要　57

　　　　重要性原则四：面向未来比反思过去更重要　58

第三节　研发体系调研诊断的五星模型　60

　　　　基于 BLM 的调研诊断五星模型　62

　　　　运用五星模型调研诊断的具体内容　64

　　　　卓越研发体系应具备的关键能力　66

第四节　基于 GAPMB 的问题根因分析　67

　　　　5WHY 法对解决系统问题的不足　67

　　　　基于 GAPMB 的系统问题根因分析　68

　　　　GAPMB 在五星模型中的应用　70

第五节　聚焦瓶颈的系统问题解决方法　73

第六节　研发体系调研诊断的过程管理　76

  调研诊断的过程　76

  调研诊断从识别差距开始　77

  对信息和数据进行分析并将结果图表化　80

  撰写调研诊断报告并向 OSG 汇报　82

第七节　新体系的蓝图设计及变革路径规划　85

第八节　调研诊断阶段的变革项目管理　90

第九节　S 公司研发体系转型的变革蓝图设计　93

第三章
新体系各模块的框架设计

第一节　框架设计阶段的关键活动总览　99

第二节　研发体系解决方案的四个设计原则　100

第三节　以客户为中心的需求管理体系　102

第四节　基于 BLM 的业务战略规划体系　108

第五节　确保做正确事的新产品规划体系　114

第六节　新产品集成开发与运维管理体系　117

第七节　异步共享的平台与技术管理体系　123

第八节　提升研发效能的基础使能体系　128

  项目管理的框架设计　128

  成本管理的框架设计　131

  质量管理的框架设计　133

第九节　业务导向的人力资源管理体系　136

  IPD 核心人才的管理　136

  责任结果导向的组织及个人绩效管理　139

多元化精准激励机制的设计　144

第十节　框架设计阶段的变革项目管理　145

第四章
新体系各模块的详细设计

第一节　详细设计阶段的关键活动总览　149

第二节　管理体系各要素详细设计的概览　149

以流程型矩阵式组织为目标的组织结构设计　151

端到端的结构化业务流程设计　152

责权清晰、协同高效的运作机制的设计　154

管理工具和方法的集成与优化　155

第三节　IPD 流程体系的架构与结构化设计　156

IPD 体系的流程架构设计　156

IPD 体系的结构化流程设计　158

IPD 体系的四个核心流程　161

第四节　新产品集成开发流程及其详细设计　162

概念阶段：完善产品需求，并制订初始的项目计划和商业计划　163

计划阶段：完成两个设计并确定两份计划　166

开发阶段：开发和测试工程师最忙碌的时期　168

验证阶段：通过制造和客户的验证，确定产品的可获得性　169

发布阶段：新产品的诞生　170

编写流程说明文档　170

编写流程的应用及裁剪指南　172

第五节　IPD 流程体系设计的四个关键要点　173

流程要客观反映业务流，为业务服务　174

核心业务流程要端到端、全流程贯通　175

流程设计要优先保障主干流程的畅通　175

主干流程要标准化、模板化，末端要灵活　175

第六节　IPD 体系组织结构的设计过程　176
　　　　理解业务战略对组织的要求　177
　　　　组织职能的梳理与设计　178
　　　　组织形态的选择与设计　180
　　　　组织单元及职位的设计　186

第七节　矩阵式组织结构的设计与构建　188
　　　　基本的矩阵式组织结构设计　189
　　　　矩阵式组织结构的变形设计　192
　　　　被错误实施的矩阵式组织　195
　　　　流程型矩阵式组织的构建　196

第八节　重量级业务团队及管理机制的设计　197
　　　　关键的重量级业务团队的设计　198
　　　　产品经理与资源经理的职责设计　200
　　　　重量级业务团队管理机制的设计　202

第九节　IPD 体系各种决策与协同机制的设计　204
　　　　放权与监管并行的决策机制　204
　　　　从个体英雄到群体英雄的协同机制　208

第十节　详细设计阶段的变革项目管理　210

第五章
新体系的受限试点及调优

第一节　受限试点阶段的关键活动总览　215

第二节　新体系试点实施方案的设计　216

第三节　新体系的试点管理及方案调优　217

第四节　对 IPD 变革的质疑及华为的解答　219

第六章
新体系的推行及持续改善

第一节　全面推行阶段的关键活动总览　225

第二节　广泛的共识是推行变革的基础　226

　　　　对问题的分歧　227

　　　　对解决方案的分歧　229

　　　　对实施的分歧　231

　　　　培养员工对 IPD 变革的主人翁意识　232

第三节　分阶段有节奏地推进 IPD 变革　233

　　　　全面推行计划的制订与过程管控　233

　　　　推进 IPD 变革，要适时"松刹车"　234

　　　　创造短期成效，增强变革信心　236

第四节　将变革成果固化成组织的文化　238

　　　　以客户为中心的文化　239

　　　　工程商人文化　240

　　　　团队协作文化　240

　　　　一次把事情做正确的文化　241

　　　　容忍失败、勇于创新的文化　242

第五节　持续改善方可构建卓越研发体系　243

结　语
IPD 变革的八个关键成功因素

缩略语表

参考文献

导论
IPD 的核心价值及其变革指导框架

基于 IPD 的研发体系变革必须以 IPD 的核心思想为指导,实现 IPD 的核心价值。

第一节 产品创新与研发管理的典型问题

只要一谈起自身企业在产品创新与研发管理方面的表现,各企业的高管们总能愤愤不平地给笔者列出如下的八大或十大典型问题。

问题一:我们以为的需求不是客户的真实需求

(1)研发人员不理解客户的真实需求。销售经理认为研发人员不懂市场,不了解客户需求,只会在家里闭门造车,"客户想要的产品研发人员做不出来,研发人员做出来的产品卖不出去,研发部整天就是在做无用功。"

(2)销售经理提供的需求无法指导产品研发。研发人员则认为销售经理对产品只停留在一知半解,只会传递客户的原话,不能帮助客户为研发人员提供有价值且可实现的需求,所以研发人员无法按照销售经理的要求去开发产品。

(3)用领导要求代替客户需求。因为领导经常跟客户交流,也经常跑市场,所以大家一致认为领导的要求,就代表客户的需求,没有人敢提出反对意见。

问题二:总想用一款超级产品通吃天下

(1)只有超级产品才能与竞争对手比拼。销售经理总是要求产品提供的功能越多越好,性能越高越好。竞争对手有的,我们都要有,而且还要比对手好;竞争对手没有的,我们也要有,这样才有差异化优势。

(2)产品特性越多,亮点越多,才越好卖。不知道下一个版本什么时候推出,最好在当前正在开发的版本上实现所有能想到的特性。

(3)质量、进度是研发部的事情,销售经理只要功能。产品已进入开发、测试阶段了,销售经理还在通过高层领导施压,要求对产品大量增加或修改功能特性,如不执行,研发部就是不支持一线销售经理,没有全局观。

问题三:职能部门架空了产品经理和项目经理

(1)谁手上有资源,谁就有权力。产品和项目相关的任务进入各职能部门后，各职能经理手上都握有"生杀大权"，资源投入、流程决策、绩效考核都是他们说了算。

（2）每个部门都认为自己做得很好了，但产品就是不成功。针对设计方案，职能部门也能提出各自的却又相互矛盾的"最优解决方案"，而且还不愿意放弃自己的部门立场，最终"局部最优"损害了"整体最优"。

（3）基层员工只对部门领导负责。"部门墙"弱化了一线市场压力和客户信息向企业内部的传递，造成研发人员对外部客户需求的理解不充分，对内部需求（DFX等非功能性需求）不关心，产品开发成了领导导向而非市场导向。

问题四：研发流程流于形式

（1）流程与实际脱节或是错误的。流程是由流程管理部或综合管理部"想象"出来的，"不接地气"，甚至把错误的经验固化成了流程。

（2）流程可操作性差。流程粗放、不规范、不具体、不细化，可操作性差，让研发人员无所适从，研发人员只好按各自的理解和喜好有选择地执行。

（3）异步并行的端到端开发流程缺失。只有零散的功能性流程（如软件开发流程、集成测试流程等），研发过程是一种在各职能部门间接力式串行的过程，大量工艺性、可靠性、可维护性的问题遗留到后端。

问题五：项目管理没有发挥"管理"职能

（1）项目经理的管理职能被弱化成"项目文员"。项目管理成了一个只需要跟踪项目进度、输出项目周报的人人皆可兼职的岗位。项目经理没有权力也没有能力较好地执行项目管理活动。

（2）多项目下"会哭的孩子才有奶吃"。面对多产品多项目的研发资源争夺，强势的或"会哭"的项目经理往往能得到领导更多的关照。

问题六：产品质量不稳定，修改频繁

（1）以牺牲质量换取从头再来的时间。产品质量是在开发过程中逐步稳定的，但产品却又不断地被要求修改，如需求要变更、方案要修改、代码要重写、测试要重做，每一次的从头再来都会让研发人员抓狂。

（2）"自扫门前雪"是为了更好地推卸责任。"部门墙"的意识使各部门都采取"抛过墙去"的工作方式，各部门既不关心其他部门抛过来的工作质量,也不积极参与跨部门的质量活动,如技术评审等。

(3)质量部成了与其他部门对立的一个部门。质量部变成了"质量警察部",成了各部门认为的不懂业务,只会找碴的对立部门,或者弱化为生产部之下的"质量检查部"。

问题七:缺乏继承和共享机制,每一个项目都是全新的

(1)每一个项目都从"造轮子"开始。公司内部有许多新产品开发项目,但每一个新产品或新项目都在重复开发类似的技术和零部件,浪费研发资源和时间,产品质量也很难稳定。

(2)每一个功能模块都是定制的。在某个型号的产品上发生过的质量问题或事故,会在其他类似产品或型号上接二连三地重复发生,这种情况经常出现,解决方案也需要根据不同产品或型号进行定制。

(3)技能和经验没有传承和分享。新入职的研发人员成长太慢,新员工要重走老员工走过的路,重犯一遍老员工的错误,自生自灭式地成长。

问题八:研发管理后继乏人

(1)技术型主管管理能力不足。随着公司规模的扩大,公司提拔了一批技术骨干到研发管理岗位上,结果却出现研发效率和质量的严重下降。

(2)有全局观,既懂市场又懂技术的产品经理缺失。公司也想推行产品经理负责制,但全员"扫描"后发现只有总经理才能胜任此职位。

(3)项目经理不对项目结果负责。项目经理只是名义上的经理,真正在为项目各种管理活动操心的是技术总监或总经理。

许多具有上述部分或全部问题的企业,每年对研发的投入其实并不少,但是效果却不佳。昔日的电视行业"老大哥"H公司,近十年来相继投入了大量资金进行产品和技术的更新迭代,仅2019年的研发费用就高达20亿元,研发方向包括了激光电视、智能投影、8k超清等多个领域。但是,H公司的电视产品在市场上却始终不温不火,从未引起较大的反响,且市场份额正在不断地被电视新秀小米、华为蚕食。

具有上述部分或全部问题的企业很多,其中也不乏偶尔推出过一两款成功产品的企业。但是这种成功,往往靠的是某个英雄式人物,甚至还有些碰运气的成分。正如2014年郭平在华为"蓝血十杰"颁奖大会上所说的:"记得我刚进公司做研发的时候,华为既没有严格的产品工程概念,也没有科学的流程和制度，一个项目能否取得成功，主要靠项目经理和运气。我负责的第一个项目是 HJD48，运气不错，为公司挣了些钱。但随后的局用机就没那么幸运了，亏损了。再后来的 C&C08 交换机和 EAST 8000，又重复了和前两个项目同样的故事。这就是 1999 年之前华为产品研发的真实状况，产品获得成功具有一定的偶然性。可以说，那个时代华为研发依靠的是个人英雄。正是看到了这种偶然的成功和个人英雄主义有可能给公司带来的不确定性，华为在 1999 年引入了 IPD，开始了管理体系的变革和建设。我们经历了削足适履、穿美国鞋的痛苦，实现了从依赖个人、偶然地推出成功产品，到可以制度化，可持续地推出满足客户需求的、有市场竞争力的成功产品的转变。"

原华为产品与解决方案体系总裁费敏在谈到 IPD 为公司带来的好处时曾说："IPD 的流程体系和管理体系，使公司在产品开发周期、产品质量、成本、响应客户需求、产品综合竞争力上都取得了根本性的改善，从依赖个人英雄转变为依靠管理制度来推出有竞争力的高质量产品，有力地支撑了华为的快速发展和规模上的国际化扩张。"

郭平和费敏提到的 IPD，就是华为始于 1999 年从 IBM 引进的集成产品开发体系。它是一套先进的、成熟的研发管理思想、模式和方法，它是一系列优秀管理实践的集成，包括了 Stage-Gate（门径系统）、PACE、CMMI 以及 IBM、华为等企业的最佳实践，它也是业界解决上述典型问题的国内最佳可参照标杆。

第二节　IPD 的四个核心价值

IPD 体系是业界最佳的产品创新与研发管理体系，它将产品开发视为一项投资行为，通过业务战略的制定和市场机会的洞察，确定产品和项目的价值最大化、风险最小化的投资组合；通过基于应用场景的客户需求挖掘，定义产品的价值主张和功能卖点；通过高质量的 Charter 开发（新产品立项分析），确保产品开发团队是在做正确的事；通过产品和技术的异步并行开发，跨部门的重量级业务团队，以及结构化的业务流程，确保产品开发团队正确地做事；通过技术货架和产品平台的共享，构建起核心技术竞争力并让产品开发过程像搭积木一样快捷；通过增量绩效管理及以奋斗者为本的研发人力资源管理，夯实产品持续成功的研发基础。

IPD是在业务战略的指引下，针对市场及客户需求管理体系、新产品立项及开发体系、平台/技术规划及开发体系、功能级支撑体系和研发人力资源管理体系的一套集成框架，IPD的核心就在于"I"（Integrated，集成），这里的"集成"不是机械的、物理功能的简单堆砌，而是有机的、能够产生"化学反应"的系统集成。

20世纪90年代初，面对激烈竞争的市场环境，IBM遭遇了严重的生存危机。为了扭转这一局面，IBM在郭士纳的带领下，开始了研发体系的IPD变革，并提出："IPD是关键！我们必须更加规范地开发产品，在开始便考虑市场情报和客户需求，在开始阶段就确定所需资源，根据里程碑进行管理。整个IPD的重整至关重要，如果你不知道它是什么，你就真正地需要回去学习。我的意思是说，这个公司的每个人都需要熟悉IPD。我们准备根据这个流程来经营公司。"IBM用5年时间对其研发体系进行了变革，并取得了显著成功。

成立于1987年，刚开始还是交换机代理商的华为，经过十年努力，在接入网、光网络、智能网诸多领域均取得了不俗的成绩，并开始布局移动通信产品。但是，华为在管理上的短板也日益突出：收入增长的同时，毛利率却在下降；产品开发周期是业界最佳的两倍以上；新产品收入在整个销售额中的占比一直徘徊不前；产品或解决方案与客户真实需求的差距在扩大……

此时，处于快速扩张期的华为急需一场产品创新与研发管理领域的变革，来改变当前的产品开发模式和方法。于是1999年，华为在任正非的带领下，也开启了IPD变革的序幕。任正非说："我们有幸能找到一个很好的老师，这就是IBM。华为公司的最低纲领应该是要活下去，那最高纲领是超过IBM。……我们所进入的产品领域是长线领域而不是短线领域，我们要缩短研发周期，加强资源配置密度。……IPD关系到公司未来的生存与发展，各级组织、各级部门都要充分认识到它的重要性。"

IBM和华为的IPD变革实践证明，IPD确实能够加快产品开发速度，缩短产品上市时间，提高产品创新的成功率，减少投资浪费，降低产品综合成本并提高产品质量，最终提高人均投入产出，并为客户创造更多的价值。

概括起来，IPD 体系对企业的核心价值有如下四点：
➢ 核心价值一：基于 IPD 的变革是企业研发管理模式转型的必由之路。
➢ 核心价值二：IPD 是业界最佳的产品创新与研发管理的方法集。
➢ 核心价值三：IPD 使产品的成功由偶然转向必然。
➢ 核心价值四：IPD 有助于构建优秀的企业文化。

核心价值一：基于 IPD 的变革是企业研发管理模式转型的必由之路

一般来说，一个技术型企业研发体系的成长可以分成四个阶段：初创阶段、项目定制阶段、产品组合阶段、系统集成阶段。当然，有的企业可能不是按照这四个阶段依次成长起来的，也可能存在跳跃式成长。

在初创阶段，企业往往是以一款有差异化优势的产品成功进入某细分市场，这一阶段的主要目标是服务好该细分市场的早期支持者，先生存下来。为了服务好客户并扩大生存空间，在技术实力和研发基础比较薄弱的情况下，企业往往会以大量的定制化合同或项目的形式，通过"贴身服务"留住客户。因此，此阶段也称项目定制阶段。此阶段的一个显著特征是销售导向，以客户为中心变成了以销售为中心，销售人员在企业内部的话语权很大。另一个特征会出现在这一阶段的后期，那就是大量的短期定制化项目分散且耗尽了企业的资源，而对于可以强化技术储备和提升未来核心竞争力的长期战略性项目却没有资源投入了。产品没有竞争力，项目共享率低，造成企业对项目的交付只能依靠"人海战术"，人均毛利迅速下降。

人均毛利的恶化，是在提醒企业要由当前的项目定制阶段向产品组合阶段进发了。此时，研发模式要由对单个项目进行深度定制的交付模式向可批量复制的产品创新模式转型，营销理念也要由销售导向转变为市场导向，通过对市场和客户群的细分，为不同的细分市场和客户群提供不同的产品组合。

◆ 销售导向下项目交付的特点
√ 满足单一客户的定制需求。

√ 一个合同或订单启动一个项目，追求短期项目的成功交付。

√ 交付物是一个独特的定制产品，后期维护成本高。

√ 项目开发主要是研发部的事。

◆ **市场导向产品创新的特点**

√ 满足某个细分市场的共性需求。

√ 通过商业策划启动一个新产品，追求长期的市场和财务成功。

√ 交付物是一个公共的基线产品，可在其上开发定制产品。

√ 市场、研发、生产、服务等部门协同运作。

企业通过 IPD 变革，构建基于 IPD 的研发体系，正是由销售导向项目定制驱动的交付模式向市场导向产品创新驱动的研发模式转型的必由之路，这也是当下由"中国制造"向"中国创造"转型的众多中小型企业的必然选择。

核心价值二：IPD 是业界最佳的产品创新与研发管理的方法集

国际上，对产品创新与研发管理方法的研究和实践最早始于 20 世纪 80 年代。加拿大的罗勃特·G.库珀所提出的如图 0-1 所示的门径管理系统（SGS），在多家知名企业如宝洁、杜邦、惠普、北电等均得到了很好的应用。

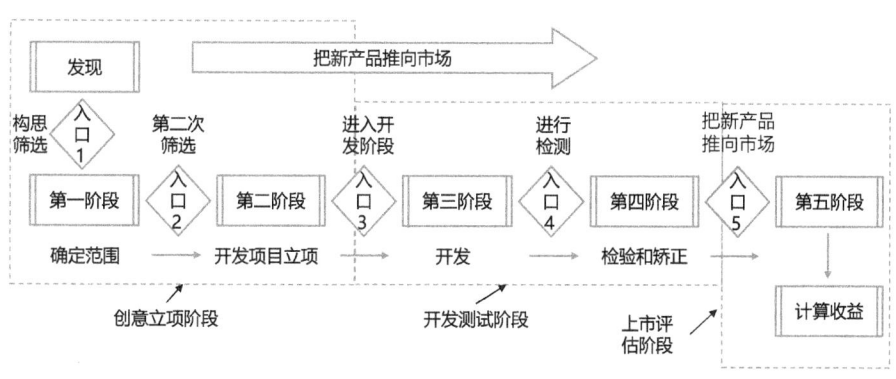

图 0-1 门径管理系统

门径管理系统将产品创新和开发过程划分成一系列预先设定的阶段，每个阶段由一组预先规定的、跨职能的、异步并行的活动所组成。在门径管理系统中，通向每一个阶段的是一个入口，这些入口控制着产品开发流程，主要起技术评审和商业决策评审点的作用。

美国的 PRTM 管理咨询公司于 1986 年提出了产品及周期优化法（PACE），PACE 将产品创新与研发管理相关的关键因素综合在一起，以提高产品开发效率和质量。这些关键因素包括了产品战略规划、阶段决策评审、产品开发核心小组、结构化开发流程、技术开发管理、对项目进行优先级排序及资源分配的管道管理等。

IBM 集成了 SGS 和 PACE 的理论精华，并进行了相应的调整和优化，特别强调了市场和客户需求对产品创新的驱动作用以及跨部门协作在产品开发过程中的重要性。IBM 在其研发体系的变革实践中，不断改进和完善，最终形成了一整套产品开发模式和方法论，并取名为 IPD。IPD 的产品开发模式随后被波音、诺基亚、思科等公司采用，并于 1999 年被引入华为。

华为在应用 IPD 的过程中，也不断吸收和集成业界最佳的管理实践，如 CMM 与敏捷开发，并根据不同的业务分层，将其广泛应用于软硬件产品的开发、消费终端的开发、芯片或器件的开发、综合解决方案的开发以及云服务产品的开发。

可见，IPD 体系具有足够的包容性和灵活性，能与时俱进地集成或者迭代更新业界在产品创新与研发管理领域的最佳实践。

核心价值三：IPD 使产品的成功由偶然转向必然

靠几个英雄人物甚至是企业老板本人创新出一款在市场上有差异化竞争优势的产品，然后在市场上站稳脚跟并生存下来，是许多企业在初创阶段的真实写照。这几个英雄人物就组成了企业的初创团队。

随着客户规模的扩大和产品系列的增加，这几个元老级的英雄人物逐步走上管理岗位，在过去成功经验的影响下，企业会继续在内外部寻找新的高手或"大拿"。产品开发长期依赖几个英雄人物，会造成他们的业务水平越来越高，经验也集中在他们身上，其他人则成了给他们打下手的。在依赖英雄的开发模式下，产品创新成功的概率完全取决于他们个人对行业和客户需求的洞察力，能否成功，有很多的不确定性和偶然性。面对外部环境极大的不确定性，企业急需建立起与发展阶段相匹配的管理体系，用管理体系的确定性来应对未来的不确定性。

早期华为的产品开发，跟很多初创企业一样，既没有严格的产品工程概念，也没有科学的流程和制度，一个产品能否取得成功，主要靠英明的领导者和运气，靠的是个人英雄。更要命的是华为员工个个都想做英雄，每个人的能量都很大，如果没有规范化的管理，就容易形成无序的布朗运动，这是对企业资源的极大浪费。

IPD 则为规范化的管理筑成了一道堤坝，它把所有发散的能量导向同一个方向，形成一股合力。IPD 有明确的阶段划分和决策评审点，有相应的流程、工具和方法。在 IPD 模式下，个人英雄们不能想怎么干就怎么干，整个过程是有计划且受控的，要按流程和规范来行动，如此就确保了产品创新与研发管理的可控和透明。

IPD 从商业投资的角度看待产品开发，强调产品组合管理、端到端的团队运作，同时强调要把能力建在组织上，确保企业能把一个产品的成功复制到其他产品上，而不是再靠运气。

时任华为高级副总裁的徐直军 2014 年在"市场变革与管理改进"专题会上曾这样说过："IPD 要解决的一个核心问题，就是在产品领域不再依赖'英雄'，而是基于流程就可以做出一个基本能满足客户要求、质量有保障的产品。"他还说："IPD 本身不仅仅是流程，更是流程加管理体系。也就是说华为公司推 IPD，不仅仅是推流程，而是包含了从营销到产品开发的整个管理体系。只要我们不断地按照 IPD 管理体系和流程来要求，我们的能力是能不断提升的，我们开发出来的产品是有保证的，我们是能摆脱英雄式的产品成功模式，转变成有组织保证的产品成功模式的。任何合格的 PDT 经理通过发挥自己的能力，按照 IPD 管理体系和流程的要求就能开发出成功的产品，而不是像当时我们做 08 机那样，恰好是人选对了，08 机就出来了。"

华为内部统计数据显示，IPD 帮助华为将项目平均周期由 2003 年的 84 周压缩至 2007 年的 54.5 周，产品故障率由 2001 年的 17% 减少至 2006 年的 1.3%。

核心价值四：IPD 有助于构建优秀的企业文化

资源是会枯竭的，唯有文化生生不息。一个企业或组织的氛围与文化，对该企业或组织的绩效结果有 30% 的影响。任何管理体系的变革，都必须要改变员工的行为习惯并最终沉淀为企业文化才算成功。

IPD 有助于构建以客户为中心的企业文化。以客户为中心，是许多企业的核心价值观之一，价值观必须融入企业的管理体系，才能落到实处，否则它就是一句口号而已。有的企业也强调自己的价值观是以客户为中心的，但深入了解其管理体系后，发现其组织和流程的设计是基于职责需要和操作规范性的，运作机制是基于权力分配的，激励机制是基于奖勤罚懒的，都不是基于为客户创造价值的。IPD 强调以市场和客户需求驱动的产品创新；强调匹配客户需求裂变引发价值转移后的业务模式创新及业务战略的制定；强调产品开发过程要通过高质量的立项分析和五次决策评审，确保产品是满足市场和客户的真实需求的。

IPD 有助于构建勇于创新的企业文化。IPD 为整个产品创新与研发管理增加了许多新的流程、角色和要求，但这些不是为了阻碍创新，而是为了更好地规范创新，并为创新创造有利条件。IPD 倡导基于客户需求和技术双轮驱动的创新，通过绩效牵引，引导企业既关注能够短期商业变现的创新，也关注能够增加土壤肥力的创新。IPD 主张将产品开发和技术开发相分离，并将技术预研类创新项目的投入视为战略投资，且单列其预算。IPD 从整体上为企业营造了能够容忍创新失败的良好氛围。

IPD 有助于构建乐于协作的企业文化。传统的产品开发模式是段到段而非端到端的，结果往往是前段说"英语"，中间说"日语"，后段说"汉语"，但是各段都是"李云龙"（项目经理）的问题。IPD 在组织结构上实施的是矩阵式管理，并设置了许多跨部门重量级业务团队，以促进跨部门的协作。一款成功的产品，不仅要满足客户对产品功能和性能的需求，还要成本低、服务好，同时满足可靠性、可制造性、可维护性，以及安全性、兼容性等方面的需求，这些需求单靠研发部门是无法实现的。IPD 的跨部门重量级业务团队包括了营销、研发、生产、服务、质量、财务等各领域的核心代表及扩展组成员，他们共同对产品生命周期的全过程及结果负责，通过异步并行的方式，为产品的商业成功贡献各自的专业能力。通过 IPD 的运作，大家深知，只有乐于协作的跨部门团队"力出一孔"，才能真正保证产品的商业成功。

第三节　IPD 的五个核心思想

IPD 是业界许多产品创新与研发管理优秀实践的集成，业界的优秀实践很多，集成什么，不集成什么，如何去粗取精，依循的就是 IPD 的五个核心思想。

> 核心思想一：将研发视为投资行为，聚焦有价值的市场机会。
> 核心思想二：产品创新要基于客户需求和技术创新的双轮驱动。
> 核心思想三：产品开发需要跨部门团队和结构化的流程来支撑。
> 核心思想四：业务分层及平台架构是实现高质量低成本研发交付的能力基础。
> 核心思想五：核心人才梯队和有效的激励机制是 IPD 高效运作的有力保障。

核心思想一：将研发视为投资行为，聚焦有价值的市场机会

人们习惯于将产品开发看作一项技术开发活动，认为它属于研发部或开发部的工作职责。而 IPD 则视产品开发为一项投资行为，这是 IPD 最基本、最核心的思想和理念。所以，任正非在 2016 年华为公司 IPD 建设"蓝血十杰"暨优秀 XDT 颁奖大会上的讲话中指出：IPD 的本质是从机会到商业变现。

IPD 通过市场及客户需求的管理，将资源聚焦在高价值客户需求和市场机会上；通过业务战略的制定，明确细分市场、产品及项目的投资组合，确定投资的方向、节奏及强度；通过高质量的产品立项分析，提升研发投资质量，减少投资浪费；通过集体决策评审机制，确保产品开发的商业决策质量和效率，减少因决策失误带来的投资损失；通过产品的生命周期管理，对产品做好持续的投资和经营；通过对跨部门重量级业务团队的有效运作，让其真正地对研发投资的商业成功负责。

核心思想二：产品创新要基于客户需求和技术创新的双轮驱动

IPD 倡导前端应用型产品的创新要以市场及客户需求来驱动，后端平台架构要以技术创新来驱动，两个驱动相互"拧麻花"。产品路标规划要以客户需求为主要的输入，以市场为导向，这是原动力和"火车头"。技

术创新可以为客户带来更好的体验和更低的成本,但也必须通过现有的基础业务去满足客户需求来体现其价值,也就是"鲜花要插在牛粪上"。

任正非在 2002 年就曾指出:"对于投资,我们有两个牵引,一个是客户需求牵引,一个是技术牵引。两者不相互排斥,两个牵引对公司都是有用的,不唯一走客户需求牵引或是技术牵引的道路。"

核心思想三:产品开发需要跨部门团队和结构化的流程来支撑

IPD 通过许多跨部门重量级业务团队来打破"部门墙",促进端到端的高效协作。其中 IRB 负责新业务的投资决策及业务组合管理,IPMT 负责新产品立项的决策及产品组合管理,RMT 负责需求管理,PDT 负责新产品开发及产品管理,LMT 负责产品生命周期维护和定制开发,TDT 负责平台/技术开发。

IPD 对流程实施分层、分级管理,越是上层流程越简单,越往下层走流程就越复杂、越具体。结构化的流程使得各子项目、各部门既可以在高层级保持协同一致,又可以在低层级按场景实施"裁剪"。以新产品集成开发体系(小 IPD)为例,其一级流程主要用于决策评审的里程碑管理;二级流程主要面向产品开发的各个阶段,用于指导 PDT 对项目进行计划和管理,体现各任务间的关系;三级流程则面向功能模块,指导各功能领域的具体工作。但是,流程的结构化程度要视具体的应用场景而定,没有结构化,各项目自行定义,容易引起混乱;而过度结构化,则约束过多、过细,缺乏灵活性。

核心思想四:业务分层及平台架构是实现高质量低成本研发交付的能力基础

IPD 对核心技术或关键技术、组件或子系统、产品平台、基线产品或定制产品、解决方案或服务等按业务类型进行分层管理,并实施异步并行开发与解耦,各业务层相对独立且相互支撑。高内聚、低耦合的业务分层,可以极大地提高各业务层内部的质量和稳定性,并使其免受其他业务层的影响。

最基本的业务分层是产品开发与技术开发相分离。产品开发侧重于客户需求的实现,关注短期业务目标的达成。技术开发的重点在于对产品实现做基础支撑，避免把技术风险遗留到产品实现中，同时关注中长期技术竞争力目标的达成。IPD 甚至主张对产品开发和技术开发要采取不同的业务模式、管理流程和激励机制。

以架构设计为基础的平台化、标准化可以在多产品、多项目之间实现组件、子系统甚至产品平台的共享与重用，而非当前许多企业仅有的代码或设计图纸的共享。模块化、平台化、标准化的业务分层与架构设计，可以让产品开发像搭积木一样快捷高效。

核心思想五：核心人才梯队和有效的激励机制是 IPD 高效运作的有力保障

IPD 的高效运作，离不开具有较高能力水平的各类关键角色，特别是 PDT 经理、产品经理、项目经理、研发主管和系统工程师这五类核心人才。PDT 经理是对新产品的市场和财务成功负责的产品总经理，产品经理对市场管理负责，项目经理对项目的成功负责，研发主管对资源和组织能力负责，系统工程师则要对技术方案和架构设计负责。

人才梯队解决了有无适配 IPD 运作的人的问题，激励机制则解决了各类人才愿不愿意干、是否齐心协力去干、力出一孔而干的问题。华为经过多年的探索，对于非经济利益的分配，如任职资格、干部晋升、学习机会等，采用的是事后的、自上而下的评价分配制；对于经济利益的分配，采用的是事前的、经营单元自主管理、自我激励、自我约束的获取分享制。

没有合适的人才梯队与有效的激励机制，任何设计良好的管理体系，都只能是空中楼阁、镜花水月。

第四节　IPD 变革指导框架

对企业管理体系实施任何变革，都必须回答好这三个基本问题：变革什么、变革成什么和如何实现变革。这三个问题有一个基本的前提假设，那就是企业已经意识到自身在绩效上存在的重大差距或在管理中存在的顽疾，并同意实施变革。根据实践经验，这个假设不总是成立的，所以变革的第一步应当从"为什么要变革"开始。

同时，企业想要基业长青，其经营团队必须认识到，管理体系的改善无法毕其功于一役，必然会是一个持续改善和推行变革的过程，这是一个闭环的管理过程。因此，应当在"如何实现变革"与"为什么要变革"之间再加上第五个问题——"如何衡量并推动持续改善"。变革管理的五个基本问题如图 0-2 所示。

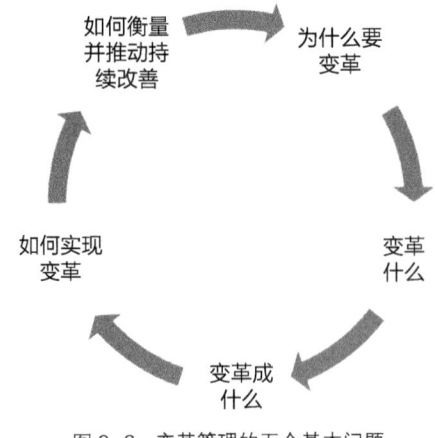

图 0-2　变革管理的五个基本问题

IPD 变革指导框架对五个基本问题的回答

为帮助广大中小企业更有效地实施 IPD 变革，真正学会华为优秀的研发管理理念及实践，笔者基于 BLM（业务领先模型）的思维框架，结合系统思考、瓶颈理论和多年的业务管理实践及 IPD 变革项目咨询经验，提出了一个能够更好地指导企业（或业务单元）实施 IPD 变革的思维框架，命名为 IPD 变革指导框架，如图 0-3 所示。

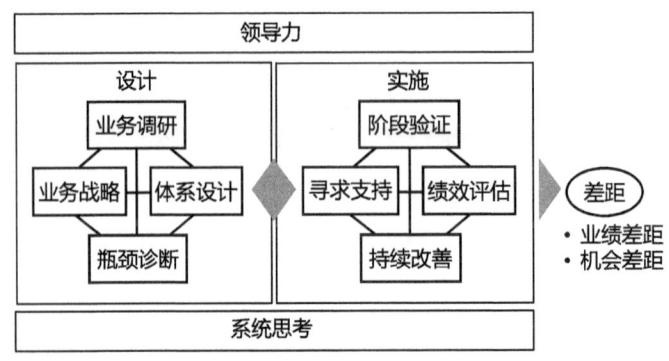

图 0-3　IPD 变革指导框架

框架中的差距和业务战略回答了变革管理五个基本问题中的"为什么要变革"的问题，业务调研和瓶颈诊断回答了"变革什么"的问题，体系设计回答了"变革成什么"的问题，寻求支持与阶段验证回答了"如何实现变革"的问题，绩效评估和持续改善则对"如何衡量并推动持续改善"这一问题进行了回答。

IPD变革既要弥补当下的业绩差距，更要关注对未来机会差距的弥补。要弥补机会差距，需要新的业务战略，业务战略的核心是业务模式的创新设计。变革方案的设计要运用系统思考并基于对外部竞争环境及内部管理系统的全方位洞察，然后运用瓶颈理论找出具有杠杆作用的少数瓶颈因素，最后分步改善之。IPD的设计包括顶层蓝图设计、各模块的框架设计及底层详细设计，设计范围包括业务战略重组、市场管理重组、开发过程重组和研发能力重组。

IPD变革是对管理体系的系统性、结构性变革，更是对人的利益和权力分配的变革，因此，变革方案的实施必须寻求相关干系人的广泛支持。同时IPD的未来蓝图只能通过分阶段的方式来验证和实现，而阶段性变革绩效的评估，又为下一步的持续改善注入了变革动力和信心。在推动整个变革不断螺旋式前行的过程中，企业或业务单元的一把手及各层级管理者的领导力至关重要。

IPD变革指导框架有三个基本假设，在变革方案的设计和实施过程中，如果违反了这三个基本假设，可能会导致整个变革失败。

假设一：**系统结构决定系统的行为**。系统由其目标或功能、要素及要素间的连接关系所构成，解决系统性问题的过程，就是重新设计或创造出新的系统结构的过程。因此，IPD的变革管理特别强调系统思考的能力。

假设二：**任何冲突都存在共赢的解**。研发管理的问题之所以难以解决，是因为存在"鱼和熊掌不可兼得"的冲突，而且这是一种结构性冲突。冲突的存在，又是因为研发管理体系中存在着难以突破的瓶颈。只要识别出研发管理体系中的瓶颈，就可以针对瓶颈设计出冲突双方共赢的解，共赢的解即是鱼和熊掌可以兼得的解，只不过不是同时得到而已。

假设三：**人的本性都是好的**。造成问题的是系统的结构，人只是组成系统的一个要素。更换要素而不改善系统的结构，问题还是没有得到根本性的解决。没有人会拒绝改善，人们之所以不拥抱变革，是因为没有看到变革后的改善。

IPD 变革的内容要聚焦四个重组

一般来说，IPD 变革都会分步骤、分阶段实施，每个步骤、每个阶段实施的内容千差万别。但是，所有 IPD 变革的主要内容归纳起来无非就是下面的这四个重组。

重组内容一：为研发管理提供经营导向的业务战略重组，也称"业务战略重组"，简称"战略重组"。IPD 变革是由业务战略触发的，业务战略回答了"为什么要变革"的问题，变革项目的目标要与业务战略目标对齐。业务战略的核心是业务模式设计，业务模式决定了企业或业务单元的经营模式，经营模式则决定了管理模式（包括研发管理模式）。因此，战略重组是 IPD 变革的前提和向导。

重组内容二：从客户需求到产品规划的市场管理重组，也称"市场管理重组"，简称"市场重组"。市场重组的目的是建立市场导向的产品创新与研发管理体系，其主要内容是重构市场及客户需求管理体系、新产品规划体系，确保产品研发是在做正确的事，并对新产品的市场竞争力负责。

重组内容三：跨部门端到端高效协同的开发过程重组，也称"开发过程重组"，简称"过程重组"。过程重组很容易被误解为流程重组，特别是在大多数人都认为 IPD 就是一套开发流程的错误认知之下。过程重组的内容除了端到端结构化业务流程的重组，还包括矩阵式组织结构及重量级业务团队的重组，以及组织和流程的端到端运作机制的重组。

重组内容四：基于平台架构与核心人才的研发能力重组，也称"研发能力重组"，简称"能力重组"。能力重组包括了基于业务分层的平台或技术管理体系的构建，低成本、高质量的研发基础能力的提升，以及与上述能力相关的核心人才的培养和激励机制的改进。

IPD 变革中四个重组之间的关系如图 0-4 所示：
- 研发能力重组为研发体系提供了人才、技术和基础能力上的支撑。
- 管理必须为经营服务，业务战略重组为研发管理体系的变革提供了经营上的方向指引。

- 市场管理重组确保产品研发团队是在"做正确的事",开发过程重组则保证产品研发团队"正确地做事"。

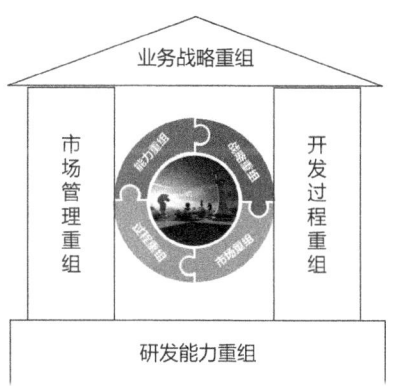

图 0-4　IPD 变革中四个重组之间的关系

- 市场管理重组聚焦外部市场和客户价值的创造,开发过程重组则关注内部实现过程。

第五节　IPD 变革管理六步法

企业的任何变革,都符合 PRINCE2 对项目定义的五个基本特征(变革性、临时性、跨职能性、唯一性和不确定性),因此,IPD 变革也应采用项目的方式进行管理。IPD 变革项目也需要进行立项分析和商业规划,也要进行变革需求的分析和总体方案设计,然后才是需求管理体系、产品或技术开发体系、研发人力资源管理体系这些无形产品的开发。因此,IPD 新产品开发项目的生命周期模型、项目管理的组织模型及其知识体系对变革项目的管理也是适用的。在此基础上,笔者总结提炼出了如图 0-5 所示的 IPD 变革管理六步法。

第一步是变革项目的立项及商业计划的制订,输出变革项目任务书和商业计划;第二步是调研诊断及新体系的蓝图设计(即总体方案设计),输出调研诊断报告、新体系的未来蓝图和本项目的一级总体计划;第三步是新体系各模块(如需求管理子体系、产品集成开发子体系等)的框架设计(即概要设计),输出各模块的总体框架和本项目的二、三级详细计划;

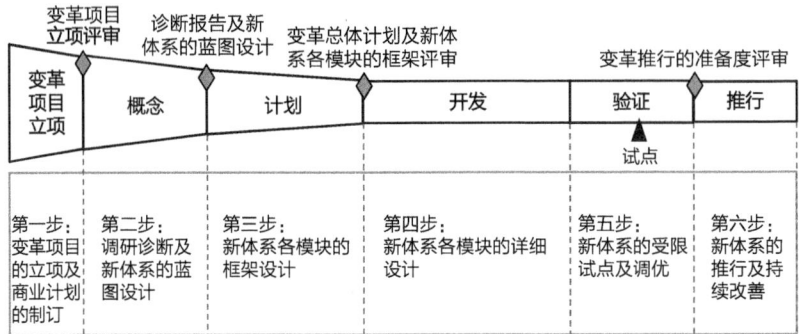

图 0-5　IPD 变革管理六步法

第四步是新体系各模块的详细设计，输出各模块详细的流程、模板及应用指南；第五步是新体系的受限试点及调优，也就是变革方案的测试和验证，输出试点优化后的新体系变革实施方案；第六步是新体系的推行及持续改善，输出新体系推行的具体策略和计划。

变革项目的管理很难，这是所有经历过变革的企业的共识。变革之所以难，除了与人和利益有关的原因，还有一个重要的原因是企业没有厘清横贯整个变革项目的变革管理、项目管理、问题分析与解决这三条主线及其相互关系。变革项目管理的三条主线如图 0-6 所示。

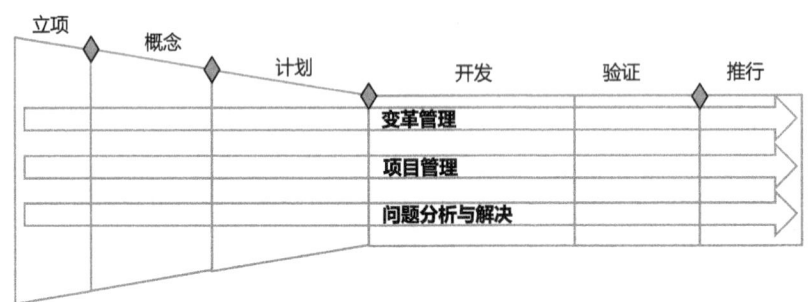

图 0-6　变革项目管理的三条主线

- 变革管理的主线就是在回答变革的五个基本问题：为什么要变革、变革什么、变革成什么、如何实现变革和如何衡量并推动持续改善。
- 项目管理的主线则是在应用项目管理的工具和方法对变革项目的范围、进度、质量等的管理，包括干系人管理，项目范围与进度管理，问题与提案的质量管理，风险与冲突管理等。

- 问题分析与解决的主线则是从解决研发管理问题的角度，思考如何诊断问题并构建方案、如何收集信息并论证方案、如何通过试点检验并优化方案以及如何推动方案的全面实施。

变革项目管理的三条主线的工作内容相互纠缠在一起，给变革项目的管理带来了极大的风险和挑战，因此，变革项目经理及其团队要拥有扎实的项目管理知识基础、丰富的业务实践经验和系统的问题思考能力。

变革管理专家约翰·P. 科特在《领导变革》一书中提出了领导变革的八个步骤，IPD 变革管理六步法也融入了科特的思想和理念，它们之间的对应关系如图 0-7 所示。

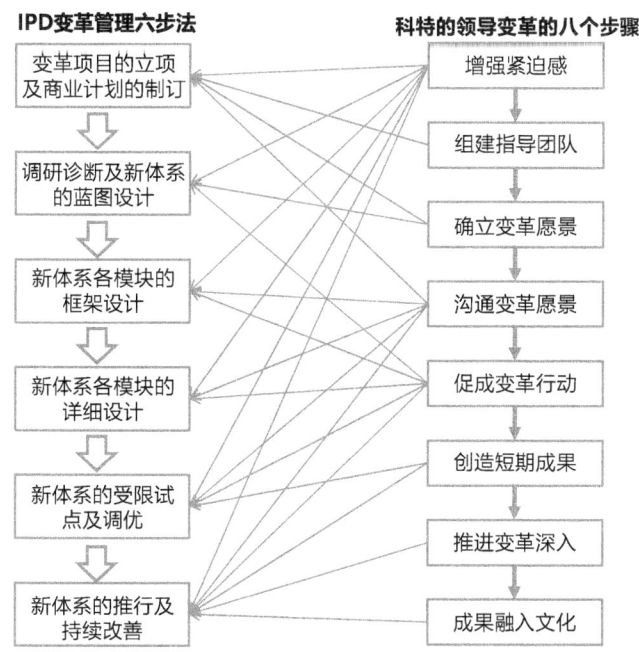

图 0-7　IPD 变革管理六步法与科特的领导变革的八个步骤之间的对应关系

本质上，IPD 变革管理六步法就是科特的领导变革的八个步骤在 IPD 变革管理上的具体应用。

第一章
变革项目的立项及商业计划的制订

变革项目的立项分析及其商业计划明确了 IPD 变革的目的、范围、初步的变革方向及主要的交付成果。

第一节　变革项目立项阶段的关键活动总览

IPD变革项目的立项分析与商业计划的制订总是会被简单地一笔带过。当然这里面有企业高层施压，急于解决问题的原因，他们总是认为问题已经很明显了，要变革的内容也已经很清晰，关键是如何采取行动而不是纸上谈兵。但更为常见的原因则是变革项目团队或项目经理本身对立项分析和商业计划的价值认识不足。

事实上，在变革项目启动之初，就变革的总体目标、问题解决的范围、希望达成的主要成果或收益、可承受的风险及费用预算等与各关键干系人达成初步共识，可以为变革项目的顺利推进打下坚实的基础。

一半以上变革项目的失败是由变革紧迫感不足造成的，笔者提倡采用"分析—思考—变革"与"目睹—感受—变革"相结合的方式来提升企业员工对变革必要性的认知，并增强变革的紧迫感。

变革项目的立项及商业计划的制订是 IPD 变革管理六步法的第一步，该步骤的关键活动如图 1-1 所示。从解决问题的角度来看，这一步是在掌握有限信息的基础上构建初始假设，包括对问题的初始假设和对解决方案的初始假设。对问题的初始假设包含在本步骤要输出的项目章程中，对解决方案的初始假设则包含在本步骤要输出的商业计划中。

关键活动：
- 理解本业务单元的战略及新的挑战
- 识别项目关键干系人并建立人际关系
- 确定本项目的目标、范围及商业计划
- 变革准备度调查及分析
- 变革项目启动准备及开工会

初构假设
- ◆ 对问题的初始假设
- ◆ 对解决方案的初始假设

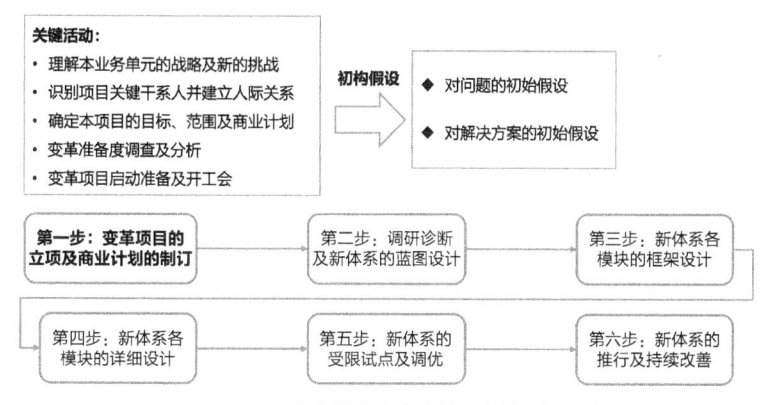

第一步：变革项目的立项及商业计划的制订 → 第二步：调研诊断及新体系的蓝图设计 → 第三步：新体系各模块的框架设计

第四步：新体系各模块的详细设计 → 第五步：新体系的受限试点及调优 → 第六步：新体系的推行及持续改善

图 1-1　IPD 变革管理六步法第一步的关键活动

第二节 IPD 变革是由业务战略触发的

IPD 变革必须是由业务单元（也常称 BU）的业务战略触发的。企业的战略分为三个层次：公司级总体战略、各 BU 的业务战略和各职能领域的职能战略。公司级总体战略明确了公司的愿景、使命、总体目标、业务投资组合以及公司层面的业务发展策略。各 BU 的业务战略（以下统称业务战略）是指各业务单元的业务发展战略，业务单元的存在形式包括产品线、事业部、子公司等。业务战略关注的是在哪些目标市场上谋求发展，通过何种途径实现发展，以及采取什么措施促成发展。

业务战略的核心是业务模式（也常称商业模式）设计，业务模式决定经营模式，经营模式决定管理模式。业务单元的业务战略不同，自然对研发体系的管理模式也会迥异。例如某家电企业，它既有以国内市场为主的白电业务，也有以中东、欧洲市场为主的黑电业务。该企业在白电业务上采用了端到端研产销自有品牌的经营模式，在黑电业务上则采用了与当地品牌商合作 OEM+ 贴牌的经营模式。两种经营模式下，除了某些技术和生产工艺可以共享，研发管理的其他方面则完全不同。因此，这家企业要进行 IPD 变革，首先需要界定变革范围是在企业的哪个业务领域或业务单元，不要妄想在企业的所有业务领域同时推行完全相同的一套研发管理体系。

华为 2006 年从 IBM 引入 BLM（业务领先模型）作为业务战略规划的工具。战略规划的过程，就是弥补差距的过程，差距分为业绩差距和机会差距，要弥补业绩差距，则需要通过强化右边的"执行"来实现，而要弥补机会差距，必须得有新的业务设计，也就是新的业务模式。业务模式要转化成业务策略和关键任务才能被执行，为了实现业务策略或达成关键任务，必须从"正式组织"、"人才"和"氛围文化"等方面提升组织对战略的支撑能力，并且保持这些能力之间的一致性。在识别组织能力短板的过程中，往往会发现阻碍业务发展的短板集中在需求洞察、产品规划、项目管理等与产品创新和研发管理相关的能力上，于是便触发了研发体系变革的需求。因此，IPD 变革是由业务战略触发的，变革的目的正是为了支撑业务战略目标的达成。BLM 业务战略规划与 IPD 变革之间的关系如图 1-2 所示。

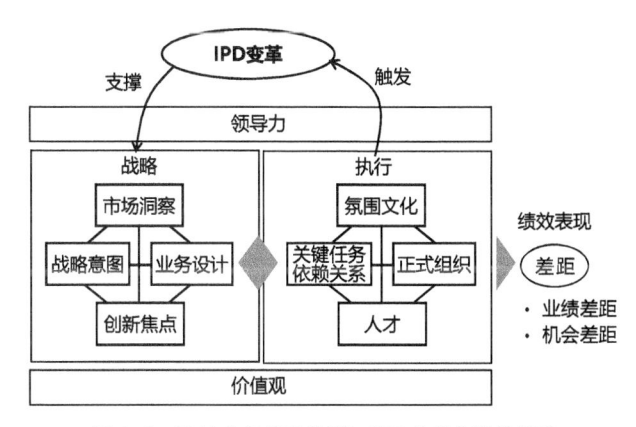

图 1-2　BLM 业务战略规划与 IPD 变革之间的关系

业务战略为 IPD 变革指明了方向，研发体系的变革最终都必须是为了更好地支撑本业务单元的愿景、使命和战略目标的达成。

业务战略明确了 IPD 变革的范围和目标，每一个 IPD 变革项目在项目启动之初都会设定某些特定的目标，如提高市场敏锐度，提升以市场和客户需求驱动的产品创新成功率至 $x\%$；或者新产品平均上市时间压缩 $x\%$；在不影响产品质量的前提下，研发费用减少 $x\%$ 等。这些目标均源自业务战略对组织支撑体系（包括研发体系）所提出的新的能力要求。

业务战略确定了为客户和企业创造价值的业务模式，因而也就决定了未来的经营策略和经营模式。业务模式包括了与创造客户和企业价值，并可持续创造价值相关的五个关键要素：客户选择、价值主张、盈利模式、业务范围和战略控制。

◆ 客户选择
√ 要实现预期的战略意图，我们应当选择哪些细分市场 / 客户群？
√ 我们必须或不得不放弃哪些细分市场 / 客户群？

◆ 价值主张
√ 我们要卖什么产品、服务和解决方案？
√ 我们的价值主张与其他竞争对手的差异在哪里？

◆ 盈利模式
√ 我们想跟哪些利益相关方形成稳定的交易结构？
√ 我们有哪些盈利点？能否形成可持续的收入来源？

◆ **业务范围**
√ 我们在经营活动中的角色和范围是什么？
√ 哪些活动由我方自己执行，哪些要与合作伙伴一起执行？
√ 如何与价值链上的合作伙伴们协同、共生？

◆ **战略控制**
√ 客户为什么购买（或必须购买）我们的产品？
√ 我方如何才能保持客户的忠诚度并有效阻隔竞争对手？

业务战略明确了业务单元未来的市场投资机会组合及各产品在组合中的战略定位。业务战略通过市场洞察识别出客户需求的变化趋势，并通过市场细分和各细分市场的评估，选定目标细分市场，然后按照成熟市场、成长市场和种子市场的类型确定未来的市场投资机会组合。业务战略还要求按不同细分市场的客户需求，设计产品或解决方案的价值主张。借助产品与细分市场之间的这种映射关系，便形成了由边缘产品、成熟产品、成长产品和种子产品组成的产品组合。业务单元的产品组合如图 1-3 所示。

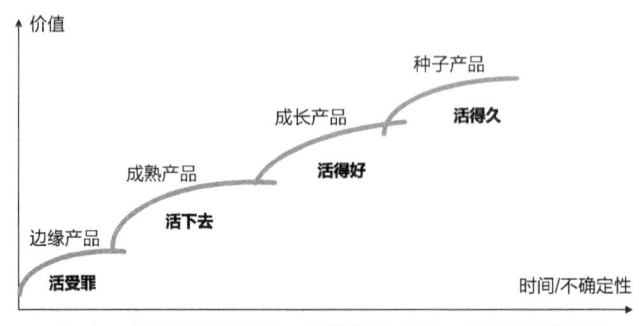

图 1-3 业务单元的产品组合

针对各产品在产品组合中战略定位的不同，需要设置不同的绩效考核指标，投入不同的资源配置，采取不同的产品创新策略、市场营销策略、服务支持策略，并采用不同的产品开发方法和研发项目管理流程。

业务战略及其产品组合策略的落地执行，往往会对研发体系提出新的能力要求，其中包括需求分析及管理能力、产品和技术规划能力、产品开发及维护能力、跨部门团队运作能力、质量保障与成本控制能力等。在后文我们将认识到，研发能力是由研发体系中的领导力、组织与流程、人才与激励、氛围与文化这四大构件及其相互作用决定的。当四大构件中的任何一个与业务战略或其他构件之间出现一致性问题时，就会造成业绩差距或机会差距，因而变革管理体系的需求也就会被提出来。

第三节　变革项目的立项分析及商业计划的制订

初步理解将要导入 IPD 的某业务单元的业务战略，是 IPD 变革在立项阶段的最佳切入点。要理解的内容包括该业务单元未来三年的战略意图、业务设计和业务策略、产品组合关系及产品路标规划等。有了对业务战略的初步理解，我们就可以正式访谈与变革项目相关的高层领导或者关键干系人了，对他们进行访谈，是想从他们那里获得 IPD 变革的目的及背景、想要达成的主要目标、项目范围和关键任务、项目可投入的时间及资源预算等重要信息。通过对这些信息的分析整理，可以帮助我们输出立项阶段最重要的三份成果性文档：IPD 变革项目章程、IPD 变革商业计划书和 IPD 变革项目范围说明书。

访谈项目发起人，具化并量化变革项目的目标

首先要访谈的对象就是对变革项目支持力度最大的项目发起人。如图 1-4 所示。

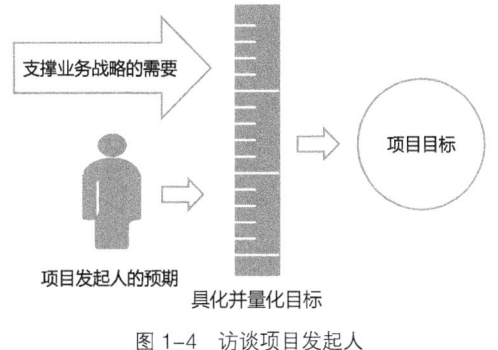

图 1-4　访谈项目发起人

IPD 变革项目一般都会成为公司级的重大项目，企业老板、公司总经理或 CEO 及众多高管都会被卷进来。这为我们识别真正的项目发起人增加了不少困难。下面这几个判断依据可以给我们带来一些帮助：

√ 职能上与项目有密切关系的主管。

√ 若项目失败，最受牵连的主管。

√ 可以帮助我们确定项目的范围和目标的主管。

√ 可以决策优先级，帮助我们解决问题与冲突的主管。

√ 有权对计划、预算和工作安排做出变更的主管。

√ 能与高管团队沟通，获得来自高层支持的主管。

对项目发起人进行访谈，是想得到如下六个方面的信息：

一、本项目的目的：为什么要做这个项目？要解决哪些影响业务战略目标达成的问题？

二、本项目的目标：项目要达成哪些目标？这些目标是如何对齐业务战略目标的？

三、项目发起人及其他领导人对本项目的看法。

四、项目的关键干系人：项目最终结果会影响到的，需要项目经理特别关注的人有哪些？

五、项目发起人认为有可能出现的困难和风险有哪些？为什么？

六、本项目的制约因素：

- 项目可用的资源。
- 项目可用的预算。
- 其他制约因素。

上述信息中，尤为重要的是有关项目目标的陈述，这有助于我们从中分析和梳理出具体并可量化的变革项目的目标，以及它们是如何与业务战略目标对齐的。业务战略目标往往是从经营层面提出的追求市场成功、财务成功及可持续成功的财务目标（如收入、利润）、市场目标（如市场份额）和管理目标（如组织能力、核心人才）。IPD 变革项目要达成的目标则是要更多地体现出研发体系是如何支撑战略目标的达成并与之对齐的，就像下面的这些目标示例：

（1）新产品平均上市时间压缩 $xx\%$，在不影响产品质量的前提下，研发费用减少 xx%。

（2）加强市场敏锐度，提升以市场和客户需求驱动的产品创新成功率至 xx%。

（3）新产品开发项目延期率降低 xx%，产品综合成本降低 xx%。

（4）研发费用占总收入的比率降至 xx%，人均毛利提高至 xx 万元。

……

初识项目关键干系人并进行初步评估

毋庸置疑，变革的使命感和紧迫感最为强烈的，对变革项目支持力度最大的，是项目发起人。但是，决定变革项目走向的，往往是那些处于中高层的管理者，本书称之为项目关键干系人。这些人的紧迫感和支持力度，相对于发起人，至少要打对折。他们也许不完全是出于私心想要维护自身或者所在部门的利益，因为变革失败的风险和代价都是很大的，要优先考虑业务运营的稳定性，保证业务单元能生存下去，这可能才是他们看待变革最主要的出发点。

特别是在当前业务运行良好，业绩还有增长的情况下，这些人中反对变革的声音尤其响亮而且还振振有词。没有一定的高瞻远瞩的功力和战略定力的项目发起人，也会被其感染且态度开始有所摇摆。但是，如果非要等到成长遭遇天花板，甚至业绩开始下滑时，大家才能对变革达成共识的话，按照后文所介绍的第二曲线原理，当第一曲线的业绩在下滑，第二曲线的开辟也需要投入大量的资源和资金时，这种双重压力下的变革，其风险和代价只会更大。也就是说，这个时候已经错过了启动变革的最佳时机。

因此，对项目关键干系人预期的管理及对其情绪变化的始终关注，是 IPD 变革的八个关键成功因素之一。

尽管在前面对项目发起人的访谈中，我们已经获得了一些项目关键干系人的信息，但还不够全面。可以借助表 1-1 中的问题来帮助我们识别出更多的项目关键干系人。

表 1-1　识别项目关键干系人的问题列表

考虑以下问题	项目关键干系人（一个部门或某个人）
变革项目的关键信息需要谁来提供？	
IPD 变革会给谁带来很大的好处？	

续表

考虑以下问题	项目关键干系人（一个部门或某个人）
IPD 变革会对谁造成不好的影响？	
根据对项目发起人的访谈结果，哪些人需要做出改变？	
新的研发体系除了研发部门，还有哪些部门或岗位需要适应并使用？	

在变革项目立项阶段，仅仅是识别出项目关键干系人还不够，还要对他们进行初步的评估。评估的内容包括如下三项，如表 1-2 所给的示例。

表 1-2　对项目关键干系人的初步评估及示例

对项目关键干系人的初步评估			
项目关键干系人	项目会如何影响他们	他们对项目成功与否的影响程度（高、中、低）	他们为了适应改变要付出的努力程度（高、中、低）
营销部（示例）	为了强调市场导向的作用，确保研发是在做正确的事，此部门会被建议将营（Marketing）与销（Sales）拆分，并设置产品经理岗位	高：建立市场管理体系是本项目的关键任务之一，而且产品经理的候选人也主要来自该部门	高：工作方式由以销为主转变为以营为主，并且需要全面提升客户需求挖掘和产品路标规划的能力

组建变革项目运作指导团队

识别出变革项目关键干系人，也有利于从中挑选部分人员组建变革项目运作指导团队（OSG），以履行变革项目的指导职能。变革项目团队的构成如图 1-5 所示，除了 OSG，变革项目团队还包括了项目管理团队和执行团队（如核心设计小组、试点小组等）。

OSG 是变革项目的最高决策机构，项目经理接受 OSG 的委派，行使项目管理的职责。如果 IPD 变革项目聘请了外部咨询公司，则咨询公司也会指派项目总监和项目经理组成联合项目组。在项目立项分析阶段，我们重点关注 OSG 的组建及其要履行的职责：

- 总体把关：评审项目优先级，制定变革的总体原则，确保项目目标与业务目标一致。
- 团队任命：任命变革项目团队，并为这一团队分派项目任务书。

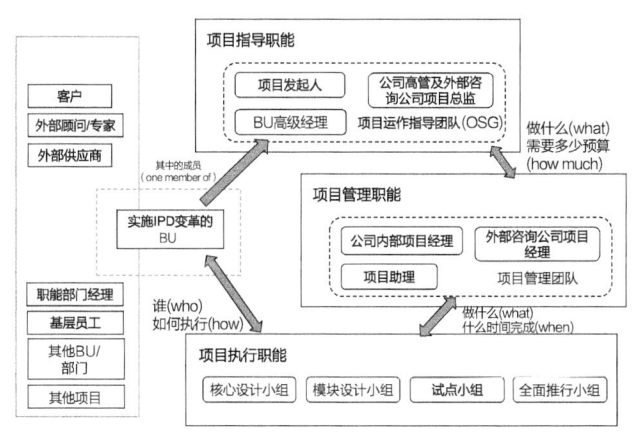

图 1-5 变革项目团队的构成

- 项目支持：在资源协调和问题解决等方面为项目提供支持。
- 决策评审：在项目的决策评审点对变革项目进行决策评审，并跟踪落实。
- 绩效评价：促进和管理变革项目团队的绩效和行为，并对其进行奖惩。
- 计划批准：批准变革项目各阶段的计划，并负责项目的预算落实。

前面我们识别出了项目关键干系人，并组建了 OSG，鉴于 OSG 拥有的重大决策评审职责，那些在初步评估中被认为对 IPD 变革的支持不够坚定的 OSG 成员，需要尽快对其进行访谈，了解他们对待变革的真实态度，并争取与之建立良好的人际关系。在此过程中，付出任何艰辛的努力都是值得的。因为有了他们的支持，至少不是坚决的反对，我们就可以：

√ 从他们那里获得资源和人力投入的保障。

√ 从他们那里获得更多、更快的真实信息的反馈。

√ 帮助变革项目团队快速解决变革过程中的冲突和矛盾。

√ 推动他们主动影响其下属的部门和员工参与并支持 IPD 变革项目。

在与 OSG 中持反对态度的项目关键干系人建立人际关系的过程中，我们需要换位思考并用同理心去理解对方的观点与态度，不要随便给他人贴上"顽固派"的标签。IPD 变革指导框架的三个基本假设之一就是，没有人会拒绝改善，人们之所以不拥抱变革，是因为没有看到变革后的改善。所以，我们有必要经常思考以下几个问题，来帮助我们洞察那些持反对态度的项目关键干系人的真实想法：

√ 这位领导为什么不支持 IPD 变革？

√ IPD 变革对他会产生什么影响（有利的和不利的影响）？

√ 在变革项目要解决的问题中，他需要承担哪些责任？

√ IPD 变革项目可以帮助他达成哪些短期或长期的目标？

变革项目的立项分析及其商业计划

通过对项目发起人及项目关键干系人的访谈，我们掌握了大量来自中高层管理者的有关 IPD 变革的一手信息。我们接下来的工作就是要分析整理这些信息，输出项目立项决策评审所需的关键材料，以便及时召开变革项目的启动会。

立项决策评审所需的第一份关键材料就是 IPD 变革项目章程。项目章程又被称为项目的"准生证"，它包括八项内容，IPD 变革项目章程如表 1-3 所示。

表 1-3 IPD 变革项目章程

一、项目的基本信息					
项目名称	（×××事业部研发体系变革项目）				
项目赞助人（发起人）：			项目经理：		
二、项目的目的及背景描述					
（为什么做这个项目：如业务战略的要求，外部竞争环境的变化，内部管理问题等）					
三、项目总体目标					
（如提高市场响应速度，压缩新产品上市时间，提高产品质量等）					
四、项目范围概述（对问题的初始假设）					
（主要解决哪些问题和短板？牵涉哪些要改进的组织结构、业务流程和管理机制？）					
五、项目的重要里程碑					
项目立项	调研诊断	框架设计	详细设计	试点调优	全面推行
六、项目团队					
角色	人员				
公司内部的项目经理					
外部咨询顾问					
七、项目费用预算					

续表

八、批准
项目赞助人（发起人）：

在表 1-3 的内容中，有关项目范围概述，从解决问题的角度来看，是对所要解决问题的初始假设。最终要解决的问题，要等到下一步调研诊断之后才能确定，在这里，它还只是一个初步的假设。提出了问题，解决方案是什么？这就是立项决策评审所需的第二份关键材料——IPD 变革项目商业计划书的主要内容，如表 1-4 所示。

表 1-4 IPD 变革项目商业计划书

项目名称：	项目经理：
一、项目的目的及目标	
（为什么做这个项目（目的）：如业务战略的要求，外部竞争环境的变化，内部管理问题等） （目标：如提高市场响应速度，压缩新产品上市时间，提高产品质量等）	
二、可能的变革方案（对解决方案的初始假设）	
（为了解决在项目背景或理由中描述的问题，提出可能的变革方案，包括可能涉及的组织结构、业务流程和管理机制等）	
三、项目的主要收益	
主要收益	收益衡量标准
（市场及财务收益）	
（组织能力收益）	
四、主要工作任务及时间计划	
关键任务一	
关键任务二	
五、需要投入的资源和成本	
人力投入	
费用预算	
六、主要风险	

项目范围说明书在项目章程和项目商业计划书的基础上，进一步明确了项目的主要可交付成果以及为取得这些可交付成果而必须开展的工作，同时界定了不包含在项目范围内的有关事项和项目的约束条件，IPD 变革项目范围说明书如表 1-5 所示。

表 1-5 IPD 变革项目范围说明书

一、项目的基本信息			
项目名称			
项目拟定开始时间：		项目要求完成时间：	
二、项目的目的及目标			
（来自商业计划书的内容的细化）			
三、项目范围及主要任务的描述			
（来自 IPD 变革项目章程中项目范围概述及 IPD 变革项目商业计划书中可能的变革方案、关键工作任务的细化）			
四、项目的主要可交付成果			
主要可交付成果	验收标准		交付时间
如《调研诊断报告》	如通过变革项目运作指导团队的 CDCP 评审		
五、排除事项（不包含在项目范围内的事项）			
（此次研发体系变革不涉及与技术预研相关的组织和流程的调整）			
六、项目的制约因素及假设条件			
制约因素	如时间、预算、资源、法规的制约等		
假设条件	（完成项目需要满足的条件，如必须保证两名流程专家全职参与变革项目等）		

在此，笔者认为有必要澄清一下项目范围说明书与项目章程以及项目商业计划书之间的区别与联系。本质上，项目章程和项目商业计划书合起来共同说明了项目要解决的问题及其解决方案，这其实是项目的工作任务书（SOW）或需求说明书（需求=问题+解决方案）。项目范围说明书则描述了要完成这些任务，以及实现这些需求所必须完成的工作及交付成果。例如，某 IPD 变革项目要解决研发与市场脱节的问题，于是提出了构建市场管理体系的解决方案，这些是项目章程和项目商业计划书要描述的

内容。为了实现这一解决方案，必须要先对整个研发体系开展端到端的调研诊断，并输出诊断报告，这些则属于项目范围说明书的内容了。

第四节　变革准备度调查及项目启动

准备好了变革项目立项阶段最重要的三份成果性文档之后，就可以开始着手准备项目启动的相关工作了，包括组建变革项目团队、调查变革准备度、组织变革项目的立项决策评审，然后适时召开项目启动会。

组建变革项目团队

变革项目团队包括管理团队和执行团队，执行团队包括了核心设计小组、模块设计小组、试点小组和全面推行小组。立项阶段必须要组建的是核心设计小组，但是人数要控制在5~8人，并且要求在项目正式启动前全部到位。其他项目组的成员则不要求全部立即到位，视项目需要及时进入项目组即可。

如果变革项目还聘请了外部咨询公司，则咨询公司也会任命一名自己的项目经理，与企业内部的项目经理和项目助理一起组成项目管理团队。

强有力的变革项目团队是变革成功的必要条件，这个团队必须结构合理，成员之间相互信任，拥有共同的目标。在变革项目团队成员的选择上，要优先考虑有业务实践经验的人，但是有两种人是不应该被选进变革项目团队的：一种是自负的人，即自视过高，凡事从自己的角度去思考，只做对自己有利的事；第二种是喜欢搬弄是非的人，有意见当面不提，背后造谣生事，在团队中制造误会，破坏团队成员之间的信任。变革项目团队成立之后，还要明确如下的团队运作规则：

- 变革项目团队的办公形式。
- 变革项目例会制度。
- 变革项目汇报制度。
- 问题与冲突升级机制。
- 内、外部项目经理的配合机制。
- ……

明确团队运作规则，成员之间相互信任并笃信共同的目标，将有助于组建一支高效的变革项目团队。

增强变革的紧迫感

完成了前面的大量准备工作之后，现在是时候关注在企业内部占绝大多数的中基层员工对待变革的态度了。如果他们感受到的变革紧迫感不够强烈，变革准备度不高，他们也会成为导致变革失败的重要隐患。正是基于此原因，公司上下达成共识的变革紧迫感就成了IPD变革八个关键成功因素之首。

约翰·P.科特在《领导变革》一书中告诫我们，迄今为止，组织在推动变革的过程中所犯的最大错误就是，没有在其管理者和员工当中建立起足够的紧迫感。

我们总是过于高估自己推动重大变革的能力，然后又过于低估促使员工走出舒适区所需的努力。在变革项目的访谈中，我们经常会听到如下各种类似的说辞：

√ 是的，我们的确有很多问题，可同行业的竞争对手谁没有问题啊。
√ 问题确实存在，但也不是很糟糕，我们在行业里还算混得不错的。
√ 我们的问题很严重吗？今年的收入还增长了10%。（整个行业比去年同期增长了20%以上。）
√ 我们部门今年的指标都完成了，有问题也是在其他部门吧。
…………

变革想要取得成功，需要企业员工付出超乎寻常的时间和精力，甚至是牺牲自己的短期利益。变革的首要条件是让员工相信这一次的变革是值得投入的，进而接受它、认可它，最终采取实际行动。

通过如表1-6所示的变革准备度调查问卷，可以帮助变革项目团队详细了解公司中基层员工对变革紧迫感的认知程度。

表1-6 变革准备度调查问卷

紧迫感	1分			5分		7分
1.我们公司必须改变当前的工作方式	☐	☐	☐	☐	☐	☐

续表

紧迫感	1分				5分		7分
2. 我的部门必须改变当前的工作方式	□	□	□	□	□	□	□
3. 我应该改变自己的工作方式	□	□	□	□	□	□	□
4. 公司的领导们似乎很有信心马上进行变革	□	□	□	□	□	□	□
5. 要保持业绩增长，我们就必须变革	□	□	□	□	□	□	□
……							
开放式问题							
1. 你是否感到了变革的紧迫性？为什么？							
2. 哪些因素能够激发你参与变革？							
3. 你认为这次变革将会给公司带来哪些改进？							
……							

造成变革准备度或紧迫感不足的主要原因是自满情绪。自满情绪不会表现得很明显，往往隐藏在组织运作的诸多细节中。中基层员工以及管理者们在公开场合也都会附和公司高层，并声称他们都已经意识到了变革的必要性，而在私底下，他们却有着不一样的想法："等新冠疫情结束，市场行情会好起来的。""年初我们已经开始采取降本增效的措施了，很快就会有效果的。"……当然也有这样认为的："我们的销售能力还是不错的，问题主要出在产品没有竞争力，性价比不高，需要研发部门多给我们提供威力大的'炮弹'才行。"

当公司还没有面临严重亏损、大规模裁员或破产重组这种生存危机时，员工是无法看到实实在在的威胁的。即使业绩表现平平，管理者通常也可以将衡量标准降至远低于其应有的水平，然后自鸣得意地宣称"收入比去年增加了10%"。

约翰·P. 科特认为增强变革紧迫感的途径有两条：一是"分析—思考—变革"，二是"目睹—感受—变革"。前者是影响人们的大脑和思想的，后者是改变人们的心灵和情感的。但是，帮助人们"目睹"真实的情况，继而改变他们的"感受"的方式，比收集分析信息、撰写报告、指出组织中存在的问题要有力得多。1985年，时任海尔冰箱总厂厂长的张瑞敏怒砸76台有缺陷的冰箱，唤醒了海尔人的质量意识，迈出了向品质转型的第一步。在2000年的质量大会上，华为将从客户那里换回来的一块块坏单板及一趟趟来回的飞机票装裱在相框里，作为"奖品"发给当事人，这一幕富有戏剧性和说服力的情景，消除了华为员工面对业绩快速增长所产生的自满情绪，为接下来的IPD变革注入了强烈的紧迫感。

当然，增强紧迫感的两种途径都是需要的，以分析思考为主的逻辑推理与以目睹感受所带来的情绪推动要相互结合运用。正如后文将要介绍的那样，通过员工访谈、资料查阅、数据分析和标杆研究，找出研发体系的业绩差距、机会差距和竞争差距，便会激发弥补差距的变革动力，这正是典型的"分析—思考—变革"。在实际的变革项目操作过程中，笔者经常与企业管理人员一起拜访外部客户或供应商，听取他们对企业产品和服务的评价，然后将这些拜访的录音或录像播放给员工们看，促使员工主动萌生出变革的意愿，这就是"目睹—感受—变革"。

"分析—思考—变革"的方法是依靠事实和数据，通过理性推理，帮助员工意识到问题以及自己的实际工作绩效，促使员工接受变革。"目睹—感受—变革"的方法则是提供有说服力的问题情景或远景图像，吸引员工的注意力，以情感上的变化来调动员工接受变革的积极情绪。

但是，增强员工的变革准备度和紧迫感，不能走向另一个极端，即增加员工对于变革失败的焦虑感。因受到害怕变革失败的情绪的影响，员工会更加决绝地退回到自己的舒适区，更加抗拒变革。特别是那些曾经遭遇过变革失败的员工，毕竟一个人拿出自己亲身经历过的失败案例来反对变革是很具有杀伤力的。好的应对焦虑感的措施是提前了解员工在过往变革项目中的经历：

- √ 该项目是否最终达成了当初的变革目标？
- √ 如果整个项目是成功的，你认为几个关键的成功因素是什么？
- √ 如果项目是失败的，你认为最需要改进的是哪几点？
- √ 在这个项目中，员工参与变革的积极性如何？公司采取了哪些让员工参与变革的方式？
- √ 过往变革项目成功/失败的经历，对你参与本次IPD变革有什么影响？

在了解了员工在过往变革项目中的经历之后,我们需要向员工表明:变革项目团队有足够的信心和能力促成这一次的变革成功。具体做法可以是:

- 呈现过去成功变革的相关案例。
- 表明公司领导层推行 IPD 变革的决心。
- 展示对中基层员工变革紧迫感的调查结果。
- 说明此次 IPD 变革投入的资源及其专业能力的保障。

组织变革项目的立项决策评审

立项决策评审是召开变革项目启动会前要完成的最后一项活动,变革项目只有通过了变革项目运作指导团队(OSG)的评议和审核,并做出了明确的立项通过的集体决策之后才能正式启动。

立项决策评审的重点内容包括:

√ 变革的目的及背景描述是否清晰?

√ 变革的总体目标及主要收益是否明确?

√ 变革的主要任务和交付成果是否明确?

√ 项目团队组成及里程碑计划是否合理?

√ 项目的重大风险是否有遗漏?

√ 下一阶段的工作内容和计划的评审。

召开变革项目启动会

召开变革项目启动会的目的是宣告变革项目的正式启动,为项目团队建立共同目标和通用的方法,同时搭建变革项目团队与项目关键干系人之间的人际关系。

变革项目启动会的议程可以包括如下九项内容:

一、介绍与会人员及会议目的。

二、介绍变革背景和要达成的愿景、目标。

三、说明初步的项目范围及关键任务。

四、说明项目关键干系人在项目中的角色和职责。

五、介绍项目团队要承担的角色和职责。

六、说明项目将采取的管理方式和工作机制。

七、说明项目的交付成果和衡量标准。

八、进行项目经理及核心成员工作宣誓。

九、开展团建活动。

第五节　IPD 不是银弹：M 公司 IPD 变革案例分享

近几年国内企业掀起了一股向华为学习的热潮，于是笔者见证了许多企业因盲目相信 IPD，大干特干上马 IPD 变革项目却惨遭失败的痛苦。事实证明，IPD 不是银弹，它也有明确的应用边界和适用条件。

其实，企业的管理者们也都理解，任何一种管理模式都有其适用条件，所以笔者才会经常听到这样的提问：IPD 到底适不适合我们这样的小企业？针对这个问题，专家们给出的标准回答是：如果把 IPD 看成是一套流程，特别是像华为那样的流程，它的确不适合小企业；但如果把 IPD 看成是一套经营管理模式，它的核心思想（如产品开发是一种投资行为，客户需求驱动产品创新等）是有普世性的，将这些核心思想作为研发体系的变革指导，量体裁衣，那么它也是适合小企业的。这种回答不能说是错误的，但极易让人以为所有与产品和研发相关的问题，都可以用 IPD 来解决。因此，接下来让我们探讨一个更为本质性的议题：IPD 到底能解决什么问题？又不能解决什么问题？

要回答上述议题，首先需要弄清楚 IPD 的本质是一套管理体系，一套能够指导企业更好地实现产品和技术创新的管理体系。强调 IPD 是一套管理体系，就与其他专家所说的"IPD 是一套经营体系"的观点起冲突了。笔者认为，业务模式决定经营模式，经营模式决定管理模式，经营模式决定企业的生与死，管理模式决定经营的好与坏。IPD 是管理体系，但最终也要为经营服务，IPD 变革的目标要对齐业务经营目标，要追求产品的商业成功。

我们可以用有机蔬菜的经营为例来理解经营与管理之间的关系。假设某企业的愿景是"为城镇居民提供新鲜且安全的有机蔬菜"，通过业务战略的研讨，该企业分析出其可采用的经营模式有如下三种：

经营模式一：菜贩子模式，从乡下农民手里买来有机蔬菜，运到城里卖给市民，赚取差价。

经营模式二：连锁店模式，像"钱大妈"一样，在城里开连锁店或加盟店，专供有机蔬菜，与城镇周边的乡村签订有机蔬菜的供应合同。

经营模式三：一体化模式，从有机蔬菜的种植，到蔬菜的加工、运输、销售以及售后溯源，为城镇居民提供从田园到餐桌的一条龙服务。

其中的任何一种经营模式都必须细化成各种研发策略、采购策略和销售策略等运营策略才可落地实现，而管理体系如 IPD、LTC 和 ITR 就是为实现某种经营模式下的这些运营策略提供组织支撑能力的。有机蔬菜的经营模式与运营策略如图 1-6 所示。

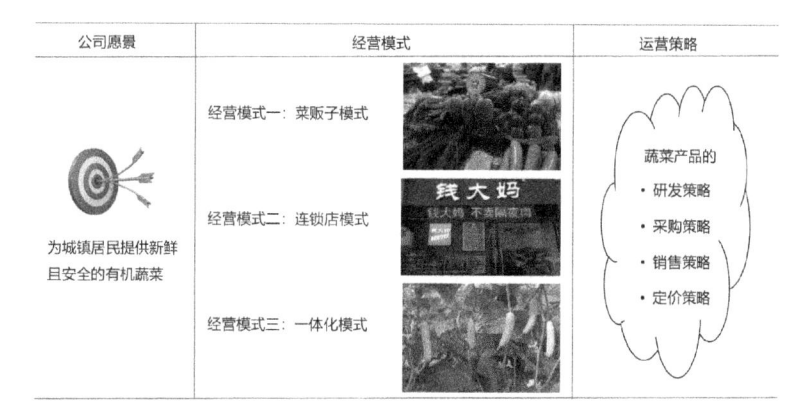

图 1-6 有机蔬菜的经营模式与运营策略

因此，IPD 的本质用一句完整的话来说就是：IPD 是一套以市场和客户需求为导向，以经营为本的产品和技术创新的管理体系。管理必须为经营服务，管理是木，经营为本，管理是水，经营为源，本末不能倒置，经营上的问题不能用管理上的优化来解决。经营模式决定管理模式，我们平时听说的"管理水平不能超过经营水平"也就是这个意思。对于技术型企业来说，经营模式的变化，必然会带来研发体系的变革，但研发体系的变革，并不一定会带来经营上的改善。所以，企业在进行 IPD 变革之前，一定要慎重考虑首先要解决的是业务模式创新的经营问题，还是产品和技术创新的管理问题。

下面我们来看一个想通过 IPD 变革实现经营模式的转型却因此导致失

败的案例。这个案例如果能结合笔者的另一本著作《业务增长战略》一起来理解，也许会看得更透彻。

这是一家主要为苹果代工手机充电线和耳机的 OEM/ODM 供应商，我们暂时称之为 M 公司。M 公司曾凭借其先进的生产技术和工艺设计能力，使全球零售百强企业及欧美知名消费电子配件品牌商都成为了其客户。但随着全球电子市场的消费升级及竞争加剧，前些年，M 公司在原材料价格及人力成本上涨等因素的影响下，收入及利润的增长均出现了不同程度的放缓。M 公司于 2018 年初提出了创立自主品牌的战略意图，并制定了 OEM/ODM 与自主品牌两条腿走路的战略方针。

一开始，M 公司高层认为，我们既然可以为苹果代工，说明我们的技术实现、工艺制造水平是足够的，对于自主品牌，我们只要补齐产品研发和销售渠道的短板，再辅以"出口转内销"和"出厂价"的营销宣传策略，不怕没有销量。于是在补齐产品研发短板的同时，M 公司大张旗鼓地推行了 IPD 变革。

理想是丰满的，但现实却很骨感。经过两年 IPD 体系的运作和自主品牌的经营，M 公司的业绩与当初制定的战略目标相去甚远。公司高层普遍认为业绩不达预期的主要原因是 IPD 体系的运作不顺畅，没有真正发挥出 IPD 的价值。于是，M 公司找到笔者，想借助外部咨询顾问的力量为企业定制、优化 IPD 体系。笔者经过深入的调研分析，却认为 M 公司当前自主品牌经营的最大问题不是要优化 IPD，而是要停掉 IPD。

笔者认为 M 公司自主品牌经营不善的主要原因有如下四点：

一、自主品牌的目标客户定位不清晰。当前，M 公司对目标客户的定位及需求的理解都是在模仿原来的 OEM 客户，其实 M 公司只要问自己这样一个问题就明白了：原来买苹果耳机的消费者，大概率会成为 M 公司自主品牌的消费者吗？

二、产品的价值定位不准确。这个问题是由上一个问题衍生出来的，目标客户定位不清晰，M 公司就只能在产品功能上简单模仿苹果的产品，与现有市面上的产品相比，除了有"出口转内销"和"出厂价"的低价优势，没有任何其他的差异化竞争优势。而购买苹果产品的消费者，他们往往注重的是生活态度和品味追求等情感上的需求满足度。另外，低价给人留下了低端的品牌形象,再加上产品一下子上量发售,企业在品质保障、售后服务等方面没跟上,造成了品牌美誉度差。

三、销售能力和销售模式与市场不匹配。自主营销缺乏相应的策略和方法,分销渠道及库存管理的风险防控能力弱,缺乏营销方面的专业人才,销售人员提升销量的策略只有降价促销。尽管 M 公司也跟随电商潮流开通了线上销售渠道,但仅限于此渠道的有无,没有发挥作用。

四、内部运营模式及管理能力与打造自主品牌的业务模式不匹配。尽管 M 公司做过大幅度的组织结构和人员调整,但在管理模式上最大的改变只是增加了形式大于实质的产品经理负责制,并没有真正地建立起以产品经理为核心的产品管理体系。

综合以上四点,笔者认为,自主品牌的经营相比 OEM/ODM,是一种全新的经营模式,而经营模式是由业务模式决定的。因此,自主品牌的经营,需要有新的业务模式和业务战略。也就是说,M 公司当时正在经历的是公司主流业务由第一曲线向第二曲线的业务模式转型。如图 1-7 所示。

第一曲线(OEM/ODM 业务)的经营模式有如下几个特点:

√ 销售导向。

√ 为单个项目(订单)定制的局部技术开发。

√ 向人力(制造)即成本要利润。

第二曲线(自主品牌业务)的经营模式的特点则是:

√ 市场导向。

√ 为某个细分市场的产品创新。

√ 向市场或产品要利润。

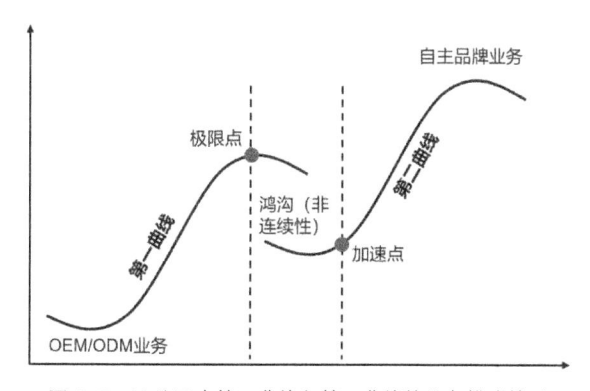

图 1-7 M 公司由第一曲线向第二曲线的业务模式转型

开辟第二曲线，在"加速点"之前的主要任务是实施破坏式实验型战略并验证新的业务模式，依据业务战略的第一性原理（追求市场成功、财务成功且可持续的成功），对业务模式的验证需要完成以下两个验证任务：

√ 验证任务一：产品与目标客户及客户的需求是否匹配。

√ 验证任务二：销售模式、盈利模式与市场竞争环境是否匹配。

如图 1-8 所示，这两个验证其实就是在验证新业务模式中的客户选择、价值主张、盈利模式以及战略控制。只有通过了这两个验证，才能说明 M 公司的业务模式，也就是经营模式是有可能成功的。在转型初期，验证业务模式是否可行的方法，只能是小而精的"先遣队"和快速迭代的产品开发方式，IPD 的那套跨部门的"集团军"和结构化开发流程则完全不适用。

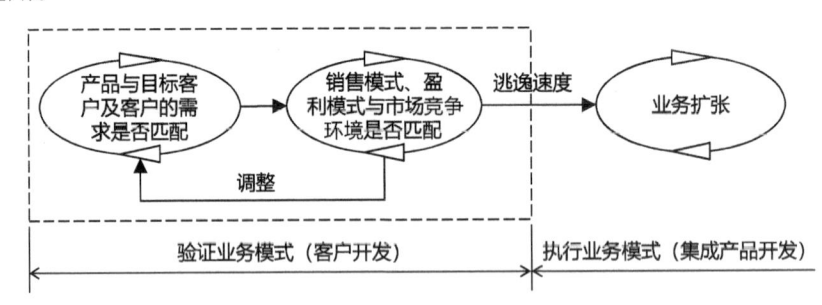

图 1-8　业务模式的两个验证

《四步创业法》一书的作者将业务模式的两个验证过程称为"客户开发"。只有在通过"客户开发"验证了 M 公司新的业务模式是可行的，并且积聚了足够的"逃逸速度"以致能够跨越如图 1-9 所示的客户接纳周期模型中的那个"鸿沟"，也就是第二曲线上的那个"加速点"之后，M 公司才可以正式开启真正的"集团军"、流程化的集成产品开发。

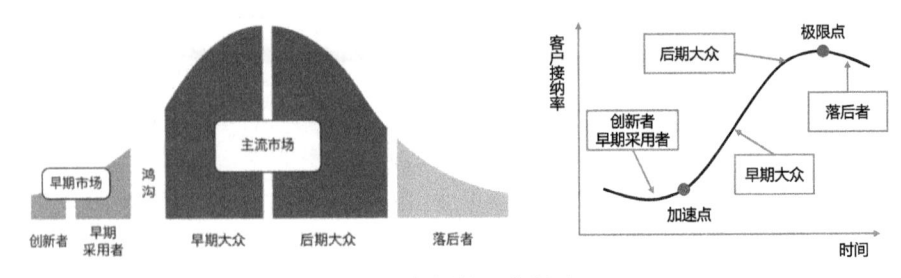

图 1-9　客户接纳周期模型

经营模式的转型，必然会带来管理模式的变革。IPD 体系是可以引进的，但一定是在经营模式得到验证（即已跨越客户接纳周期的"鸿沟"或到达第二曲线的"加速点"）之后，而不是在这之前。M 公司则是在经营模式转型的同时，就提前启动了 IPD 变革。也就是说其在经营模式还没有得到验证之前，就开始对管理模式"动大手术"了。事实上，参照第二曲线理论，M 公司在启动自主品牌的创立并制定"两条腿走路"的战略方针的时机选择上也有点晚了。过早启动 IPD 变革，过晚开辟第二曲线，不得不说这是 M 公司战略规划的重大失误。

上述案例提醒我们，IPD 不是银弹，它有明确的应用边界和适用条件。IPD 变革前，企业首先应清晰地界定出要解决的是经营模式转型的问题，还是管理模式优化或重构的问题，IPD 变革只适用于后者。然而，我们常见的情形往往是拔出萝卜带出泥，企业在明确了经营模式转型的问题后，接着就会面临如何提升组织能力以支持新的经营模式的问题，其中就包括了要导入 IPD 的变革需求。因此，我们经常将这两个问题的解决合并在一个变革项目中，并统一称之为"IPD 变革"。正是基于此，本书将解决经营问题的战略重组视为 IPD 变革的四大重组之首。

但是，"经营"和"管理"这两个问题的解决是有先后关系的，经营模式决定了管理模式，不能本末倒置。如果企业业务还处于从 0 到 1 的起步阶段，或者是从第一曲线往第二曲线转型的阶段，IPD 体系的过早引入，反而会导致业务失败。由此可见，IPD 对小企业是否适用的问题，其实是个伪命题。IPD 是否适用，与企业规模无关，而是与要解决的问题类型相关。

第二章
调研诊断及新体系的蓝图设计

> 如果给我1小时来拯救地球,我会花55分钟来定义这个问题,再花5分钟来解决它。——爱因斯坦

第一节　调研诊断及蓝图设计的关键活动总览

研发体系的调研诊断及诊断结果的反馈，是 IPD 变革项目的一个核心步骤。有效的诊断是要发掘出阻碍业务发展及未来战略目标达成的核心问题及其根因，以便提出改善方案。一次成功的调研诊断，既要能帮助变革项目团队深入透彻地洞察出企业（或业务单元）当前所面临的主要问题和达成未来战略目标需要克服的主要障碍，也要能梳理出这些问题和障碍与当前的经营结果以及未来战略目标之间的因果关系，进而确定企业（或业务单元）要在多大范围以及何种程度上实施变革才会更有效。

在开始正式的调研诊断前，需要确定一个清晰且系统的诊断框架（如基于 BLM 的五星模型），以及问题根因的分析思路和方法（如 GAPMB 方法）。否则，调研诊断会陷入大量技术的或人际的、现实的或潜在的、影响巨大的或微不足道的问题泥潭中而徒劳无功。在实际的调研诊断过程中，变革项目团队还会经常面临各种风险，如选错诊断方向，过分受到高层意见的影响，收集了大量无关的资料却遗漏了某些关键信息，忽视与一个复杂问题相关的重要部门或项目关键干系人等。因此，要想实施一次成功的调研诊断，必须在工具方法、过程管理以及诊断专家方面做好充分的评估和准备。

另外，变革项目的调研诊断经常被形容为"医生为病人看病"，就像医生通过对病人具体症状的问询，并借助各种医疗设备的检查，确定病因后开出处方，然后让病人回家自行吃药。事实上，用"诊断"一词来描述这一阶段的工作是不准确的，它的局限性在于实施诊断的一方是类似医生或顾问这些在某一专业领域具有丰富经验的专家，而被诊断的一方则只需被动地接受处方或建议。"诊断—开处方"的问题解决模式是建立在这样的假设基础之上的：企业的组织体系就像机器设备一样，出了问题可以客观精准地定位出原因，然后修改设计图纸或操作程序即可。但是，组织体系是一个由员工和部门所组成的社会系统，而非机械系统，组织的改善方案要求人们出于自愿，主动改变自己的思维方式和行为习惯，而不是被动地

"吃药"。

因此，这一阶段的正确工作方式应当是"调研—对话"。变革项目团队和外部咨询顾问扮演教练或向导的角色，与项目关键干系人一起开展调研工作，通过大量研讨和平等对话，帮助他们发现自己的问题，并分析出根因。

通过调研诊断识别出来的问题和根因可能会很多。我们必须通过系统思考，找出其中的少数几个对组织的整体绩效起关键或决定性作用的根因，此为管理系统的"瓶颈"。然后再针对瓶颈设计出既支持短期业绩突破又兼顾未来可持续发展的新研发体系的蓝图。调研诊断及新体系的蓝图设计（IPD 变革管理六步法第二步）的关键活动如图 2-1 所示。

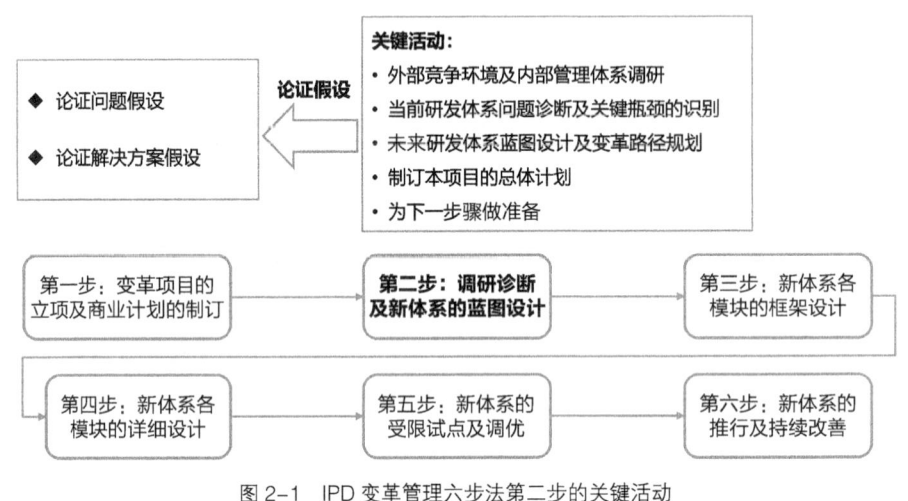

图 2-1　IPD 变革管理六步法第二步的关键活动

从解决问题的角度来看，这一步是在验证（证实或证伪）项目立项阶段所构建的有关问题和解决方案的初始假设。接下来的第三步和第四步则是对被验证通过的解决方案的细化和完善。

第二节　调研诊断的四个重要性原则

调研诊断的结论是 IPD 变革解决方案设计的输入，调研诊断的质量决定了变革方案的优劣。笔者看过许多低质量的调研诊断报告，分析总结它们质量低的原因，主要还是在调研诊断的过程中没有坚持如下的四个重要性原则：
➢ 重要性原则一：问题是什么比如何解决更重要。
➢ 重要性原则二：系统思考比线性思考更重要。
➢ 重要性原则三：了解历史比找出责任人更重要。
➢ 重要性原则四：面向未来比反思过去更重要。

重要性原则一：问题是什么比如何解决更重要

针对工作中的不良状况，我们总是急于提出解决方案，而不愿花点时间认真思考一下真正的问题是什么。只有在解决问题的进程中受阻，苦思冥想时才有可能被一个局外人一语点醒：你到底想要解决什么问题。为了以示区别，我们常将不良状况、冲突矛盾、困难麻烦称为问题（problem），而将真正要解决的问题称为议题（issue 或 question）。

问题是期望状态与现状之间的差距，因此，解决问题（弥补差距）的方向就有两个：一是改善现状，二是满足期望。举一个生活中的例子，"没钱买奔驰车"是一个问题，期望状态是"拥有一辆奔驰车"，而现状则是"没有足够的钱"。如果我们选择的解决问题的方向是改善现状，则需要通过不断地问"为什么"来追溯问题的根因是什么，假如最后找到的根因是"工作上业务能力弱"，于是在此方向上真正要解决的议题是"如何提高我的业务能力"。如果我们选择的解决问题的方向是满足期望，则需要进一步挖掘出问题背后的真实需求是什么，因为"奔驰车"并不是问题所有者的真实需求，这只是他为了解决此问题而提出的自己的解决方案而已。挖掘真实需求的方法也是不断地问"为什么"，假如最后识别出来的真实需求是"想拥有较高社会地位的形象"，那么在此方向上真正要解决的议题是"如何提高彰显我的社会地位的形象"。

无论是追溯根因还是挖掘需求，方法都是不断追问"为什么"，但内涵是不一样的，实际工作中常用"why so"（为什么会这样）和"so what"（意味着什么）来加以区别。真正待解决的议题的两个识别方向和方法如图 2-2 所示。

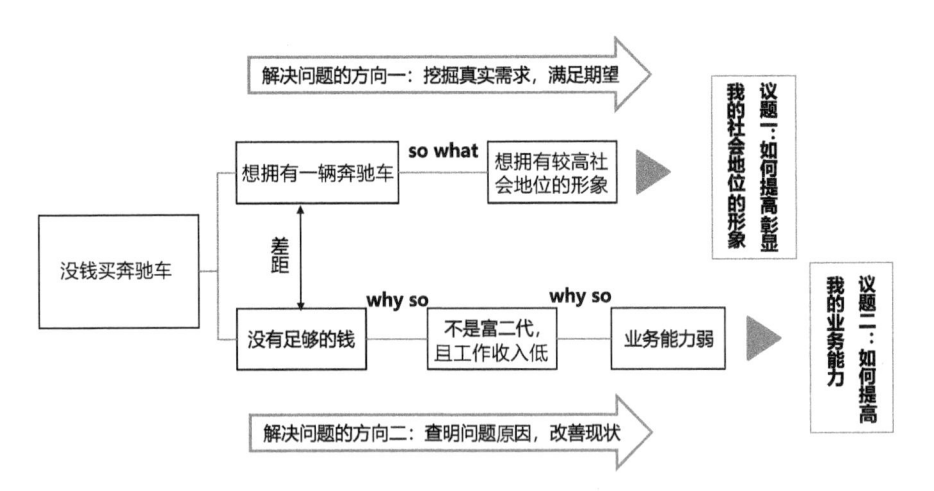

```
                        解决问题的方向一：挖掘真实需求，满足期望
                                                        议          议
                                                        题          题
                    ┌──────────────┐  so what ┌──────────────┐   一          二
                    │想拥有一辆奔驰车│─────────▶│想拥有较高社会 │   ：          ：
                    └──────────────┘          │地位的形象    │   如          如
                           │                  └──────────────┘   何          何
┌──────────┐          差   │                                      提          提
│没钱买奔驰车│          距  │                                      高          高
└──────────┘              │   why so            why so            彰          我
                           ▼         ┌──────────────┐              显          的
                    ┌──────────────┐ │不是富二代，   │ ┌──────────┐ 我          业
                    │没有足够的钱   │◀│且工作收入低  │◀│业务能力弱│ 的          务
                    └──────────────┘ └──────────────┘ └──────────┘ 社          能
                                                                    会          力
                                                                    地
                        解决问题的方向二：查明问题原因，改善现状         位
                                                                    的
                                                                    形
                                                                    象
```

图 2-2　真正待解决的议题的两个识别方向和方法

通过在解决问题的两个方向上不断地追问"why so"或"so what"，我们就可以从问题出发，识别出待解决的议题。即使是在同一个方向上，也会有多个议题出现，如"拥有一辆奔驰车"的真实需求既可能是"想拥有较高社会地位的形象"，也可能是"对自己大半辈子辛苦赚钱的一种犒劳"。此时，就需要对多个议题进行综合筛选和评估，找出真正要解决的议题。

识别出了真正要解决的议题，提出解决方案就会变得水到渠成。如上述生活中的例子，若要解决的议题是"如何提高我的业务能力"，那么解决方案可能是"强化业务培训和实践"，这是一种消除根因的耗时且费力的长期解决措施，笔者称之为"根本解"；若要解决的议题是"如何提高彰显我的社会地位的形象"，那么解决方案除了是"买奔驰车"，也可以是"买一块高档手表"，这是一种可快速满足需求的短期解决措施，笔者称之为"症状解"。一般来说，IPD 变革的解决方案，既要有短期可"救火"的症状解，也要有长期可预防"火灾"的根本解。实施症状解是在为根本解争取时间，唯有如此，变革方案才是真正兼顾了短期生存和长期发展的系统性解决方案。

在低质量的调研诊断过程中，常见的情形是调研专家或顾问总是无法清晰地辨识自己正行走在问题诊断的哪一个方向上，上一秒钟还在"why so"的方向上夸夸其谈自己对于问题根因的重大发现，下一秒钟却跳跃到了"so what"的方向上提出自己"具有创造性的解决方案"。

因此，解决问题的第一步是从问题出发，识别出真正要解决的议题，然后才是针对该议题提出解决方案。而在实际的 IPD 变革项目中，笔者经常发现此原则被无视，因此才会有企业认为，其高层管理者已经把问题看得很清楚了，再做一次调研诊断，纯属多余。

重要性原则二：系统思考比线性思考更重要

系统是由一组相互连接的有形或无形的要素构成的，以特定的行为模式实现某些功能或目标的一个整体。对于大千世界无处不在的系统，我们大致可以将它们分为没有生命的机械系统、动植物之类的有机系统和由人组成的社会系统三种类型。机械系统和有机系统是为了完成某些功能而存在的；而对于企业这样的社会系统，则是为了达成某些目标而组织在一起的。

系统的三个构件分别是要素、连接和功能（或目标）。以足球队为例，要素指的是球员、教练、足球、足球场以及球队的声誉等无形的要素，连接则是踢球的规则、教练的指导、球员之间的交流等，目标则可以是赢球、赚钱、娱乐中的一个或多个。改变系统的不同构件对系统的影响是不一样的，改变某些要素如辞退某些员工，对系统的影响是最小的。但如果改变一下企业的薪酬评定规则，影响就大了。而如果把企业存在的目标由赚钱改为无偿为社会提供产品，那企业的性质就都被改变了。因此，在 IPD 变革的第一步，就要完成对企业（或业务单元）的业务战略的梳理和理解，并将 IPD 变革的目标对齐其业务战略目标。

在接下来的对研发体系的各要素及其连接关系的调研诊断上，我们对各要素投入的关注度往往远超对它们之间连接关系的重视程度。将企业管理体系的各要素从组织结构、流程体系、绩效激励、人才梯队等维度切割出来单独进行深入的分析，并依此找出各要素上的问题根因，这几乎是所有企业的变革项目在调研诊断上的通行做法。这种方式无异于通过解剖一只大雁的身体结构，来试图解释一群大雁为什么要排成"人"字形飞行。系统具有涌现行为，即整体大于部分之和。海上飓风所表现出来的特征不是每一个水分子的特征之和。对部分的理解再深刻，也无法得到对整体的理解。把整体切割成部分进行研究，会破坏系统内部的连接关系，也就破坏了系统本身。正如彼得·圣吉在《第五项修炼》一书中所说的：把一头大象劈成两半，并不能得到两头小象。

笔者将上述调研诊断的思考方式称为"线性分割思维"，这也是我们从小到大都在学习的思考方法，是一种还原论。线性分割思维主要用于应对系统在结构上的静态复杂性。但是，系统各要素之间的连接关系，以及这些连接关系上流动着的物质流、能量流和信息流，还会使系统表现出动态复杂性。忽视动态复杂性的结果就是我们在系统的"这里"所采取的行动，尽管解决了"这里"的问题，却在系统的"那里"造成了新的、更为严重的问题。另外，笔者还经常发现，"今天"所遭遇的问题，竟然来自"昨天"被公认为"最佳"的解决方案。具有动态复杂性的问题，因与果在时空中并不紧密相连，正如销售不达标不是销售经理不努力，也如生产延期交货的原因不在生产现场。爱因斯坦曾说过：你无法用产生问题的思维方式去解决因为这些思维方式而造成的问题。因此，为解决因线性思考所产生的问题，并应对系统的动态复杂性，我们必须运用动态思考的方法。

IPD 变革管理六步法所采用的思考方法，则是集成了全面思考、深入思考和动态思考的系统思考，这里所说的"系统思考"绝非许多人所简单认为等同的全面思考或者全局观。正如后文所述，我们将运用五星模型对企业进行全面的调研诊断（全面思考），基于 GAPMB 的分析逻辑深入挖掘问题根因（深入思考），并使用因果连接关系或因果回路图追溯问题的动态形成机制（动态思考）。

全面思考就是既见树木，又见森林，要看到问题的全貌；深入思考就是要看到问题的本质，看到冰山隐藏在水面以下的部分；动态思考就是看清问题沿着连接关系随时间变化的趋势。只有经过系统思考，然后提出的问题解决方案才会更精准、更鲁棒、更具远见。更精准是因为全面考虑了与系统有关的所有内容，并准确地找出了其中的瓶颈因素；更鲁棒是因为深入分析了问题的所有前因后果，使后续实施的解决方案不会因出现某些负面效应而停摆；更具远见是因为识别出了问题的变化趋势及各要素间的联动关系，使解决方案更能经得起时间的考验。

"系统结构决定系统行为"是系统思考的第一性原理。这个原理既适用于机械系统，也适用于有机系统和社会系统。这里的"结构"指的是系统各要素及其连接关系的相互作用,是各要素组织在一起的方式。这里的"行为"指的是行为模式,行为模式是系统的习惯性行为特点和行为逻辑。在行为模式之上,才是表现出来的一个个事件,系统问题的各种症状,如某个员工离职、某个客户投诉质量有问题就是事件。事件是系统问题的冰山显现在水面以上的部分,水面以下则有行为模式和系统结构。

重要性原则三:了解历史比找出责任人更重要

每一位管理者都是解决问题的高手,必须通过 IPD 变革才能解决的问题,必然是长期存在且难以解决的问题。长期存在的问题,必定是冰冻三尺,非一日之寒,我们称之为"顽疾"。凡是难以解决的问题,都会表现为一种冲突的存在,这是牵涉了多个利益相关方(包括部门和个人)的鱼和熊掌不可兼得的冲突,我们称之为"困境"。对于陷入困境中的顽疾,调研诊断的任务不是要找出某个责任人或责任部门,而是要详细了解其形成的历史过程,以及曾经采取过的补救措施和所取得的成效。

系统结构决定系统行为,系统中长时间存在的冲突(问题)是一种结构性的冲突。了解历史,就是要了解系统结构的形成过程,特别是要找出导致问题不断恶化的因果回路(恶性循环)。只是替换或优化系统中的某个要素而不是改善或变革系统的结构,问题依然无法从根本上得到解决。系统中结构性冲突的形成过程如图 2-3 所示。

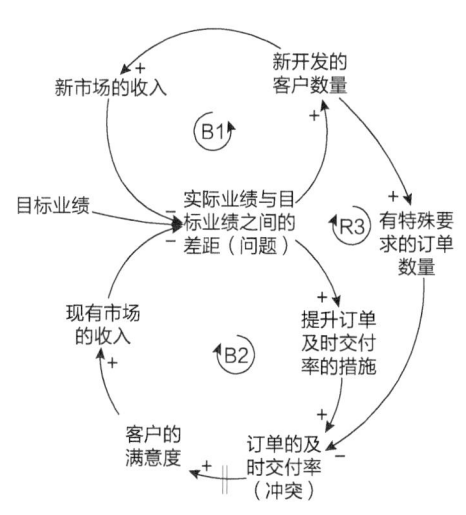

图 2-3 系统中结构性冲突的形成过程

图 2-3 中销售部门为了弥补因老客户流失所造成的业绩缺口，大力开拓新客户（图中的因果回路 B1），这是症状解。老客户流失是因为企业的交付和服务质量变差，采取措施提升订单的及时交付率和服务质量才是根本解（图中的因果回路 B2）。

采取根本解提升订单及时交付率和服务质量是后端生产和服务部门的工作，但是前端的销售部门也没有坐以待毙，而是主动出击，开发了许多新的客户。然而，第一次合作的新客户，往往给的都是定制化程度高的小订单。于是，销售部门的积极作为（实施症状解），也就是拓展新客户为实施根本解带来了反作用。大量定制化小订单消耗了更多的交付与服务的资源，造成老客户继续流失，新客户对交付也不满意，业绩缺口因而进一步扩大（图中的因果回路 R3）。这种现象在系统动力学里被称为"补偿反馈"，即愿望良好的解决措施介入后引起系统的反应，其结果却抵消了介入行动所带来的好处。生活中的揠苗助长就是一种补偿反馈的现象。

正如上述销售部门越努力业绩缺口越大的案例，事情是一步步变成现在这个样子的。在有结构性冲突和矛盾的系统中，个人或部门的积极作为可能会使问题变得更糟糕，这样的结果绝非其本意。了解历史，就可以帮助变革项目团队避免曾经的失误，改变无效的做法。

调研诊断要避免落入指责某个责任人或责任部门的陷阱，变革项目团队是帮助企业或业务单元解决问题的顾问，不是要揪出组织中的某个害群之马的"侦探"或"警察"。也许今天看起来非常糟糕的决定，在当时却有着很好、很充分的理由。与问题相关的责任人或责任部门还在公司，并且也会参与变革，他们对于相关问题的谈论会比较敏感，任何以审问或批评的态度所进行的对话，都将被其视为对他们人格、智商的羞辱和对以往事实的不尊重，最终会导致他们要么闭嘴不谈，要么与你争论跟问题无关的话题。

所以，调研诊断的正确姿态是尊重历史，引导式提问，以及多倾听。

重要性原则四：面向未来比反思过去更重要

传统的调研诊断过程被人们类比为医生给病人看病时的"望闻问切"，然后在此基础上开出处方，而这也正是大多数企业想要的过程。面对棘手的问题，企业总想要快速见效的解决办法。就像我们个人因为有感冒症状去就医时，对于医生在几句简单问询之后所开出的处方甚感欣喜，却对正准备转身离开时医生的那一句叮嘱"小伙子，要注意饮食习惯，多锻炼身体了"表现出不耐烦且不以为然一样，我们自己会在心里嘀咕："我可不是为了听这些才来看病的。"基于企业普遍存在的这种预期，调研诊断工作总是被自觉或不自觉地引向对当下已发生的问题的诊断，而对达成未来业务战略目标需要补齐的资源和能力上的短板却总是关注不够。

如图 2-4 所示，问题是期望状态与现状之间的差距。差距又可分为业绩差距和机会差距，业绩差距是看过去，机会差距是看未来，反思过去是为了找出业绩差距，面向未来才能发现机会差距。弥补业绩差距，解决现有问题，只会带来业绩的运营性增长。弥补机会差距，才能有更大幅度的战略性增长。也就是说，把现有的问题解决得再好，也只能将业绩由 10 亿元提升为 12 亿元，却无法达成 5 年实现 100 亿元的战略目标。

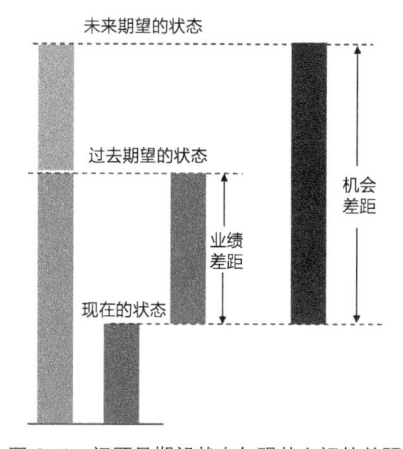

图 2-4　问题是期望状态与现状之间的差距

把精力集中在解决现有问题上，企业则会希望变革项目团队能够提出快捷、经济且不那么痛苦的解决方案。也难怪企业管理层总是一上来就问："这需要多长时间？""预算要多少？""还有没有更简单易行的解决方案？"只有让企业管理层认识到解决方案是面向未来的，成本要比他们所想象的高，需要投入的时间和消耗的精力要远多于他们愿意付出的，他们才会重新审视自己当前所处的位置，从而增强变革的紧迫感，并提前做好打持久战的心理准备。

面向未来的 IPD 变革方案必须是以业务战略目标为导向的，要站在未来看现在。即使是解决现有的问题，也应是为了实现未来的战略目标而做的准备。因此，在设计研发体系的整体解决方案时，既要有为解决现有问题而提出的短期症状解，更要有为实现业务战略目标而设计的长期根本解。

第三节　研发体系调研诊断的五星模型

企业因所处的发展阶段及内外部业务环境不同，其在经营管理上所遭遇的问题也会各有不同。但是，对企业管理进行调研诊断的基本思维框架却是可以保持一致的，那就是企业的成功 = 战略 × 组织能力。战略明确了企业的战略目标、增长路径及投资组合策略，同时也决定了需要什么样的组织能力来支撑其战略目标的达成及运营策略的实施。组织能力若与战略不匹配或存在较大的缺口，则战略就无法落地，企业发展也会受阻。

尽管这一公式很容易被大家所理解，但它缺乏实操性。许多专家学者和咨询公司提出了更为具体的诊断模型，其中就有大家熟知的麦肯锡 7S 诊断模型。7S 诊断模型由战略（Strategy）、制度（System）、结构（Structure）、技能（Skill）、员工（Staff）、风格（Style）、共同的价值观（Shared values）七个要素组成，战略、制度和结构是企业的"硬件"，技能、员工、风格和共同的价值观是企业的"软件"。"硬件"部分相对容易改变，是变革项目常用的切入点与杠杆支点。"软件"部分是组织的内涵与核心，需要长时间的沉淀与积累。共同的价值观则是企业的 DNA，是最难改变的部分。7S 诊断模型可以帮助我们全面了解企业或业务单元在上述七个要素上的现状及未来希望达到的水平，以及七个要素之间的连接关系和不协调、不一致之处。各要素的现状与希望达到的水平之间存在的差距，或者七个要素之间出现的不协调、不一致，就是变革项目要解决的问题。

另一个被大家熟知的诊断工具是在阿里巴巴被广泛应用的"六个盒子"，它源自宾夕法尼亚大学组织动力学教授、组织发展专家韦斯伯德（Weisbord）总结提炼的用以提升组织效率的诊断模型。该模型从使命与目标、组织与结构、流程与关系、奖励与回报、支持与帮助、领导与管理等六个要素出发对企业或业务单元进行扫描诊断，其中的"领导与管理"处于"六个盒子"的中心位置。韦斯伯德将此模型比喻成雷达屏幕,它能及时告诉我们企业发生了哪些变化,为了实现使命和目标,什么是企业当下最需要突破的,这是雷达扫描后的闪烁点。但是,韦斯伯德指出仅仅关注那些闪烁点是不够的,还要关注整个屏幕,也就是"六个盒子"之间的连接关系与一致性(即匹配度)。

第三个值得关注的诊断工具则是纳德勒(Nadler)和图什曼(Tuchman)提出的组织一致性模型。如图 2-5 所示。

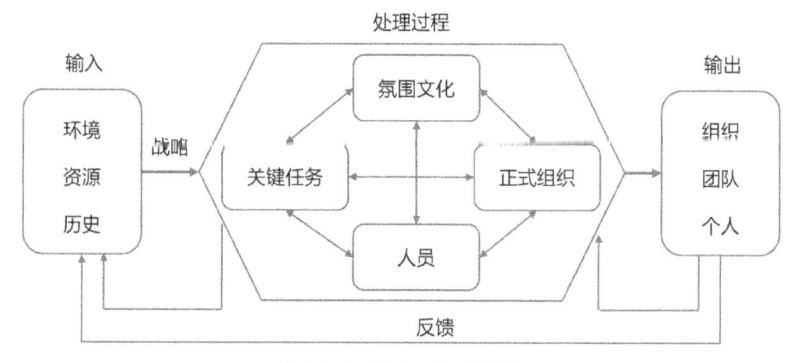

图 2-5 组织一致性模型

组织一致性模型将组织体系(企业或业务单元)视为一个动态、开放的处理系统,输入是外部市场环境、组织所拥有的资源和组织的发展历史,在这些"给定条件"的基础上,组织会制定出未来的战略规划,中间的处理过程是对战略解码后的关键任务的执行,最后输出关于组织的、团队的和个人的绩效。作为处理过程的组织体系包含了四个构件:关键任务、正式组织、人员及氛围文化。本质上,组织体系的设计者或管理者,其职责就是要为这四个构件找到最合适的配置,以创造出实现战略目标的输出。

组织一致性模型提示我们,组织中的各个组成部分是以一种平衡且一致(相互匹配)的状态共存的,它们之间的一致性程度越高,组织就越有效(包括效率和效益)。当一致性出现问题,特别是其他三个构件与关键任务不匹配时,绩效缺口(也就是差距)就出现了。

用组织一致性模型解决问题一共有五步:第一步是识别组织的业绩差距和机会差距,也就是双差分析;第二步是描述从战略推导出来的关键任务,即战略举措或业务策略;第三步是检查组织的一致性,也就是正式组织、人员及氛围文化与关键任务是否匹配,它们三者之间又是否匹配;第四步是开发解决方案并采取矫正行动;第五步是观察反响,并从结果中学习。

尽管麦肯锡的 7S 诊断模型、韦斯伯德的"六个盒子"与纳德勒和图什曼的组织一致性模型的组成要素各不相同,也就是审视组织的切入点有所不同,但三者都强调了各要素之间的连接关系与一致性(即匹配度),这正是任何调研诊断模型必备的系统观。

基于 BLM 的调研诊断五星模型

IPD 变革管理六步法的调研诊断工具源自前文介绍过的图 1-2 所示的 BLM(业务领先模型),该模型本质上是对美世咨询的 VDBD 与纳德勒和图什曼的组织一致性模型的集成。运用 BLM 规划业务战略的过程就是依据模型左边的 VDBD 理论完成业务战略的核心即业务模式的创新设计,再按照模型右边的组织一致性模型思考如何设计支撑业务战略落地的组织体系。

当笔者还在华为任职业务主管时,每一年的业务战略规划,笔者都会带领业务经营团队以该模型为框架,全面审视和诊断组织体系的各种能力短板并分析其根因,因而积累了丰富的组织诊断实操经验,最后总结提炼出了组织诊断五星模型的雏形。后来笔者有幸进入企业管理咨询行业,在多年 BLM 业务战略咨询及 IPD 研发体系变革项目管理的实践中,不断地对五星模型进行调整和优化,最终形成了如图 2-6 所示的组织变革调研诊断工具,并为其取名"五星模型"。

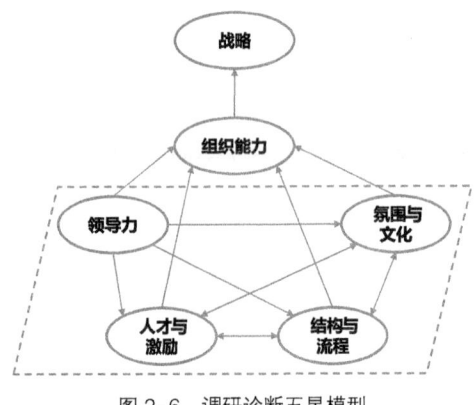

图 2-6 调研诊断五星模型

五星模型遵从了企业的成功 = 战略 × 组织能力这一基本的思维框架，这里的"战略"有双重含义，它既包括以往的既定战略，也包括为未来所设计的新战略。相较于以往的既定战略，运用该模型可以识别出企业（或业务单元）的业绩差距；相较于未来的新战略，运用该模型可以识别出企业（或业务单元）的机会差距。双差的产生，部分原因是受外部产业大环境和竞争格局的影响，而决定性的因素则是企业内部组织能力的短板。

从哪些维度可以辨识组织能力的短板呢？五星模型是从价值创造流的角度出发来辨识组织能力短板的。企业为了实现从客户要求到客户满意的价值创造，一般都要经过三个价值创造流，在华为内部，分别为 IPD、LTC 和 ITR。IPD 是将产品做出来的价值创造流，包括了客户需求挖掘、产品规划、产品立项、产品开发、产品上市及生命周期管理等活动。LTC 是将产品变现的价值创造流，包括了市场线索、机会、投标、合同订单、制造发货、安装验收、回款等活动。ITR 是帮助客户解决问题的价值创造流，包括了客户投诉、问题分析、问题解决、发现新机会等活动。通过对三个端到端的价值创造流的分析，企业可以不重复无遗漏地识别出组织能力的诸多短板。如果通过分析，企业发现组织能力短板集中在 LTC 和 ITR 两个价值创造流上，则说明前期刚刚启动的 IPD 变革是一种错误的战略抉择。

依照后文即将介绍的 GAPMB 问题根因分析逻辑，组织能力处于 B（Behavior，行为）层面，系统结构决定系统行为，组织能力是由组织体系中的各构件及其连接关系所形成的系统结构决定的。除了组织能力，五星模型还包括了领导力、结构与流程、人才与激励、氛围与文化这四大构件，当然，也可以将它们再细分成七个要素：领导力、组织结构、流程体系、人才梯队、激励机制、组织氛围、企业文化。这些构件和要素处于 P（Policy，政策规则）和 M（Measure，绩效衡量方式）两个层面，它们与战略的匹配度，它们之间的一致性及其连接关系决定了组织的效能。

四个构件中的领导力、氛围与文化是五星模型的"软件"，结构与流程、人才与激励则是"硬件"。硬件部分是可以直接管理和快速改善的，软件部分则不可见且难以在短时间内取得明显改善效果，但是软件部分对组织效能的影响与硬件同样重要。

五星模型中的领导力，强调的是设计型领导力，而非大家所熟知的教练型领导力、当责领导力甚至所谓仆人式领导力。教练也好，当责也罢，都是"管理"而非"领导"行为。领导的本质是设计良好的系统结构（系统中的各个要素及要素之间的连接关系），管理的本质则是通过计划、执行和监控保障系统可靠地运行。系统结构（如规则制度）决定系统行为（如员工表现），一项好的制度，会把一个绩效差的员工塑造成一个"奋斗者"；而一项坏的制度，会将一个优秀员工逼成一个行为不端的"坏人"。设计型领导力与管理能力的区别如表 2-1 所示。

表 2-1 设计型领导力与管理能力的区别

设计型领导力	管理能力
·建立新规则或改造旧规则	·管理是维持系统的正常运行
·创立目标并制定策略	·制订实现目标的计划和预算
·设计和优化管理体系	·按照管理体系配置资源，分配权力和责任
·影响和激励员工协作及创新	·监控并纠偏计划和预算的执行偏差

氛围与文化同样是五星模型中的一个重要构件，它对组织绩效的影响程度可以达到 30%。资源是会枯竭的，唯有文化生生不息。文化是一个组织内所有社会和专业的个性特征的总和，一个组织的文化就是它的个性，正如中兴的牛文化和华为的狼文化。同时，组织领导者对氛围与文化有 70% 的影响，因此在一个组织的文化上往往能看到领导者个性的烙印。文化对组织的运作具有润滑剂的作用，例如华为的"胜则举杯相庆，败则拼死相救"的团队文化。在管理的诸多活动中，会有大量事务是规章制度和流程没有覆盖到的，这些都是容易产生扯皮和冲突的地方，此时，文化的润滑剂作用就体现出来了。

另一方面，当业务战略需要转型时，组织文化又会表现出阻滞的作用。事实上，在推动战略转型的各种变革中，最大的阻力正是源自员工行为习惯的改变。在变革的管理过程中，我们往往会高估自己的变革推动力，而低估人们改变旧的已经深入人心的行为习惯所产生的阻力。

运用五星模型调研诊断的具体内容

在 IPD 变革项目中，运用五星模型对企业（或业务单元）实施正式的调研诊断时，对各构件或要素进行诊断的具体内容如下：

◆ **战略意图与产业环境对组织的要求**

公司战略目标是什么？业务发展前景如何？产业竞争状况如何？公司在市场中处于何种地位？公司的优势和劣势是什么？客户的需求有哪些特点？

◆ **应具备的能力及能力差距**

为满足公司的业务目标和产业环境的要求，公司应具备哪些研发能力？哪些能力是公司亟须提升的？

◆ **领导力**

领导者在业务设计和组织设计上的角色是什么？新的业务战略对领导者提出了哪些新的要求？业务领导力还有哪些可提升的空间？

◆ **组织结构**

各项工作（包括产品规划、市场信息和需求收集、产品开发项目运作、技术开发工作、流程优化等）是否有组织保障？是否建立起了跨部门团队的运作机制？跨部门团队和纵向职能部门之间的沟通是否顺畅？

◆ **流程体系**

是否分业务场景建立起了基本的业务运营流程？产品全生命周期的管理流程是否满足业务实际需要？各部门是否遵守统一的标准并在各项目中得到执行？

◆ **人才与激励**

公司的产品创新及研发管理的人才梯队拥有新的业务战略所需的能力吗？公司的激励机制能否有效激发员工的潜能？

◆ **氛围与文化**

公司的研发理念是否真的把产品开发看成是投资，并以客户为中心、以市场为导向？公司是否真的形成了勇于创新、乐于协作和一次把事情做正确的组织文化？

企业仅仅对五星模型中的各构件或要素割裂开来进行独立的诊断是远远不够的，更为重要的是针对诊断出来的各种问题和原因，要梳理出它们的因果连接关系，从而识别出组织系统中长期存在的某些结构性冲突或者核心问题，然后再进一步挖掘出影响组织整体绩效的少数几个瓶颈因素，最后针对瓶颈因素设计具有杠杆作用的根本解。总而言之，运用五星模型进行调研诊断的核心思想是：用系统思考洞察复杂的世界，用瓶颈理论找出最简单的杠杆解。上述这些内容也正是后文"基于GAPMB的问题根因分析"及"聚焦瓶颈的系统问题解决方法"要进一步阐述的内容。

卓越研发体系应具备的关键能力

针对五星模型在 IPD 变革项目中的具体应用，对标优秀企业在产品创新与研发管理方面的最佳实践，笔者总结提炼出了卓越研发体系应当具备的十大关键能力：

（1）业务战略规划能力：市场洞察，业务模式的创新设计，业务策略及计划，组织支撑体系的设计。

（2）市场及客户需求管理能力：需求收集、分析与实现，需求跟踪与变更控制。

（3）产品和技术规划能力：产品路标规划，平台或技术规划，新产品策划及立项分析。

（4）产品或解决方案的开发及维护能力：新产品开发，解决方案定制，产品生命周期维护。

（5）平台或技术的开发及维护能力：平台架构设计与开发，技术预研与开发，CBB 及技术货架的维护。

（6）跨部门团队的运作能力：决策团队、产品规划团队、产品开发团队等的角色分工及运作。

（7）研发项目管理能力：计划与监控，风险管理，问题管理。

（8）产品质量保障能力：技术评审，质量工具和方法的运用。

（9）产品成本控制能力：产品设计成本、加工工艺成本及物料采购成本的控制能力，对产品全生命周期的维护成本的控制。

（10）人才培养与激励能力：核心人才培养，绩效管理及激励机制。

在 IPD 变革项目的调研诊断实践中，在问卷调查、员工访谈和资料查阅之后，就可以通过标杆对比识别出为支撑业务战略目标的达成，研发体系亟须补齐的能力短板，然后再按照 GAPMB 的分析方法，从五星模型的四大构件及其连接关系中洞察出研发体系存在的结构性冲突及其根因。

第四节　基于 GAPMB 的问题根因分析

运用五星模型对企业（或业务单元）的研发体系进行调研诊断时，必须对识别出来的不良状况及能力短板进一步分析出根因，只有找到了真正要解决的问题（调研诊断的重要性原则一），才能设计出系统且有效的实现 IPD 变革目标的解决方案。在 IPD 变革管理六步法中，将使用基于 GAPMB 的问题根因分析方法来指导变革项目团队分析不良状况或能力短板的根因。

5WHY 法对解决系统问题的不足

问题根因分析最常用的方法当属 5WHY 法了，此方法通俗一点讲就是去不断地追问"为什么会这样"（why so）。例如，发现"地板上有一摊油"这个问题，追问为什么会有油？因为机器漏油了；机器为什么漏油？因为衬垫磨烂了；衬垫为什么这么快就磨烂了，而以前可不是这样？因为新采购回来的衬垫质量太差；为什么要采购低质量的衬垫？因为采购部以价格作为优先考虑的要素；为什么采购时要优先考虑价格？因为采购部今年成本考核压力太大。到这里，我们就可以提出根本性的解决措施了：调整采购部的成本考核权重，提高采购质量的考核权重。

在问题根因分析的实践中，笔者发现 5WHY 法针对单个问题的分析与解决确实算得上是一把利器。但是 IPD 变革要解决的是大量复杂且相互牵扯的与业务经营和人员管理相关的系统性问题，就像下面列出的这 15 个问题中的部分或全部：

问题 1：客户满意度严重下降。
问题 2：产品没有竞争优势。
问题 3：延期交货成了家常便饭。
问题 4：市场占有率在下降。
问题 5：内部运营能力不足，效率不高。
问题 6：产品成本居高不下。
问题 7：公司利润增长缓慢。
问题 8：无法有效应对日趋激烈的市场竞争。

问题 9：新产品的研发进展缓慢。

问题 10：研发项目过多，资源分散。

问题 11：销售不畅，库存过多。

问题 12：产品价格持续走低。

问题 13：员工之间、部门之间配合不顺畅。

问题 14：要参加的会议和要提交的报告多得一塌糊涂。

问题 15：员工工作积极性不足。

毫无疑问，这 15 个问题均来自同一个业务系统，基于同一套管理体系，它们之间必然存在着某种因果关系。同时，针对每个问题还可以分析出更多的原因。那么，这些问题与问题之间，问题与原因之间，甚至原因与原因之间到底存在着何种连接关系呢？它们在时空上又形成了怎样的动态复杂性？

如果针对每一个问题都用 5WHY 法分析一遍，然后分别提出相应的对策，那就落入了只见树木不见森林的局部思考的陷阱，且依然是一种典型的线性分割思维，是一种还原论，治标不治本。企业（或业务单元）是一个系统，确切地讲是一个社会系统，为同时应对系统问题的静态复杂性和动态复杂性，提出更精准、更鲁棒、更具远见的解决方案，企业必须运用全面、深入、动态的系统思考方法（调研诊断的重要性原则二）。在 IPD 变革项目的咨询实践中，笔者提出了更具实操性的基于 GAPMB 的系统问题根因分析方法。

基于 GAPMB 的系统问题根因分析

系统结构决定系统行为。对于企业而言，系统结构就是企业的流程制度、政策规则和绩效衡量方式等。系统行为反映的是企业作为一个整体，对外表现出来的运营能力、员工行为方式、市场表现等。正是基于此原理，创造了瓶颈理论的高德拉特博士（以色列物理学家、企业管理大师）才会说：你告诉我你怎么考核，我就告诉你我怎么做，如果你的考核方式不合理，也不要怪我的行为太疯狂。

那么决定系统结构的又是什么呢？机械系统的结构是由它的设计师决定的，有机系统的结构则源自各物种的自然进化，而决定企业管理系统的结构的，则是企业高层的战略意图和他们对市场、客户、企业和员工所采取的最基本的观念与假设，这些观念与假设也称为"心智模式"。企业高层基于他们的战略意图和心智模式，设计出企业的管理体系，包括各种规章制度与考核方式，于是便得到最终的员工行为表现、运营能力表现及产品在市场和财务上的表现，正所谓种豆得豆，种瓜得瓜。这一整套因果逻辑分析方法，笔者为之取名为"GAPMB"。基于 GAPMB 的系统问题根因分析模型如图 2-7 所示。

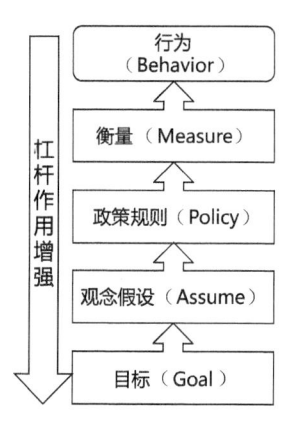

图 2-7　基于 GAPMB 的系统问题根因分析模型

在图 2-7 中：

- G（Goal）：代表企业高层的战略意图和目标。
- A（Assume）：代表企业高层在其战略意图下所持有的对市场、客户、企业和员工的基本观念和假设，也就是他们的心智模式。
- P（Policy）：代表企业高层在他们心智模式的影响下设计出来的管理体系和政策规则。
- M（Measure）：代表在某些政策规则下所采取的绩效衡量方式。
- B（Behavior）：代表员工及组织在绩效衡量方式下所表现出来的能力和行为，最终体现为产品的市场与财务表现。

前文已有说明，改变一个系统的目标（G）对系统的影响是最大的。一个企业（或业务单元）的目标，是战略规划输出的结果，对研发体系而言，其目标就是要实现企业（或业务单元）的战略目标，IPD 变革也只需对齐此目标而非改变它，需要改变的是 APMB。下面通过两个简单的案例来演示运用 APMB 分析问题的逻辑过程。

第一个案例与生产管理相关。在生产车间，我们总是认为生产设备的闲置是巨大的浪费（A），在这一观念的影响下，我们的生产计划与执行就是要确保所有设备的利用率最大化（P），于是我们会把设备利用率作为 KPI 来考核生产车间（M），在这一 KPI 的驱动下，生产车间就会千方百计地让所有设备 7×24 小时地运转，最后导致生产车间堆积了大量的在制品库存（B）。

第二个案例与研发相关。从人性的角度来看，基层员工和部门的行为都是被眼前利益驱动的（A），在这一观念的影响下，企业采取了将研发部的奖金与项目收益挂钩的项目奖金制度，希望以此来解决研发与市场脱节的问题（P）。实施项目奖金制度后，企业就要求对每个项目进行短期财务方面的绩效考核（M），最后导致大量定制化程度高、利润率也高的短期小项目耗尽了研发资源，而保障企业长期发展的产品创新能力和核心技术却没人关心了（B）。

GAPMB 的思维框架提示我们，想要从根本上解决企业管理的问题，就必须沿着 BMPAG 的路径往下逐层分析原因，越往下层去分析和解决问题，绩效改善的效果就越好、越彻底。同时经验还告诉我们，越往下层，解决问题的成本也越低。综合这两点来说，越往下层，解决方案的杠杆作用就越大。

有了基于 GAPMB 的系统问题根因分析方法，再来梳理上面提到过的 15 个问题，逻辑上就显得理所当然了。问题 7 反映的是财务表现的问题，问题 11、问题 4、问题 12、问题 1、问题 2、问题 8 反映的是市场表现的问题，其他的问题反映的则是内部运营能力及组织管理体系的不足。它们之间的因果关系如图 2-8 所示。

GAPMB 在五星模型中的应用

GAPMB 为企业管理系统问题的分析与解决提供了一个最基本的思考逻辑。运用五星模型对企业（或业务单元）的研发体系进行调研诊断的过程，遵循的也正是这一逻辑。

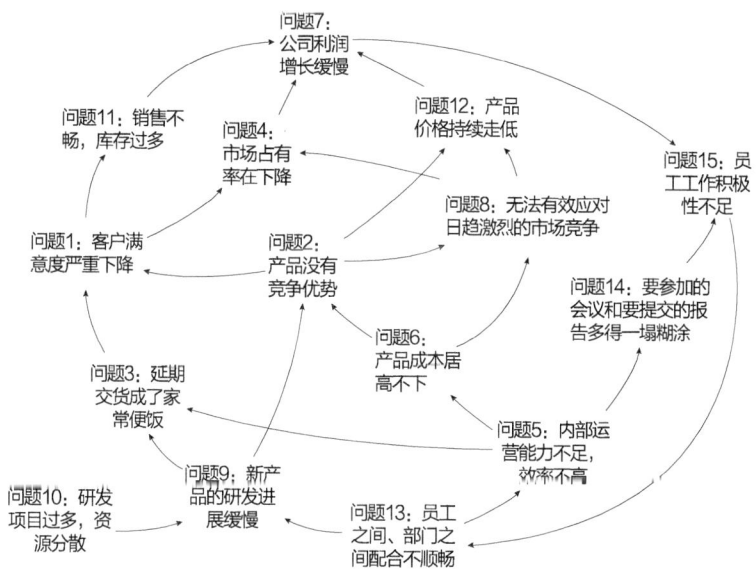

图 2-8　15 个问题之间的因果关系

五星模型中的战略既包括以往的既定战略，也包括为未来所设计的新战略。与既定战略的差距是业绩差距，分析业绩差距，要从当前的财务表现入手。决定企业（或业务单元）财务表现（如收入、利润和投资回报率等）的，是其产品或解决方案的市场表现（如市场份额、品牌影响力、客户满意度等）。与未来新战略的差距则属于机会差距，要弥补机会差距，需要新的业务战略。业务战略的核心是业务模式（商业模式）的创新设计，为了业务战略能够落地执行，需要将其细化为业务策略，并从中识别出未来三年的必赢之战。

企业的成功 = 战略 × 组织能力，无论是弥补源自既定战略的业绩差距还是新战略的机会差距，都需要业务运营能力（即组织能力）的支撑。在华为，业务运营能力体现为对 IPD、LTC 和 ITR 三大价值创造流的运作及管理的能力。

无论是业绩差距、机会差距还是业务运营能力的表现，在 GAPMB 的问题分析逻辑中，都还是行为（B）层面的分析，不是根因的分析。由政策规则（P）、绩效考核及激励机制（M）所形成的管理体系则决定了业务运营的能力和员工的行为表现。然而，根本原因还是在心智模式（A）的层面，也就是企业高层对市场、客户、企业和员工所持有的基本观念和假设。但是，实践证明，企业高层的心智模式是很难在短时间内被改变的，因此，我们经常是不得不退而求其次，在 P 和 M 层面，也就是从管理体系、政策规则和绩效考核及激励机制上思考问题的根因并提出解决方案，通过管理体系的改善反过来影响企业高层心智模式的改变。而这，才是真正行之有效的解决问题或推行管理变革的方法。

在五星模型中，对于 P 和 M 层面的根因分析，首先是对组织管理体系的领导力、结构与流程、人才与激励、氛围与文化四大构件进行独立的诊断，从它们与战略的匹配度及它们之间的一致性出发，分析造成 B 层面的业绩差距、机会差距和运营能力短板的各种问题和原因，然后梳理出这些问题和原因之间的因果关系，也就是系统的结构，并从中识别出长期存在的某些结构性冲突或者核心问题。在五星模型中应用 GAPMB 分析系统问题根因的逻辑过程如图 2-9 所示。

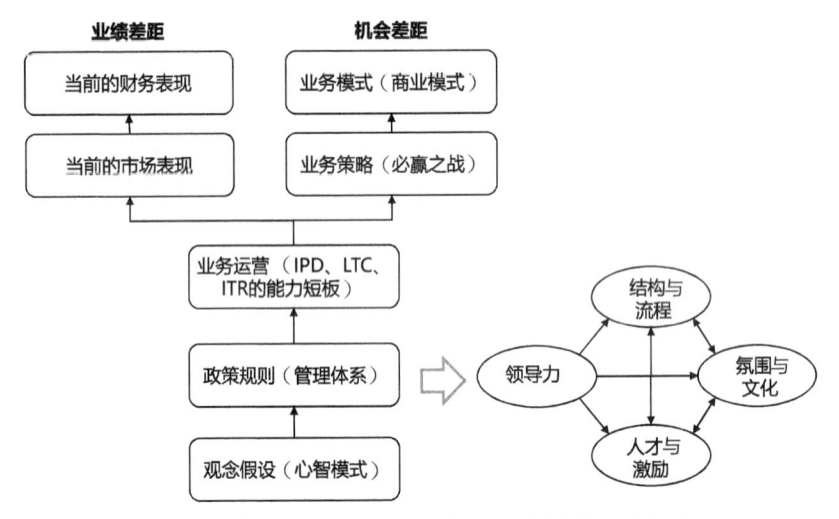

图 2-9　五星模型中应用 GAPMB 分析系统问题根因的逻辑过程

在运用五星模型基于 GAPMB 模型分析和识别研发体系管理问题的根因时，尽管笔者一再强调需要系统思考，但是，需要提醒大家的是，不要为了系统思考而落入无差别地收集所有信息并无遗漏地进行完全分析的陷阱。系统思考的目的不是为了消除系统中的所有问题，而是要识别出影响系统整体绩效提升的少数几个关键因素，如客户需求的洞察力和关键技术的突破能力。这些因素在瓶颈理论中被称为"瓶颈"，系统的整体绩效不是各部分的绩效之和，非瓶颈因素的绩效提升对整体无益。在妨碍系统结构中的物质流、能量流和信息流按系统目标有效流动的因素中，阻力最大的是系统中的瓶颈因素。因此，聚焦瓶颈将是接下来设计系统问题解决方案的基本方针。

第五节　聚焦瓶颈的系统问题解决方法

尽管运用五星模型基于 GAPMB 的逻辑进行的调研诊断会帮助 IPD 变革项目团队识别出大量的研发体系管理中的问题，但是，变革项目团队必须摒弃"做得越多，系统就改善得越好"的幼稚想法。依据帕累托的"二八法则"，80% 的结果是由 20% 的因素贡献的，帕累托还进一步指出，"二八法则"只有在系统中的因素不相互依存时才适用，相互依存的关系越强（并且可变性越大），情况就变得越极端。高德拉特博士则进一步指出，企业或组织中只占 0.1% 的瓶颈因素决定了 99.9% 的整体绩效。

瓶颈理论指出，企业的运作类似于一根环环相扣的链条，市场、研发、采购、生产、销售和服务各部门就是链条上的不同环，企业的整体绩效应当用链条的强度而不是重量来衡量。因此，决定链条最大强度的是其中最弱的那一环，此为瓶颈。然而在实际观察中我们发现，大部分企业是用链条的重量而非强度来衡量整体绩效的，也就是整体绩效等于各部门的绩效之和。正是在这一思想的引导下，企业管理者们总是认为每个部门的绩效都做好了，企业的绩效就一定会好。于是每个部门、每个项目及每个人都尽力争抢最好的资源来完成各自的工作任务和考核指标，却不管不顾任务和指标的相互依存关系，这是典型的线性分割思维。事实上，组织系统中的绝大多数因素都属于非瓶颈因素。对于非瓶颈因素，投入或产出越多，结果可能并不会越好，反而会越糟糕。非瓶颈因素要投入或产出多少才算合适？这取决于它跟瓶颈因素的相互依存关系，而不是由孤立地分析某个非瓶颈因素所得到的结论来确定的。对于非瓶颈因素，局部最佳不会对整体最佳带来任何益处。

系统的本质是各要素之间的连接关系，沿着连接关系流动的是物质流、能量流和信息流，在系统的瓶颈处，流动会被阻断，形成冲突和矛盾的"堰塞湖"。因此，研发体系管理问题的解决方案，只有聚焦于瓶颈因素，由此带来的整体绩效的改善才会最明显，也就是标杆作用最大。对于非瓶颈因素，只需迁就瓶颈因素并与之相匹配即可。

在此，笔者需要提醒大家的是，千万不要将非瓶颈因素等同于非重要因素，相反，由于连接关系的存在，忽视非瓶颈因素最终会影响到瓶颈因素，进而导致整体绩效的恶化。因此，在解决系统问题的过程中，聚焦瓶颈与系统思考是互补而非排斥的关系，正确的做法是：用系统思考洞察复杂的系统并识别出瓶颈因素，然后聚焦瓶颈去设计整体绩效最优的杠杆解。

瓶颈可能存在于系统中的任何地方，按照 GAPMB 的分析逻辑，笔者将系统中的瓶颈分为物理瓶颈和逻辑瓶颈。如图 2-10 所示。

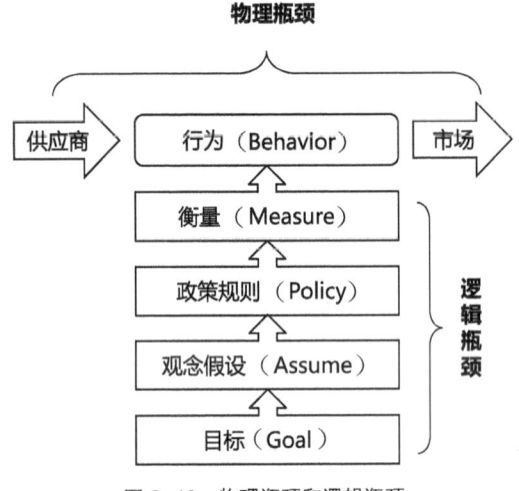

图 2-10 物理瓶颈和逻辑瓶颈

◆ 物理瓶颈

√ 市场瓶颈：客户需求不足或产品（服务）无法满足客户需求。

√ 能力瓶颈：某些特定资源（人员、设备）没有足够的能力满足客户要求。

◆ 逻辑瓶颈

√ 规则瓶颈：以加班时长为参考的绩效衡量潜规则，论资排辈的晋升机制等。

√ 认知瓶颈：局部观而非全局观，经验观而非逻辑观，静态观而非动态观。

对于今天的绝大多数企业而言，市场瓶颈是需要优先考虑的，内因才是决定性因素。导引市场瓶颈的是企业自身的能力瓶颈，因此，研发体系的调研诊断在理解了企业（或业务单元）的战略意图及产业环境要求之后，变革项目团队需要快速识别出组织为弥补业绩差距和机会差距而亟须提升的能力短板。接下来才是通过深度访谈、问卷调查、行业及企业的资料查阅、标杆企业的对比研究，来挖掘造成能力瓶颈的逻辑瓶颈又是什么。IPD变革方案的设计就是要聚焦逻辑瓶颈并从根本上消除它。

高德拉特博士为识别和消除某个系统中的瓶颈，提出了"聚焦五步法"。

◆ **第一步（识别）：找出系统中存在的瓶颈**

举例：识别出前端市场和客户需求的洞察能力是公司产品创新与研发管理的瓶颈之一。

◆ **第二步（挖潜）：在现有条件下，充分挖掘瓶颈还未被充分利用的能力**

举例：提升当前所有接触外部市场和客户的部门及岗位（如市场部、产品经理）的需求洞察能力。

◆ **第三步（迁就）：调整非瓶颈因素，使其与瓶颈因素相匹配**

举例：研发部门往前走一步，甚至研发人员与市场人员一起参与市场调研；制定所有员工到一线出差，必须要主动接触客户的制度。

◆ **第四步（松绑）：从根本上解除约束**

举例：通过IPD变革构建市场管理体系（组织、流程、运作机制等）。

◆ **第五步（回头）：旧的瓶颈被解决，回到第一步识别新的瓶颈**

本质上，聚焦五步法的第一步就是对现状进行调研诊断，第二和第三步则是针对问题提出短期内可快速见效的症状解，第四步是提出长期的根本解，第五步是在推动持续改善。聚焦五步法为聚焦瓶颈的系统问题解决方案的设计提供了如下两点借鉴意义：

（1）系统问题纷繁芜杂，只要调研诊断和解决方案的设计聚焦于瓶颈的突破，就可以获得整体绩效的最大改善。

（2）解决方案的设计要兼顾短期的症状解和长期的根本解，症状解可以在短期内取得成效，这既有助于增强变革的信心，又为后续实施根本解争取了时间。

第六节　研发体系调研诊断的过程管理

事实上，在变革项目的立项阶段，为了输出变革项目章程、商业计划书和项目范围说明书，变革项目团队就已经对项目发起人和 OSG 中的项目关键干系人完成了第一轮的调研，形成了对问题和解决方案的初步假设。此步骤要进行的则是涉及范围更广、时间跨度更大、问题分析层级更深的第二轮调研，这也是对上一步所形成的问题和解决方案的初步假设进行验证的一个过程。

调研诊断的过程

调研诊断过程如图 2-11 所示。高质量的调研诊断报告和研发体系优化思路的形成，有赖于如下四项工作的输出：

◆ 深度访谈与问卷调查
√ 通过深度访谈挖掘公司业务经营和运营管理中的主要问题。
√ 通过问卷调查收集更全面的信息。
√ 梳理问题线索并形成初步诊断。

◆ 行业及企业资料的查阅
√ 理解公司外部经营环境及行业现状。
√ 了解公司近年的业务经营状况及变化趋势。
√ 了解公司的战略、运营及人员管理的现状。

◆ 标杆企业的对比研究
√ 与同类型标杆企业进行对比研究。
√ 分析各种管理模式的产生背景与适用条件。
√ 对照公司现状与战略进行研究。

◆ 问题分析研讨
√ 资料分析，洞察更多问题。
√ 内部研讨，聚焦瓶颈因素。
√ 专家支持，快速达成共识。

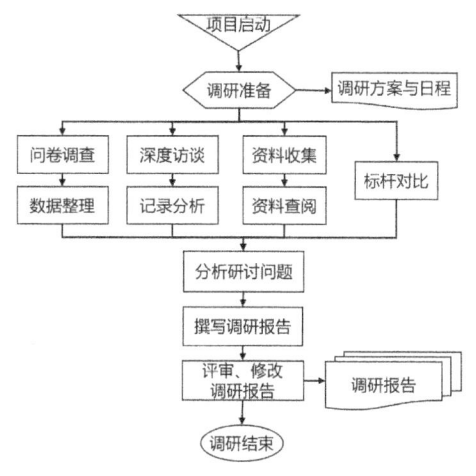

图 2-11 调研诊断过程

调研诊断从识别差距开始

在第一步的项目立项阶段，变革项目团队已经完成了对业务战略和产业环境的理解。因此，按照 IPD 变革指导框架和五星模型，正式的调研诊断是从差距的识别开始的。差距包括业绩差距和机会差距，而业绩差距中与竞争对手相比较所得到的差距，有时会将它们单独列出来，并称之为竞争差距。差距的识别方法如表 2-2 所示。

表 2-2 差距分析（差距的识别方法）

业绩差距	
业务单元在经营结果和内部管理上存在哪些明显的差距	具体的表现（统计数据，客户及员工的反馈）
产品的财务表现（收入、利润、增长率、人均投入产出等）如何？	
产品的市场表现（市场份额、客户满意度、产品质量与成本、需求响应速度等）如何？	
我们曾经因为哪些重大失误或者没有抓住哪些市场机会而给企业的发展造成了什么损害或付出了什么代价？	
竞争差距	
谁是我们在市场上主要的竞争对手？	

续表

与竞争对手相比，我们的竞争优、劣势有哪些具体的表现？	
机会差距	
有哪些产业环境的变化趋势提出了对新的业务战略及研发体系变革的需要？	
有哪些竞争格局的变化趋势提出了对新的业务战略及研发体系变革的需要？	
有哪些市场和客户的变化趋势提出了对新的业务战略及研发体系变革的需要？	

在调研诊断过程中，通过启发员工自己说出差距，利用事实和数据的分析结果向员工展示差距，借助内部研讨对差距达成共识，与员工一起拜访外部客户或供应商，以外部视角感受差距，将"分析—思考—变革"和"目睹—感受—变革"两种方式相结合，能够极大地增强员工变革的紧迫感。

为了识别差距并诊断根因，变革项目团队必须通过文档查阅、员工访谈、问卷调查、专题讨论和现场观摩等途径收集大量的信息和数据，其中的员工访谈是最基础也是最重要的途径。《麦肯锡意识》一书指出：访谈的价值不仅仅限于数据收集，还可以通过它验证观点，增加被认可的机会。访谈必须有备而来，这份准备就是访谈提纲。下面是对业务单元负责人、事业部总经理或产品总监的访谈提纲的示例：

√ 背景：加入公司后的职业发展、工作范围介绍、部门介绍。

√ 未来 1~3 年我们的业务战略主要聚焦于哪些市场机会？且给自己设定了哪些市场和财务目标？

√ 客户对我们的产品和服务，有哪些是比较满意的？又有哪些不满意的地方？主要是什么原因造成了客户的不满意？

√ 相对主要的竞争对手，我们的产品和服务在市场份额、平均利润、响应速度等方面还存在哪些差距？造成这些差距的主要原因有哪些（如质量保证、技术实力、用户体验、品牌影响、客户关系等）？

√ 当前在为客户提供产品和服务的过程中，产品需求是如何形成的？产品立项是怎样的过程？产品开发和项目管理又是如何做的？

√ 为了达成上述业务战略目标并解决竞争差距的问题，本业务单元即将采取的战略举措有哪些？

- √ 为了有效实施这些战略举措，从内部的领导力、组织与流程、人才与激励、氛围与文化等方面考虑，你认为最主要的障碍是什么？为什么？
- √ 面对上述的这些主要障碍，我们曾经采取过哪些改进措施？取得了哪些效果？又遇到了哪些挫折？
- √ 当前在为客户提供产品和服务的过程中，你主要承担哪些职责？有哪些绩效考核、业务决策、奖金分配的权力？
- √ 你对此次咨询项目还有什么提醒我们要特别给予关注的？你有什么期望及建议？

在实际访谈时，需要针对不同的访谈对象设计不同的访谈提纲，且在访谈过程中要依据访谈对象的现场反馈及时调整访谈提纲的内容。访谈者要掌握基本的访谈技巧并能较好地控制访谈节奏，让访谈对象愿意开口说并知道怎么说。访谈者也要能在访谈过程中敏锐地捕捉到访谈对象在情绪、语气、语速等微表情、微动作方面所反馈出来的大量重要信息。

同时，变革项目团队要将每一次访谈当作与员工建立良好人际关系的机会，要主动营造平等对话的交谈氛围，而不是咄咄逼人的审问气氛。访谈最好的结果是让员工自己意识到问题并主动思考如何去解决。

另外，员工访谈过程中所形成的见解，往往需要变革项目团队查阅大量的文档资料来协助验证。因此，文档资料的收集应当是在开展员工访谈前就要完成的一项工作。下面是 IPD 变革项目所需查阅的资料清单的示例：

一、企业（或业务单元）的基本资料：发展历程及概况介绍资料；与产品相关的介绍资料；其他有助于了解其发展情况的重要资料。

二、战略规划与年度计划：历年来相关战略规划方面的报告或材料；近五年和当年的经营计划，复盘总结；各部门年度工作计划和总结报告。

三、财务审计资料：近五年的财务报表，财务预算及财务分析资料，包括经营业绩分析报告。

四、营销与市场研究：近五年销售额、销售量、市场覆盖率等方面的数据；营销管理方面的资料，包括营销流程、管理制度、人员管理、薪酬体系等；近五年的不同业务领域的盈利情况；市场分析报告，竞争对手、标杆企业的研究报告，消费者调研报告等。

五、组织和人力资源管理：组织结构图、部门职责，中高层领导及部门负责人的简介；主要管理制度、主要业务流程与工作程序文件，工作职责、决策权限与程序文件；人力资源管理制度，含人事任免、招聘、培训、考核、薪酬、晋升等制度；近五年的绩效管理相关制度文件和绩效考核结果资料。

六、其他资料：所掌握的政府相关部门、行业协会下发的文件、通知等；主要合作伙伴、供应商的合作协议或备忘录；近五年发生的重大问题，包括员工集体流失、核心人才离职、客户投诉、政策突变等的应对及处理文件。

对信息和数据进行分析并将结果图表化

收集信息和数据并识别差距，还只是调研诊断的前奏。成绩斐然的工作成果则源于如何运用五星模型和 GAPMB 的根因分析方法，以可信的事实和严谨的逻辑，推导出可被 OSG 采纳的结论，并最终整合成企业（或业务单元）愿意投入资源及资金去采取行动的建议或方案。在信息分析期间的每一个结论的提出，都应当是结合了定性分析与定量分析的结果，如图 2-12 所示。其方法便是在结论与事实之间反复通过前文曾介绍过的"why so"和"so what"两个问题进行论证。

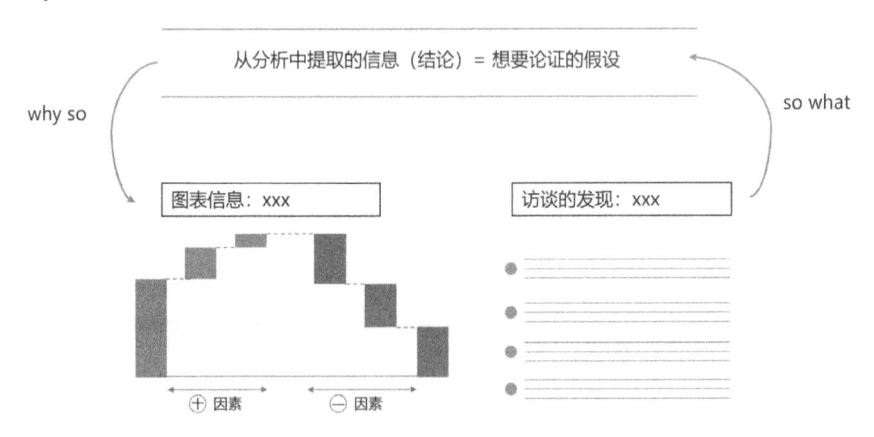

图 2-12 定性分析与定量分析相结合

因果分析、比例分析、比较分析和趋势分析是四种最常用的分析方法，其中的因果分析在前文已有较多的阐述，此处不再赘述。提醒大家要注意的是，在实际的分析过程中，这四种分析方法是相互配合使用的。例如，比例分析的前提是要确定某一比例（如人均毛利率）与某一结论（如运营效率的高低）存在某种意义上的因果关系，并且将它与某种标准或者其他已知信息（如行业平均水平）相比较，如此比例分析才有意义。

比例分析是在调研诊断的早期甚至是在变革项目立项阶段，就能帮助变革项目团队快速识别出本项目亟须突破的瓶颈或要解决的关键问题的一种方法。例如，我们可以通过人均毛利或者工资性薪酬包占销售毛利的比例来一窥企业（或业务单元）的运营效率。其他类似的比例还有新产品或 TOP 客户（优质客户）的收入在总销售收入中的占比，以及资产负债表中各类资产的占比等。

任何分析都离不开对趋势的分析，包括对历史趋势的洞察和对未来趋势的预判，这也正是系统思考中动态思考的应用。一般来说，企业良好的市场表现和经营水平会在较长周期内得到体现和印证。同样，糟糕的经营能力和持续的管理缺陷也会在较长周期内显露无遗。另外，趋势分析还有助于考察周期波动比较显著的航运、养殖等行业中的企业是否具备度过行业低谷期的能力。

比较分析则是在整个调研诊断过程中应用最为广泛的一种方法了。通常，比较分析会进行如下几种比较：

- 与过去的业绩相比：与前几年的同期业绩相比，与上月业绩相比，与年内各月的业绩相比。
- 与目标和计划相比：与年度目标相比，与月度/季度目标相比。
- 与同行业相比：与竞争对手相比，与行业平均水平相比。

通过比较分析，会得到大量的见解或结论，用图表的形式将它们可视化，则是一个不错的建议。如图 2-13 所示。

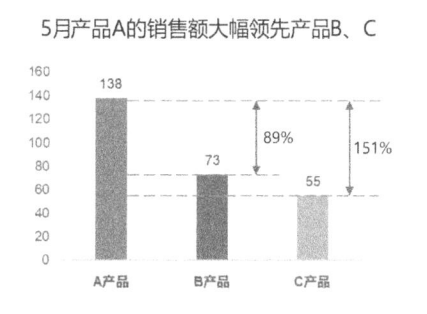

图 2-13　见解或结论的图表化示例

图表运用的基本规则是：一图明一事，结论要简洁明确，不要让受众自己去解读，因为解读就是误解的开始。

运用图表展示比较分析的结果要经过三个步骤。第一步是分析数据，并从中提炼出自己的见解或想要表达的结论；第二步是确定比较关系，归纳起来，可以有三种比较关系：对比（这里与那里的比较）、组成（部分与整体的比较）和变化（今天与昨天的比较）；第三步是选择图表形式，无须过于花哨的图表，柱状图、折线图、圆饼图、瀑布图即可满足绝大多数分析场景的需要。各种比较关系及其可视化的图表形式如图2-14所示。

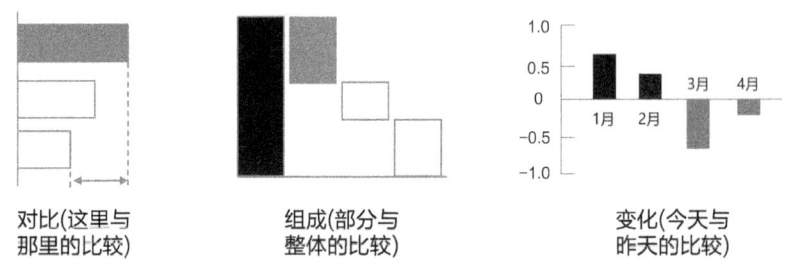

图2-14 各种比较关系及其可视化的图表形式

只从信息和数据的分析中得出见解与结论还远远不够，还需对结论进行整合，转化为对企业（或业务单元）有用并以一系列行动和措施为导向的建议或方案。尽管"分析"已经是一件需要付出巨大努力才能完成的工作了，但"整合"比"分析"更加困难。笔者见过许多大篇幅的调研诊断报告，其中含有大量的事实依据，也有许多精彩的见解和结论，却鲜见与企业（或业务单元）的实施能力相匹配，以及实施内容之间满足一致性要求的系统性解决方案。与"整合"相关的内容，将在接下来的"新体系的蓝图设计及变革路径规划"一节中进行描述。

撰写调研诊断报告并向 OSG 汇报

到目前为止，变革项目团队通过分析获得了大量有关问题和改善建议的见解与结论，并通过整合设计出了新研发体系的蓝图及实现路径。现在，到了将分析和整合的所有成果进行汇总，以故事的形式串联成报告向 OSG 汇报的时候了。

用金字塔结构组织汇报材料几乎是所有管理者撰写报告的标准做法。

如图 2-15 所示，在金字塔的内部各层级，通常有归类结构和论述结构这两种子结构可供选择。在 IPD 变革管理六步法中，笔者建议选择以论述结构为主干结构来撰写正式的调研诊断报告。

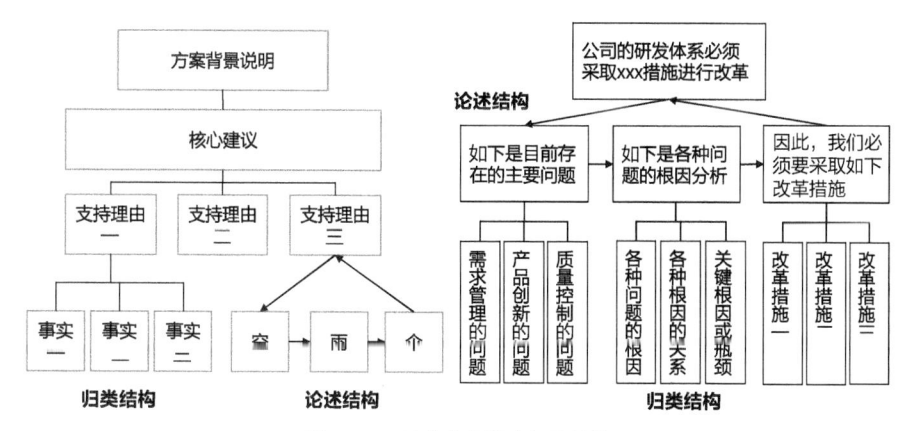

图 2-15　两种金字塔内部子结构

调研诊断报告主要包括如下的内容：

一、调研诊断的方法和过程小结。

二、研发体系调研诊断结论的综述。

三、各部分的具体问题及差距分析。

1、经营现状的梳理。

2、对战略意图及业务战略的理解。

3、组织、流程及运作机制。

（1）需求管理体系。

（2）业务战略规划体系。

（3）新产品规划体系。

（4）新产品集成开发体系。

（5）产品运维管理体系。

（6）平台/技术的开发与管理体系。

（7）基础使能体系。

4、人才培养与激励机制。

5、氛围与文化及业务领导力。

四、新体系的蓝图设计及变革路径规划。

五、下一阶段的工作内容和计划。

以故事的形式将报告内容串联起来以便于受众理解，是咨询公司向客户企业提交咨询报告的惯用做法，IPD 变革项目团队也可以借鉴此方法。

故事可以从调研诊断的背景、目的、主要的诊断范围和内容说起，然后是工具、方法的简介及诊断过程的小结。

接下来，要从过往成功的历史和当下经营的困境所形成的强烈反差中指出行业及市场变化所带来的严峻挑战，同时也要展示出行业及市场变化所带来的机会。面对机遇和挑战并存的市场环境，企业（或业务单元）制定了怎样的战略目标？为应对挑战并实现战略目标，亟须突破的能力瓶颈有哪几个？从业务战略规划、组织结构与流程体系、人才培养与激励机制、氛围与文化及领导力四个维度来看，亟须解决的关键问题又是什么？以上便是报告中综述部分的内容。

紧随而来的则是对综述内容的细节陈述和事实说明，在正式的演示汇报会议上，此部分可以略讲甚至不讲。到此为止，故事的内容还只是提出了问题，那如何解决问题呢？尽管调研诊断不会为解决问题进行详细的方案设计，但解决方案的总体指导方针、未来三年的蓝图设计及方案实施路径的规划，是需要在调研诊断阶段明确下来的，这便是报告中第四部分的内容。报告的最后，还要给出下一阶段的主要任务、输出成果以及工作计划。

报告撰写完成后，下一步就是针对报告内容与关键决策者沟通并最后向 OSG 演示汇报。尽管在前期问题分析和解决方案的形成过程中，OSG 的许多关键决策者曾多次参与研讨，对报告中的大部分内容都已了解，但是，为了确保演示汇报时不会遭到其不意的反对，付出努力不厌其烦地与每一位关键决策者进行演示汇报前的事先沟通是值得的。为此，变革项目团队在撰写调研诊断报告时要力求内容简洁、信息全面、逻辑清晰：

- √ 内容简洁：只包含受众想知道的重要信息，而不是你所知道的全部信息。
- √ 信息全面：包括受众想知道的所有重要信息，不要只有事实和数据的罗列，还要有结论和对策。
- √ 逻辑清晰：有将这些重要信息清晰传递给受众的逻辑结构。

同时，变革项目团队在与项目关键干系人沟通和向其汇报调研诊断报告时要做到目的明确、事先沟通、量体裁衣。

- √ 目的明确：汇报的目的是让报告获得通过，而不是向别人展示你的工作内容
- √ 事先沟通：提前与受众分享报告，做到未雨绸缪，以避免汇报现场出现"翻车"意外。
- √ 量体裁衣：根据受众的不同偏好与背景调整汇报内容。

第七节 新体系的蓝图设计及变革路径规划

新体系的蓝图设计及变革路径规划是对新的研发体系在不同阶段要构建的管理体系及其实现过程的顶层设计。新体系的蓝图设计，一般以2~3年为规划期限，参照IPD体系，以业务战略为目标，以IPD体系的核心思想为指导，聚焦瓶颈的突破，兼顾短期的症状解和长期的根本解。

这里所说的参照IPD体系，不同于用"先僵化，后优化，再固化"进行伪装后的生搬硬套。真正的蓝图设计，站在系统思考的角度来看，是对IPD体系的构成要素和连接关系进行解构后的重组与创新设计，并在重组的基础上进行系统性的整合，因此，解构、重组、创新设计与整合是贯穿整个研发体系解决方案设计的标准动作。

对IPD体系的解构，网上资料和相关书籍提供了各种不同的方法。有的将IPD体系解构为五个子体系：

- 产品战略及规划体系。
- 业务决策评审体系。
- IPD组织体系。
- IPD流程体系。
- IPD绩效管理体系。

有的按"四四四模型"对IPD体系进行解构：

- 四大产出流程：产品战略管理流程、市场管理流程、产品开发流程、技术开发流程。
- 四大产出团队：集成组合管理团队（IPMT）、组合管理团队（PMT）、产品开发团队（PDT）、技术开发团队（TDT）。

- 四大支撑体系：项目管理体系、质量管理体系、成本管理体系、绩效管理体系。

还有的则认为 IPD 体系有七个组成部分：

- 基于 MM 的规划方法论。
- 基于狭义 IPD 的创新方法论。
- 需求管理。
- 矩阵式组织。
- 研发项目管理。
- 绩效与激励。
- 管理变革与优化。

也有的认为研发体系的构成有四项：

- 产品。
- 团队技能。
- 技术积累。
- 研发管理体系（包括研发流程体系、研发组织模式、绩效管理体系）。

上述对 IPD 体系的各种解构，是用不同的变量或从不同的维度所进行的解构，真可谓"横看成岭侧成峰，远近高低各不同"。对于上述这些解构方法和解构出来的结果，作为一名 IPD 咨询顾问，笔者也颇感迷惑。

管理体系是对一系列规则的系统集成，这些规则包括了组织结构、流程体系、规章制度、工具方法等。在此，笔者首先是以管理对象作为一维的解构变量，将 IPD 体系解构成需求管理体系、业务战略规划体系、新产品规划体系、新产品集成开发体系（小 IPD）、产品运维管理体系、平台/技术开发与管理体系、基础使能体系、产品管理的人力资源体系这八个子体系（有时也称为模块）。由这八个子体系或模块所构成的 IPD 体系的总体框架如图 2-16 所示。

针对每个子体系或模块，再从组织及团队、流程及制度、关键角色、工具及方法四个要素进行二维的细分，如此，便得到了 IPD 体系的高阶解构结果。当然，你也可以对此结果做进一步的解构。另外，针对解构出来的结果，还应梳理出它们之间的连接关系，例如 CDT、PDT 和 LMT 三个重量级团队之间的接力棒关系。

第二章 调研诊断及新体系的蓝图设计

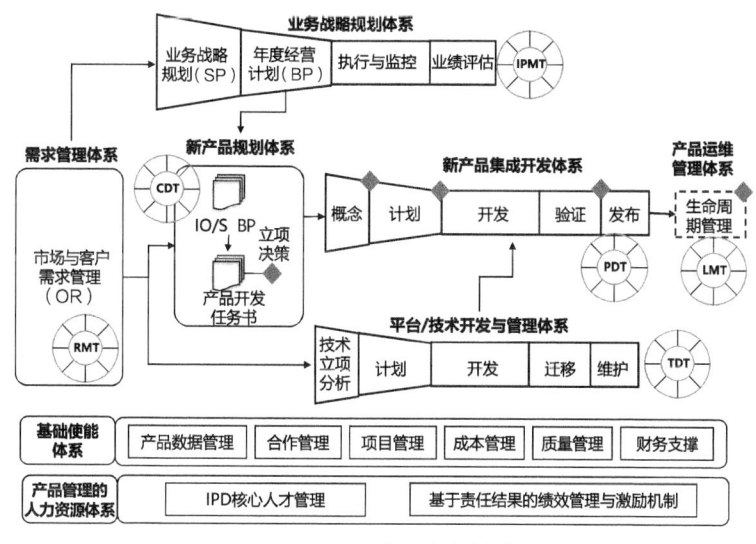

图 2-16 IPD 体系的总体框架

对 IPD 体系进行高阶解构后所得到的八个子体系，以及各子体系内四个要素的关键内容如表 2-3 所示。

表 2-3 IPD 体系的八个子体系及其关键内容

	组织及团队	流程及制度	关键角色	工具及方法
需求管理体系	RMT	需求管理流程	产品经理或营销经理	$APPEALS
业务战略规划体系	IPMT	业务战略规划流程	产品线或事业部总经理	BLM（业务领先模型）
新产品规划体系	CDT	新产品规划流程 CDP	产品总监或产品经理	市场管理 MM 和营销 4P
新产品集成开发体系	PDT	新产品集成开发管理流程	PDT 经理及业务代表	新产品集成开发相关的工具和方法
产品运维管理体系	LMT	产品生命周期管理流程	LMT 经理及业务代表	产品运营和维护相关的工具和方法
平台/技术开发与管理体系	TDT	技术预研流程及平台规划与开发流程	TDT 经理及技术骨干	CBB 库及技术货架
基础使能体系	各专业管理部门	项目管理流程、质量管理流程、成本管理流程	项目经理、PQA、成本经理	各专业领域的工具和方法
产品管理的人力资源体系	人力资源部	人才及绩效管理相关流程	HRBP	HR 管理相关工具和方法

对 IPD 体系进行解构，是为了通过四个重组对新研发体系的蓝图进行重构。这四个重组正是前文所说的：为研发管理提供经营导向的业务战略重组，从客户需求到产品规划的市场管理重组，跨部门端到端高效协同的开发过程重组，基于平台架构与核心人才的研发能力重组。

业务战略重组主要是对企业的业务战略规划体系进行重构，笔者在此需要补充说明的是，业务战略规划体系取代了早期 IPD 体系中的产品战略管理和产品线路标规划（对应 RDP 流程），并用 BLM（业务领先模型）取代了 MM 方法论。

市场管理重组主要是对需求管理体系和新产品规划体系的重构，新产品规划体系也即早期 IPD 体系中的版本规划（对应 CDP）。

开发过程重组主要是对新产品集成开发体系中的结构化流程（包括各功能领域的支撑流程）、跨部门项目团队及项目运作机制的重构。

研发能力重组则是对与平台和技术的规划、开发及管理相关的技术能力，以及与基础使能体系中的各项专业管理和与研发人力资源管理相关的非技术能力的重构。

任何一次真正意义上的 IPD 变革，都会涉及上述全部的四个重组，只不过侧重点会有所不同而已，唯有如此，才不会破坏研发体系内部的连接关系并满足各子体系或模块之间一致性的要求。而采取把研发体系分割成几个子体系或模块后再分别独立构建的做法并不可取。

新研发体系的蓝图应该如何通过四个重组来进行重构，是由为了有效弥补调研诊断所发现的业绩差距和机会差距，并最终实现业务战略目标，新研发体系的管理水平必须达到的能力等级所决定的。结合对国内众多企业的考察，笔者将研发管理能力划分出如下四个等级：

◆ **单个项目的成功**：培养全流程研发意识，夯实研发能力基础
- 业务模式的特点：以销售导向为主，为单个客户进行项目定制开发。
- 可能的瓶颈：研发项目管理能力。
- 主要的重组：研发能力重组，开发过程重组。
- 体系建设的重点：基础使能体系，项目经理能力提升。

◆ **单个产品的成功**：正确地做事，构建高效集成的产品开发体系
- 业务模式的特点：从销售导向转变为市场导向，为某一细分客户群

的共性需求开发产品。
- 可能的瓶颈：新产品规划能力，跨部门团队运作能力，项目管理能力。
- 主要的重组：开发过程重组，市场管理重组。
- 体系建设的重点：新产品集成开发体系（小 IPD），新产品规划体系，项目经理及产品经理能力提升。

◆ **产品组合的成功**：做正确的事，构建客户需求导向的市场管理体系
- 业务模式的特点：持续的产品组合创新，为不同细分市场提供不同的产品组合。
- 可能的瓶颈：市场及客户需求管理能力，业务战略规划能力。
- 主要的重组：业务战略重组，市场管理重组。
- 体系建设的重点：需求管理体系，业务战略规划体系，基于责任结果的绩效管理与激励机制。

◆ **集成平台的成功**：提供基于核心技术与核心产品的系统解决方案
- 业务模式的特点：通过产品平台和技术共享，形成"产品+服务+解决方案"的研发模式。
- 可能的瓶颈：市场及客户需求管理能力，业务战略规划能力，核心技术的创新及开发能力。
- 主要的重组：业务战略重组，市场管理重组，研发能力重组。
- 体系建设的重点：需求管理体系，业务战略规划体系，平台/技术开发与管理体系。

依据上述能力等级，企业（或业务单元）可以依据调研诊断的结果，评估当前的研发管理能力处于哪一级。同时，为了实现业务战略目标，又必须到达哪一级。对照目标能力等级和 IPD 体系，企业就可以确定哪几个模块是需要从零起步开始构建的，又有哪些模块是需要在当前的体系基础上进行优化和完善的，以及如何通过四个重组实现重构，也就是实现新研发体系蓝图的路径是怎样的。按照前面所说的聚焦瓶颈的系统问题解决方法，蓝图的实现路径可以规划成"瓶颈突破"和"持续改善"两个阶段，而当前的 IPD 变革项目则应聚焦于第一阶段的"瓶颈突破"。

重组与整合是新研发体系蓝图设计的一体两面，重组是在用模块化的方式重构 IPD 体系，整合则是将各模块进行系统性、一致性的连接关

系的设计，以及 IPD 体系与采购体系、生产制造体系、销售体系、人力资源管理体系等企业内部其他管理体系之间的整合。整合的结果必须是与企业（或业务单元）的实施能力相匹配，并且实施内容之间满足一致性要求的系统性解决方案。因此，如果没有重组后的整合，看似大而全的解决方案，本质上就还是线性分割思维下针对各问题点的改善措施的简单堆砌而已。

在重组与整合的过程中，创新设计是必备的方法。IPD 体系本身就是众多优秀管理实践的集成，它对管理创新具有足够的包容性，也正因为如此，华为的 IPD 体系才得以不断地演进，以适应业务发展的需要。

第八节 调研诊断阶段的变革项目管理

有了前面的新研发体系的蓝图设计及变革路径规划，IPD 变革项目团队也就可以进一步明确本项目的变革内容和范围了，同时也可以制订出如图 2-17 所示的更清晰的变革项目里程碑计划了。

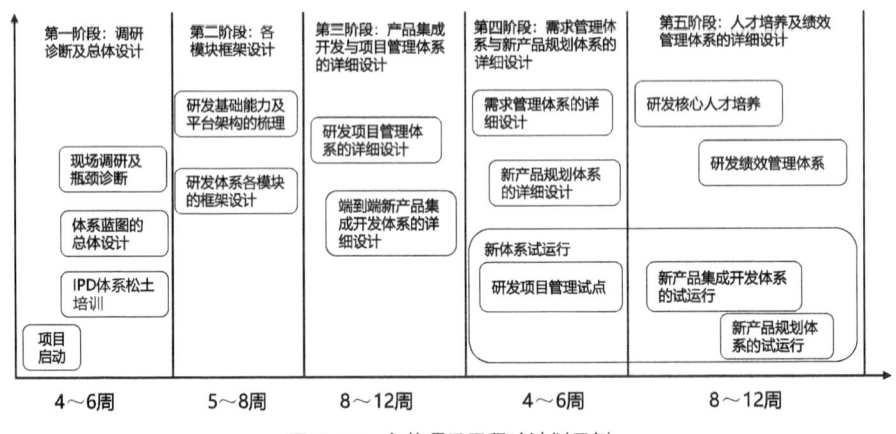

图 2-17 变革项目里程碑计划示例

为什么说是"进一步明确"和"更清晰"了呢？因为在变革项目立项阶段，在 IPD 变革项目章程、IPD 变革商业计划书和 IPD 变革项目范围说明书中就曾对变革的内容、范围和里程碑计划做过初步的假设，项目进行到这里，上述内容都可以正式确定下来了。

前文曾提到过变革项目管理有三条主线，本章着墨最多的调研诊断和新研发体系的蓝图设计是在回答变革管理主线上的"变革什么"和"变革成什么"的问题。对应到问题分析与解决的主线，则是在收集信息验证之前，在项目立项阶段提出的有关问题和解决方案的假设。在项目管理主线上，此步骤的主要任务是确定项目范围并制订总体计划，总体计划必须包括最重要的三项内容：里程碑进度计划、风险管理计划和项目关键干系人的沟通计划。

风险管理能力是验证所有项目经理为优秀还是普通的分水岭，IPD变革项目同样如此。通过调研诊断，变革项目团队对本项目接下来可能会遭遇的风险应当有了更多的认知，表2-4展示的是IPD变革项目用于识别重大风险和挑战的问题列表。

表2-4 识别重大风险和挑战的问题列表示例

要考虑的问题（示例）	可能的回答（示例）	风险影响程度		
		低	中	高
除了公司高层，中基层管理者对变革的紧迫感如何？	变革准备度调查结果显示中基层管理者对当前问题的严重程度认识不足			×
公司是否有过变革成功的项目？	人力资源推行过两个变革项目，没有一个成功的			×
公司员工在之前的变革项目中参与度如何？	基层员工总是认为变革与自己的工作不相关		×	
项目运作指导团队能否在项目遇到问题时快速决策？	公司的文化比较强调民主，风险大的问题讨论时间会比较长			×
公司高层对调研诊断出来的主要问题及其根因分析是否已达成一致意见？	研发总监对与项目管理能力不足的相关问题及其根因分析还存在不同意见，但认同当前的项目管理能力是阻碍达成业务战略目标的瓶颈之一		×	
公司高层对研发体系的蓝图设计及变革的总体方向、路径规划是否已达成一致意见？	公司高层对变革的方向及总体设计方案已达成一致意见	×		
公司领导层对IPD的理解程度如何？	基本没有或者非常少，公司只组织过一次IPD的内训			×
变革项目组成员有过参与IPD变革的经历吗？	有两位成员曾经参与过××公司的IPD变革项目	×		

针对影响程度为中、高级别的风险，需要制定如表 2-5 所示的风险应对措施并应跟踪管理起来。

表 2-5　风险应对措施及风险跟踪表

风险类别：（如进度类、质量类、财务类、团队资源类、变革支持类、外部风险等）		
风险描述：		
发生概率：	影响程度：	风险等级：
应对措施：（为使风险不发生而采取的措施：规避、转移、降低）		
应急措施：（规避措施无效等原因导致风险发生后所采取的措施）		
责任人：	当前状态：	结束时间：
当前进展：		

另外，变革项目团队要始终把对项目关键干系人的管理放在核心位置，在项目计划中，要包括如表 2-6 所示详细的项目关键干系人沟通管理计划，根据不同的沟通对象，采取不同的方式并沟通不同的内容。

表 2-6　项目关键干系人的沟通管理计划

	沟通对象	沟通方式	沟通内容
与项目决策者的沟通	公司高层	高层访谈，参加 IPD 变革项目的立项及 xDCP 评审	IPD 变革项目的背景和战略信息，项目进度报告
与项目决策者的沟通	项目运作指导团队	IPD 变革项目立项、商业计划书及 xDCP 的准备，IPD 变革项目开工会，项目立项评审及计划评审，变革项目状态报告	IPD 变革项目的商业目标和需求，变革项目如何支持商业目标的达成，变革项目的问题和求助
与项目决策者的沟通	项目发起人（赞助人）	变革项目立项及项目计划评审，变革项目运作指导会议	变革项目的资源需求及相关依赖，变革项目状态及求助
与变革干系人的沟通	与 IPD 变革相关的部门及利益干系人	干系人访谈，问卷调查，参与专题讨论，变革方案的评审，变革项目试点及推行的阶段汇报	产品开发与研发管理的现状，新研发体系的设计方案，新体系试点及推行的计划
项目团队的内部沟通	核心设计组、试点组、推行组	IPD 变革项目立项、商业计划书及 xDCP 的准备，项目开工会，项目组例会	项目需求，商业计划，项目管理计划，项目状态报告，项目风险及问题处理

在 IPD 变革项目的不同阶段，沟通的内容和方式也会有所不同，如表

2-7 所示。

表 2-7 不同阶段的沟通内容和方式

项目阶段	沟通内容和方式
变革项目的立项分析和商业计划的制订	·介绍 IPD 变革项目及其目标 ·介绍项目的范围和商业计划 ·为项目建立初步的人际关系 ·通过沟通，吸引干系人的积极参与
调研诊断及新体系的蓝图设计	·通过访谈和调查，让干系人参与现状问题的分析 ·收集干系人对新的研发体系的期望
新体系各模块的框架设计	·征求干系人对各模块的设计方案的意见 ·在方案设计和评审时邀请干系人参与并协助
新体系各模块的详细设计	·与干系人分享项目进展情况 ·征求中基层干系人对详细设计成果的意见
新体系的受限试点及调优	·为干系人提供新研发体系的培训 ·及时向干系人提供新体系试点的进展情况
新体系的推行及持续改善	·分享新体系的推广计划 ·提供运行新体系的相关指导 ·提供新体系使用的反馈渠道

调研诊断报告通过了 OSG 的汇报，变革项目团队就可以为下一步骤做如下的准备工作了：

（1）整理相关资料，为各模块的框架设计做好准备，并刷新下一步骤的详细工作计划。

（2）为第三步中干系人的参与方式提前与相关干系人沟通，确保这些干系人继续支持变革项目团队的工作。

（3）识别下一步骤的主要项目风险，刷新风险管理计划。

（4）识别下一步骤的主要沟通对象和沟通方式，刷新干系人沟通计划。

（5）为下一步骤工作要用到的工具方法提供培训。

第九节　S 公司研发体系转型的变革蓝图设计

S 公司将自己定位为一家医疗、健康领域的信息化产品与服务提供商，凭借多年的行业积累，公司与 800 多家医院形成了牢固的客户合作关系。公司管理层深知快速响应客户需求的重要性，再加上各医院业务运作的特殊性，所以公司当前的交付模式依然是以成立之初的项目定制为主，研发人员在一个个重复"造轮子"的深度定制项目中疲于奔命，项目永远处于缺少人手的状态中。尽管工作很辛苦，管理层对每年不断下滑的人均产出依旧不满意。2017 年，S 公司终于认识到了当前交付模式的不可持续性，在当年的战略规划会议上，公司管理层决定启动由项目定制向产品创新转型的研发体系变革。

变革项目团队用一个月左右的时间完成了对当前项目定制交付模式下的研发体系的调研诊断，首先从业绩差距入手，分析了公司在财务表现、市场表现和内部运营能力方面所面临的主要困境。

- 财务表现：人均投入产出低，维护成本高；主要通过降低人力成本来要利润。
- 市场表现：销售导向，过度承诺，在资源有限的情况下，需求响应速度慢；产品质量不稳定，客户满意度低；对客户议价能力弱，对友商技术、品牌的竞争力不足。
- 内部运营能力：很少有技术和组织能力的积累，无法形成核心竞争力；人员成长慢，流失率高。

针对上述经营及管理上的困境，变革项目团队将其总结成了：客户不满意，公司不满意，员工也不满意，最终结果就是"不满意的三次方"。

造成上述研发困境的根源是什么？变革项目团队运用 GAPMB 的分析逻辑从如下三个方面开展了系统、深入的讨论。

（1）对短期生存与长期发展的无奈抉择？
（2）还不具备构建产品化交付模式的能力基础？
（3）管理层对研发交付模式存在的认知偏差？

结合 S 公司新的业务战略，变革项目团队运用五星模型和系统思考的方法，提炼出 S 公司的研发体系由项目定制向产品创新转型所面临的主要瓶颈和挑战。

- 研发管理模式的转变：新的业务战略要求研发管理要由以项目为中心逐步转变为以产品为中心。

- 市场瓶颈的突破:通过需求洞察和产品规划,由原来的被动响应客户,转变为用产品主动引导客户。
- 项目与产品的资源争夺:短期生存与长期收益的权衡;中、小型项目的筛选与取舍。
- 研发基础能力的突破:公共基础平台的设计与开发;产品经理及系统工程师的选拔与培养。

为了突破上述阻碍业务发展的瓶颈,并有效应对研发管理模式转型期的挑战,变革项目团队与公司高层共同确定了本次研发体系变革的蓝图设计和路径规划。

◆ **变革总体目标:两年内完成由销售导向项目定制驱动的交付体系转型为市场导向产品创新驱动的研发体系的建设**

◆ **变革总体策略:立足未来业务需要,聚焦市场管理及研发基础能力瓶颈的突破,逐步建立起以 IPD 为指导框架的产品创新与研发管理模式**

◆ **变革总体路径**

➢ 模式转变:完成产品化研发模式与管理思维的转变。

➢ 瓶颈突破:突破产品化转型的市场及能力瓶颈。

➢ 持续改善:实现研发体系的逐步完善。

在变革总体策略和变革总体路径的指导下,变革项目团队进一步明确了每一步需要完成的关键任务。

一、模式转变:通过业务战略的重组,实现研发管理模式的转变。

(1)完成产品化转型的战略意图和商业模式的设计。

(2)推动产品化管理的思维转变,并通过绩效牵引解决项目与产品的资源冲突。

二、瓶颈突破:主要通过如下的三个重组突破市场管理及研发基础能力的瓶颈。

(1)市场管理重组:细分市场,筛选并确定产品化交付的目标客户群及产品定位;设置产品中心和产品经理岗位,负责项目需求到产品需求的转化及新产品的立项策划。

(2)开发过程重组:组建重量级团队 IPMT 和 PDT,让其对产品全生命周期的成功负责;重构端到端的项目级集成产品开发流程;组织和流程实现基线产品开发、定制项目开发及平台/技术开发的分离。

（3）研发能力重组：梳理并重构标准化、模块化共享技术，搭建初步的平台架构；以项目为抓手，全面提升各项研发基础能力。

三、持续改善：完成模式转变和瓶颈突破后，再通过如下三个方面的优化和完善，夯实前期的变革成果并推动研发体系的持续改善。

（1）规划体系的完善：逐步完善客户需求管理体系、业务战略规划体系、新产品立项及规划体系。

（2）组织能力的提升：产品级集成开发流程的重构；产品管理五大核心人才的培养。

（3）平台架构的优化：重构平台及技术管理体系；优化技术货架。

从方案实施一年后的效果来看，S公司的研发体系变革蓝图被证明是一次成功的设计。在这里，许多读者朋友会将本案例中的S公司与前文"IPD不是银弹：M公司IPD变革案例分享"中的M公司进行比较，然后提出一个疑问：同样都是在重大转型期发起的研发体系变革，两者的结果为什么会大相径庭？

通过分析可以发现两家公司的转型存在本质上的区别：M公司是全新的经营模式（商业模式）的转型，S公司则是管理模式（研发交付模式）的转型。

一般而言，企业（或业务单元）要实现经营模式转型，其目标客户、竞争对手和销售模式均会发生重大改变。正如前文所述，在经营模式转型的早期，企业的关键任务是验证产品与目标客户及客户的需求是否匹配，并验证销售模式、盈利模式与市场竞争环境是否匹配，而非导入IPD进行研发体系的变革。M公司转型失败的原因就在于其过晚启动了经营模式的转型，却又过早导入了IPD，启动了研发体系的变革，最终导致管理注意力的焦点发生了偏离。

第三章
新体系各模块的框架设计

新的研发体系的框架设计是变革项目团队与业务部门共创的结果,是设计思维与创造力的最直接体现。

第一节　框架设计阶段的关键活动总览

新体系的框架设计类似于新产品开发过程中的概要设计,其主要工作是针对新体系蓝图中的各个模块,从组织结构、流程体系、运作机制和工具方法四个方面进行框架性的重组和整合。IPD 变革管理六步法第三步新体系各模块的框架设计的关键活动如图 3-1 所示。

关键活动:
- 明确框架设计的基本原则和相关要求
- 设计组主导,项目关键干系人深度参与的研发体系各模块的框架设计
- 对调研报告进行多种形式的宣贯,增强变革紧迫感

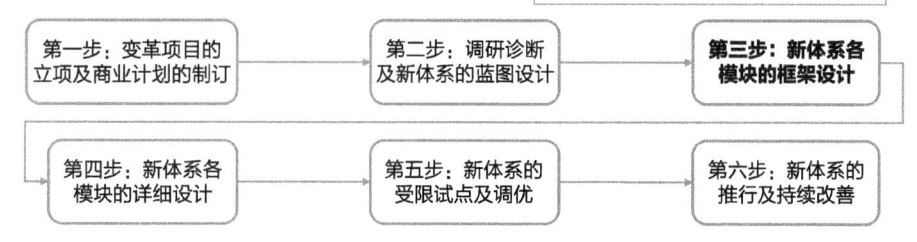

第一步:变革项目的立项及商业计划的制订 → 第二步:调研诊断及新体系的蓝图设计 → **第三步:新体系各模块的框架设计**

第四步:新体系各模块的详细设计 → 第五步:新体系的受限试点及调优 → 第六步:新体系的推行及持续改善

图 3-1　IPD 变革管理六步法第三步的关键活动

从第三步开始,变革项目团队之下各模块的设计小组要正式成立起来,同时,要请与新体系蓝图中各模块相关的业务部门的主管或骨干都参与进来,并让其深度参与框架设计。这样做的原因在于:

➢ 只有当业务部门完全熟悉并认同即将实施的解决方案,并了解清楚可能会出现的各种结果之后,才会采取行动去执行方案。取得这种认可的最佳方式就是与那些处于合适位置,可以确保业务部门接受并执行解决方案的人进行深度合作。

➢ 解决方案的设计需要动员最出色的人才,并听取所有好的想法。如果业务部门的主管和骨干对此不付出努力,解决方案就难以取得想要的结果。

➢ 业务部门参与解决方案的设计会激发其变革的责任感和紧迫感,这

些心灵上的感受是执行阶段所必需的。

➢ 自发自律且自我批判的学习能力是后文将要阐述的 IPD 变革的八个关键成功因素之一，解决方案的设计给各业务部门提供了一系列学习如何分析和解决问题的机会。

但是，框架设计时让业务部门参与进来有利也有弊，关于局部利益与整体利益以及短期生存与长期发展之间的结构性冲突所带来的争吵和分歧会明显增多。因此，在共创的设计工作开展之前，在团队中明确一些基本的设计原则和相关要求是必要的。

此时，与框架设计并行开展的另一项重要工作是充分利用调研诊断报告，在企业（或业务单元）内部开展多种形式的宣贯和广泛的学习，以增强全员的变革紧迫感。

第二节　研发体系解决方案的四个设计原则

研发体系解决方案的设计过程，是变革项目团队与业务部门共创的过程，也是对 IPD 体系进行解构、重组、创新设计与系统整合的过程。在此过程中，由于认知偏差和利益出发点不同，争吵和分歧是不可避免的，尽管如此，有一些基本的原则是必须要坚持的，如任正非就曾明确提出过华为的管理变革要坚持"七个反对"。

坚决反对完美主义

例如，在流程体系建设上，华为就倡导聚焦主干流程端到端的打通，先解决"通"的问题，而不是一开始就要求做到完美。任正非 2006 年在主题为"改变对干部的考核机制，以适应行业转型的困难发展时期"的讲话中说道："流程哪来的完美？流程是发展的、变化的，外部世界都在变，你搞完美主义，我时间等不起。你可能要搞一年，但是我希望你半年就搞出成果。"

任正非 2009 年在主题为"CFO 要走向流程化和职业化，支撑公司及时、准确、优质、低成本交付"的讲话中还说道："我们首先要解决'肠梗阻'的问题，把主干打通，使之能够通气。就像建高速公路，不要等什么都修好了再通车，先把高速公路的主路修好，修好了主路，车就能通行，在下高速时，高速出口的衔接部分来不及修怎么办？那就多派些人，用人拉肩扛的办法，把车抬下来。等主干通了，再逐步把衔接部分打通，我们要通过抓主要矛盾和矛盾的主要方面的策略推进变革。"

坚决反对烦琐哲学

任正非 2006 年在主题为"改变对干部的考核机制，以适应行业转型的困难发展时期"的讲话中说道："把流程做得复杂得很，复杂的目的是显示自己的能力、消磨公司的生命，一将功成万骨枯。为了证明你能耐，不惜让公司的流程在烦琐中运行，我是不能容忍的。"华为要求在做流程变革的时候，如果一个流程出现了新的控制点，首先要问：为什么会出现这个控制点？然后就是能不能干掉一个控制点？华为内部把这种做法称为"川普日落法"，就是要砍掉多余的东西，反对烦琐。

坚决反对盲目的创新

华为反对盲目的管理创新、制度创新，华为人不要动不动就有"指点江山"的冲动。任正非 2008 年在主题为"人力资源工作要为业务发展服务，不能走向僵化"的讲话中说道："存在就是相对合理的，千万不要在自认为最优的盲目优化下乱推行变革。冲动和没有严格的认证、试验，会使破坏性的创新被纳入使用，造成体系运行的迟滞。我们在变革的过程中，要大力提倡改良，谨慎使用变革。我们要变革的量只有 5% 或者更少，95% 都应该是规范的、稳定的。"

坚决反对没有全局效益提升的局部优化

任正非 2006 年在主题为"改变对干部的考核机制，以适应行业转型的困难发展时期"的讲话中说道："我坚决反对没有全局效益提升的局部优化，这样的优化对最终产出没有做出贡献，我主张保持稳定，不要修改它，否则增加了改进的工作量和周边协调的工作量，这也是成本，改动的成本会抵消改进的效益。"

坚决反对没有全局观的干部主导变革

没有全局观而主导变革的干部，是乱指挥的人，是没有实践经验的人，是在拿公司生命开玩笑。

坚决反对没有业务实践经验的人参加变革

在自己所服务的业务领域中不懂业务，怎么会有变革经验？参与变革的人一定要有实践经验。流程变革必须以有成功业务实践经验的干部为主，以流程专家为辅，聚焦主业务流，从业务一线展开。

坚决反对没有充分论证的流程进行试用

变革要在原理实际运用的基础上加以改良，切忌大刀阔斧。任何变革项目的立项，必须由需要这个流程的有关领导参与立项的评议与审批。在拟好变革的流程制度后，要得到使用部门的评议、表决。只有在此基础上，流程才允许进行试用。

结合华为管理变革的"七个反对"及国内中小型企业的 IPD 变革实践经验，笔者针对研发体系解决方案的设计，总结提炼出如下四个原则：

◆ **客户价值原则**

√ 所有组织、流程的优化，以及能力的提升都是为了直接或间接地给客户创造价值。

◆ **聚焦瓶颈原则**

√ 聚焦影响全局的瓶颈问题，发挥解决方案的杠杆作用。

√ 其他问题的解决或模块的设计要迁就系统中的瓶颈因素。

◆ **适用先行原则**

√ 在快速变化的业务环境下，管理不存在精确答案。

√ 与其思考"最优"，不如执行"次优"。

◆ **能力匹配原则**

√ 解决方案的设计要与企业当时的管理能力相匹配。

√ 解决方案与管理能力要相互促进，相互拧麻花。

实践证明，只有正确运用上述四个原则，才能使解决方案的设计始终保持与变革目标对齐，并聚焦于改善影响全局效益提升的瓶颈，同时促成变革项目团队与业务部门理性、务实且快速地达成共识。

第三节 以客户为中心的需求管理体系

要构建管理体系，先要回答"管理是为谁服务的"这个问题，如此才能明确管理的目的和方向，在困扰企业管理的各种干扰因素中，才能迅速抓住管理问题的本质。任正非 2007 年在主题为"华为公司的核心价值观"

的讲话中说道:"从企业活下去的根本来看,企业要有利润,但利润只能从客户那里来。华为的生存本身是靠满足客户需求,提供客户所需的产品和服务并获得合理的回报来支撑的;员工是要给工资的,股东是要给回报的,天底下唯一给华为钱的,只有客户。我们不为客户服务,还能为谁服务?客户是我们生存的唯一理由。"因此,华为认为为客户服务是企业存在的唯一理由,所有员工必须牢固树立为客户服务的理念,企业的一切管理都必须紧紧围绕以客户为中心进行运转。

为客户服务的基础是洞察客户需求,对客户需求的洞察力,是企业要构建的核心能力之一,它与业务战略及新产品的规划能力一起保证了企业或业务单元是在做正确的事。

洞察客户需求,首先要搞清楚客户是谁。任正非 2014 年在主题为"一杯咖啡吸收宇宙的能量"的讲话中说道:"我们的客户应该是最终客户,而不仅仅是运营商。运营商的需求只是一个中间环节,我们真正要把握的是最终客户的需求。最终客户的需求到底是什么?怎么引导市场的需求,怎么创造需求?不管是企业市场还是个人市场,把握住其真实需求就是你的希望。"

识别目标客户,需要对市场进行细分。市场细分是企业根据客户需求的不同,把整个市场划分成不同客户群的过程,其客观基础是客户需求的异质性。进行市场细分的主要依据是异质市场中需求一致的客户群,其实质就是在异质市场中求同质。市场细分的目的是聚合,即在需求不同的市场中把需求相同的客户聚合到一起。

麦肯锡针对消费者市场常用的细分变量有地理位置、人口特征、使用行为、利润潜力、价值观或生活方式、需求或动机或购买因素、态度、产品或服务的使用场合等八个。IPD 体系则是直接从客户需求出发来细分的,它也有三个维度,分别是"谁在买"、"买什么"和"为什么买"。

- 谁在买——从市场购买产品的客户群类型及大小。
- 买什么——客户在哪里及怎样购买了什么产品。
- 为什么买——客户追求什么样的利益和好处。

谁在买?谁是技术性购买者?谁是财务性购买者?谁又是最终的用户?这些体现的是客户特征。客户购买了什么产品和服务?是在哪里通过何种渠道购买的？客户是以什么价格购买了产品？这些体现的是产品特征。哪些是影响客户购买决策的关键因素？客户是从哪些维度来衡量产品价值大小的？这些则体现了客户的关键购买标准。

如何识别客户的关键购买标准？IPD 体系提供一个叫 $APPEALS 的工具，该工具从如图 3-2 所示的八个维度来帮助我们提炼客户的关键购买标准。而这八个维度中的每一个维度，又包含了许多子维度，如生命周期成本，就包括了培训费用、增值服务、可维护性和升级成本等。

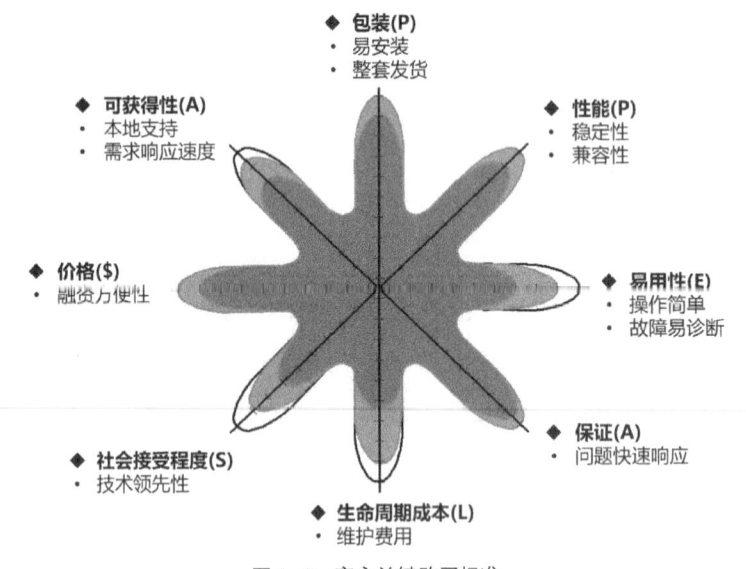

图 3-2 客户关键购买标准

在早期的 IPD 体系中，会经常使用 $APPEALS 工具来分析客户的真实需求是什么，但是，在挖掘客户真实需求的实践中，我们发现这八个维度也只是客户需求在产品特性上的映射，而并非真实的客户需求。而 JTBD（Jobs-To-Be-Done）需求理论则认为客户购买产品是为了完成一项或多项任务，这些任务叫目标任务，客户的目标任务包括功能型任务和情感型任务，情感型任务中的"情感"又可分为个人情感和社会情感。例如，客户购买电钻，是在墙上钻孔，钻孔又是为了挂结婚照（功能型任务），挂结婚照是为了向另一半表白自己对爱情的忠贞（个人情感），同时也是为了向来家里拜访的亲朋好友们晒幸福（社会情感）。

客户除了想要完成更多的任务，还想以更快的速度、更好的质量和更省的成本完成任务，客户会用一系列的指标来衡量任务的完成情况，这些指标就是客户期望的目标成果。客户要完成一项任务，会受到诸多条件的限制，这些限制条件有时间上的、空间上的、经济上的及个人能力上的等。因此，客户的真实需求是目标任务、目标成果和限制条件三者的结合。

而要挖掘客户的真实需求，搞清楚客户的目标任务是什么，想要达成的目标成果有哪些，在此过程中还在忍受着哪些条件的限制，则需要基于具体的应用场景。华为将基于场景的客户需求分析过程分为如图 3-3 所示的三个阶段。

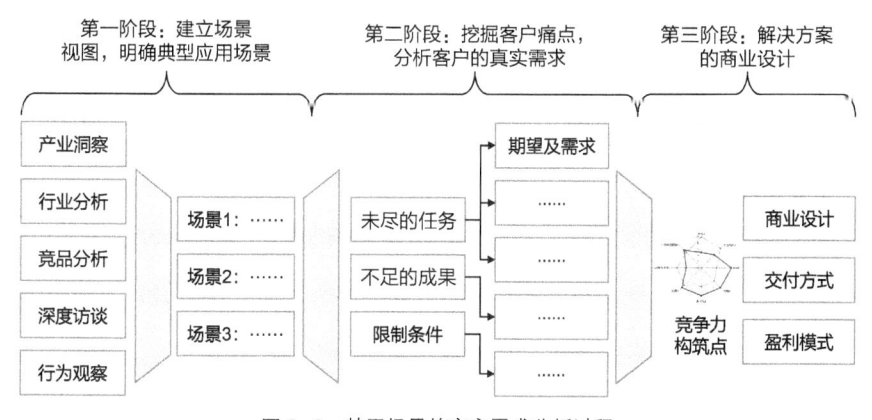

图 3-3 基于场景的客户需求分析过程

描述场景的方法有很多，笔者推荐使用"故事卡"的形式：什么时间（when），什么地点（where），谁（who，目标客户），在遇到什么问题或出现什么状况时（question，目标任务或限制条件），产生了什么愿望（desire，目标成果），现在是用什么方式或方法（solution）来达成愿望的。

"解决方案场景化，组织运作军团化"是华为近几年来经营模式的一个重大转变。例如，基于云计算、AI 等新兴技术与行业应用的协同，华为曾为深圳机场构建了航班业务流、机位分配、地勤保障等一系列场景下的智慧化解决方案。2019 年深圳机场减少摆渡 260 万人次，安检效率提升 60%，成为高效、安全、卓越体验的智慧机场。

客户及市场需求要转化为通过软硬件技术可实现的系统规格，会经历如图 3-4 所示的演进路径。

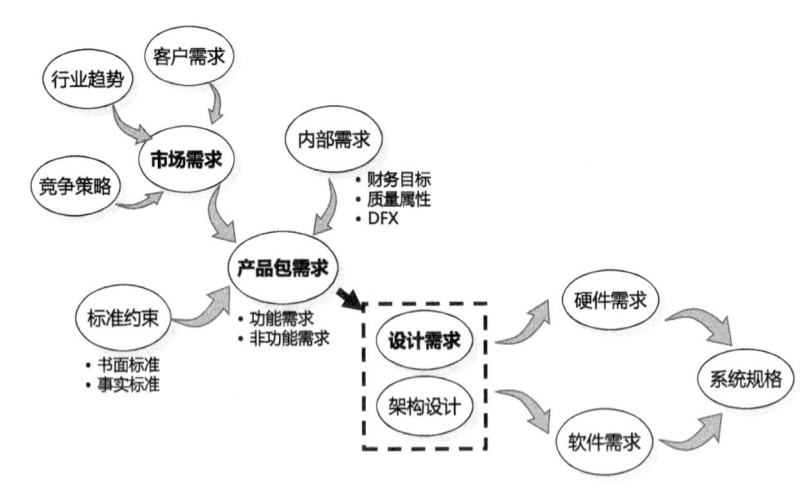

图 3-4 客户及市场需求的演进路径

客户及市场需求描述的是客户痛点问题、具体业务需要或者行业发展趋势等。产品包需求描述了为解决客户痛点问题、满足业务需要或抓住某个市场机会而必须具备的重要产品特性或能力。设计需求则是对产品特性进行分析加工之后所形成的软硬件规格化功能、性能及 DFX 的描述。

为了更有效地管理客户及市场需求和其演进过程，需要建立如图 3-5 所示的需求管理流程。此流程包括了需求收集、分析、分发、实现和验证五大过程，需求收集包括了对一、二手信息以及内、外部需求的收集，需求分析的过程就是识别和挖掘客户的未尽任务、不足成果和限制条件的过程，基于场景的客户需求分析往往需要借助"客户旅程地图"。对于中长期趋势性需求，流程会分发给业务战略规划体系进行产品组合及路标规划；对于现实的短期需求，流程会分发给新产品规划体系；对于在研产品的紧急需求，流程会通过需求变更程序分发给产品集成开发项目。需求的验证活动贯穿于整个需求管理过程，需求验证包括需求确认、需求评审和各种测试。

负责需求管理的跨部门重量级团队是需求管理团队（RMT），其组成如图 3-6 所示。

第三章 新体系各模块的框架设计

收集 > 分析 > 分发 > 实现 > 验证

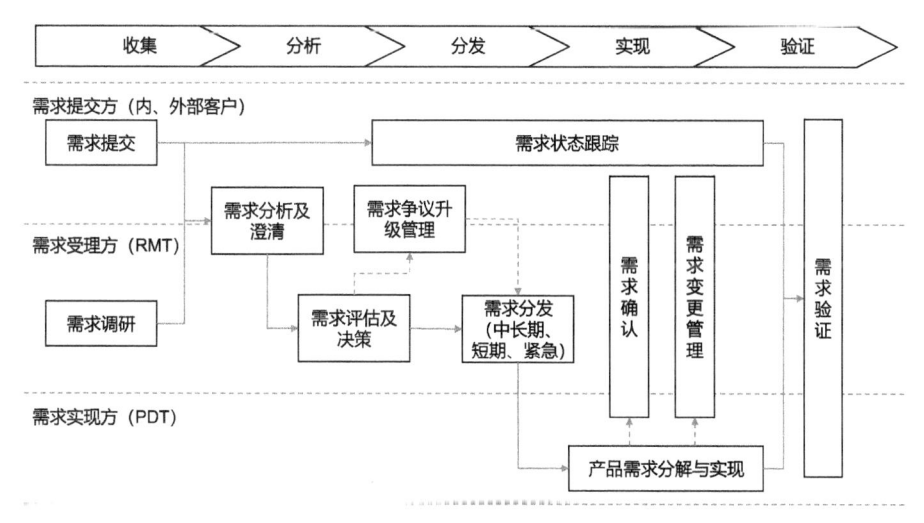

图 3-5 需求管理流程

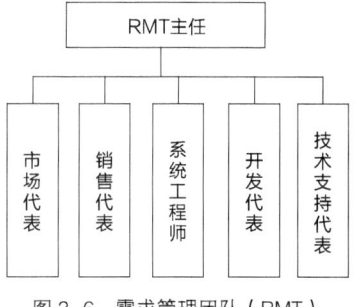

图 3-6 需求管理团队（RMT）

需求管理团队的职责包括：

- 负责本业务单元的需求管理，是本业务单元需求管理的驱动者和日常管理执行者。
- 根据本业务单元的战略规划和年度经营计划，制订需求调研计划并组织实施。
- 定期召集需求分析评审会，对需求进行专业分析，排出优先级，输出评审结论。
- 将需求分发到研发部门进行实施，并参加相关的技术评审活动，监控需求开发进度和质量。
- 验证需求的完成，定期启动客户需求早期确认和例行确认活动。
- 负责本业务单元的需求管理流程、方法和工具的推行工作。

对于需求管理团队，企业（或业务单元）可以通过设置如下的几个绩效考核指标来牵引其日常的运作和管理：

- √ 需求调研完成率：积极完成需求调研任务，提高规划的命中率和需求把握的前瞻性。
- √ 原始需求合格率：牵引需求提交人注重需求描述的规范性和质量。
- √ 需求答复及时率：促使研发及时对一线要求做出响应，更好地支撑市场，并形成研发与市场的互动。
- √ 产品需求稳定度：提高产品需求文档（PRD）评审之前的需求分析、评估的准确度，减少需求变更。
- √ 客户需求实现及时率：推动及时实现客户需求，提升客户满意程度。
- √ 中长期需求比例：牵引公司各部门加强对前瞻性客户需求的收集。

第四节 基于 BLM 的业务战略规划体系

华为自创建以来，经历了四次重大战略转型。从 1987 年到 1997 年的十年，是华为从初创到快速成长的十年，期间主要采取了"农村包围城市，逐步占领城市"的发展战略。1997 年亚洲金融危机暴发及其随后而来的互联网泡沫破裂，迫使华为在国内市场增长乏力的窘境下走上了国际化发展的道路，在此期间华为"削足适履"，积极学习西方优秀的管理实践，其标志便是实施研发体系的 IPD 变革，管理体系的变革帮助华为成功突破了中东、北非和东南亚市场，并最终进入西方发达国家市场。2011 年华为紧随大数据和云计算时代的需要，宣布成立运营商业务、企业业务及消费者业务三大 BG，实施"端、管、云"一体化战略，使其成功地由单一的电信运营商业务转向三个客户属性迥异的业务领域，并保持了持续增长的态势。2019 年美国以"国家安全"为由开始打压华为，华为又不得不开始了第四次艰难转型，并对研发体系提出"向上捅破天，向下扎到根"的要求。毋庸置疑，华为的前三次转型都是成功的，我们也在期待（并坚信）华为的第四次转型成功。华为之所以在每一次的重大战略转折点都能成功转型，也许可以从不同的角度做出不同的诠释，而华为一流的战略管理则是其中的一个关键要诀。

如前文所述，企业的战略是有层次的，可自上而下分为三个层次：总体战略、业务战略和职能战略。对于中小企业，笔者建议只需制定总体战略和业务战略。各个层次的战略又可分为 SP 和 BP，SP 关注的是三年以上的中长期发展规划，BP 则关注的是年度经营计划；SP 指导和牵引 BP，BP 是 SP 的战略展开；对 SP 进行战略解码可以得到下一年度 BP 的关键任务（或重点工作）和组织级 KPI，BP 再驱动年度预算的编制。

一般来说，企业制定 SP 的过程，是一个"V"形过程。首先是由企业总裁办或最高经营决策机构启动战略规划（SP）项目，在公司级和各业务单元（BU）的战略规划团队的帮助下，明确未来的战略方向和业务组合关系。各 BU 依据公司级的战略方向和业务单元定位，在公司级战略规划团队的协助下制定各自的 SP，并接受最高经营决策机构的战略质询。公司级战略规划团队在各 BU 的 SP 的基础上，考虑跨 BU 的协作与资源冲突，整合形成公司级 SP，并提交最高经营决策机构审批。这是一个自上而下进行方向指导和目标分解，再自下而上整合优化的过程，所以是一个"V"形过程。BP 的制定过程也是类似的，SP 与 BP 的过程结合起来就是一个"W"形的过程。公司与各业务单元（BU）的 SP 制定过程如图 3-7 所示。

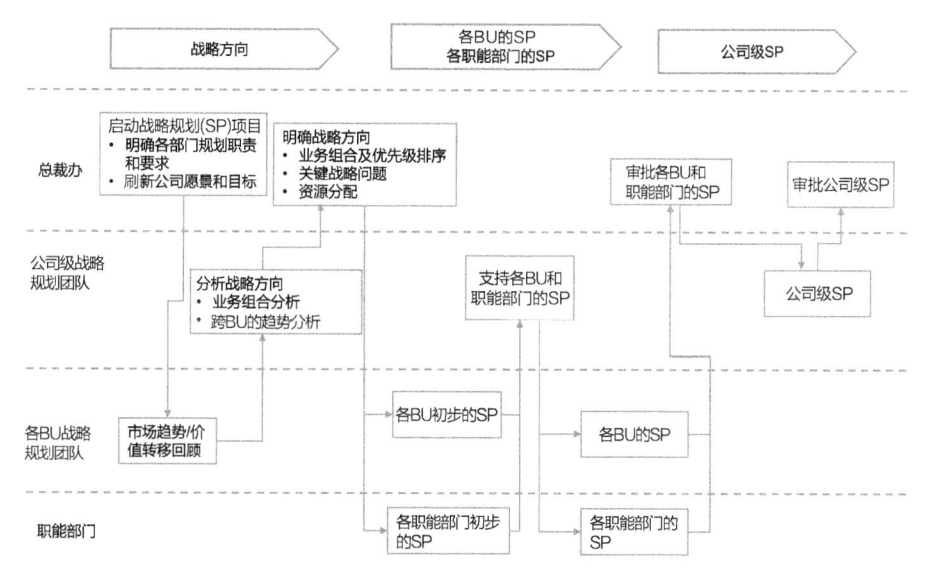

图 3-7　公司与各业务单元（BU）的 SP 制定过程

完整的战略管理内容包括战略设计、战略解码与战略执行，华为是通过一个名为 DSTE 的流程来管理它们的，如图 3-8 所示。整个管理过程又分为战略制定、战略展开、战略执行与监控、战略评估四个阶段，通过这四个阶段，对战略进行闭环管理，并每年不断循环迭代。

第一个阶段的战略制定，输出中长期的战略规划，针对的是业务战略，使用的工具是 BLM；第二个阶段的战略展开，通过战略解码输出 BP，针对的是业务战略的解码，使用的工具除了 BLM，还有 BEM；第三个阶段的战略执行与监控的过程，是业务运营与经营管理的过程；最后阶段的战略评估，则是战略复盘与绩效评估的过程。

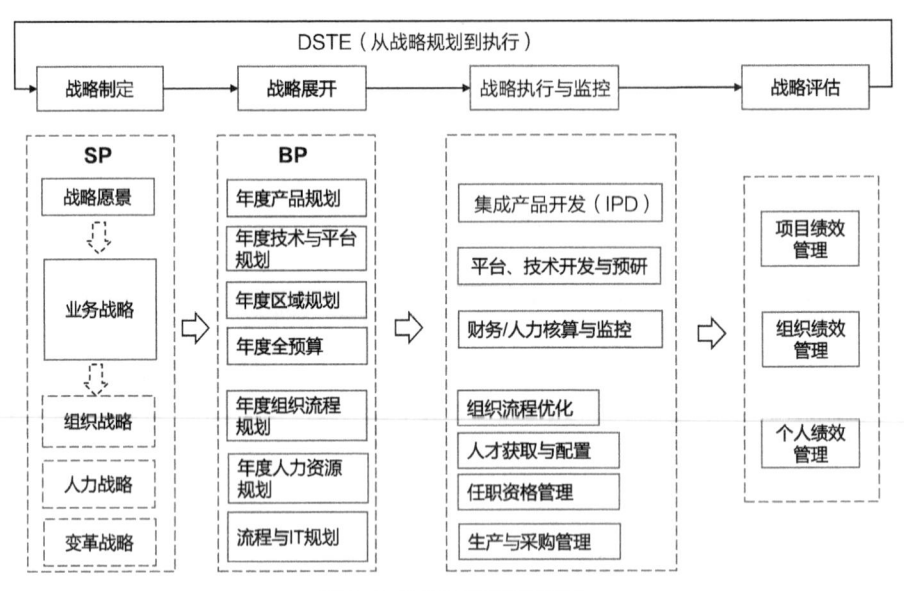

图 3-8 DSTE 战略管理流程

具体到业务战略的管理，其战略规划团队的组成和具体职责如下。在 IPD 体系中，这个团队被称为 IPMT 或者 PL-PMT。

◆ **业务战略规划团队的组成**

- 经理或者责任人（Leader 或者 Owner）：BU 总经理 / 事业部总裁
- 成员：市场代表、市场调研人员、销售代表、系统工程师、开发代表、制造代表、服务代表、财务代表、人力资源代表、质量代表等。

业务战略规划的工作是不允许委托的，必须是由本 BU 的一把手亲自抓的一件事。因此，这个规划团队的经理或者责任人就是 BU 的总经理或事业部总裁，他下面会有各个职能领域的规划代表，例如市场代表、开发代表、制造代表和财务代表等。

◆ 业务战略规划团队中各位主要角色的职责

• 市场代表及销售代表

√ 收集行业及市场趋势信息并进行初步分析，挖掘机会点。

√ 提供针对行业内主要竞争对手的市场表现、产品竞争力的分析，提出竞争策略。

√ 收集并分析客户未来的主要痛点，以及影响客户购买行为的主要因素。

√ 提供公司产品在市场上的竞争表现、客户满意度等方面的数据和信息分析报告。

√ 提出有竞争力的营销策略和产品特性及路标的建议。

• 系统工程师及开发代表

√ 提供竞争对手主要产品的技术竞争力分析报告。

√ 提供竞争对手的研发现状及优势分析报告。

√ 提供本公司的研发和技术开发的短板分析报告。

√ 制定技术和研发能力提升方案。

• 制造代表及服务代表

√ 收集资料并分析竞争对手在工艺、制造、采购等供应链方面的主要竞争优势。

√ 提供客户在售后支持、产品体验、满意度等方面的信息。

√ 提供本公司主要产品 DFX 和产品质量方面的分析报告。

• 财务代表

√ 提供支持业务战略规划的财务分析。

√ 提供本 BU 财务成本方面的信息，协助制订业务计划。

前面提到过业务战略的制定工具是 BLM，但在早期的 IPD 体系中，华为的业务主管们却是用 MM 工具来制定业务战略的。BLM 是华为于 2006 年从 IBM 导入，用于提升销服体系中、高层管理者领导力的一个工具，只是在随后研发体系的应用实践中，BLM 才被改造成业务战略规划工具，并融入了 MM 的诸多规划思路、工具、模板和方法之中。因此，BLM 业务战略规划方法本质上是"BLM + IPD-MM + 华为战略规划实践"的集成。

在大量业务战略管理实操经验的基础上，笔者将 BLM 业务战略规划方法提炼成如图 3-9 所示的"七步法",以便于指导业务经营团队每年都会滚动进行的战略规划过程。

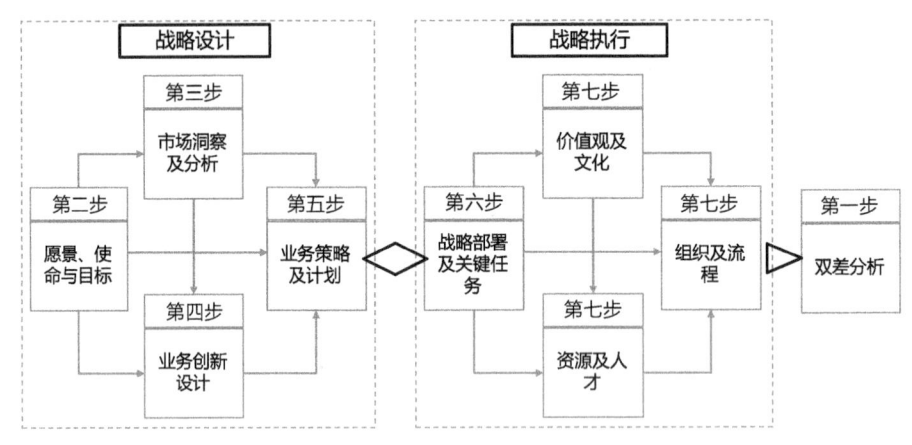

图 3-9　BLM 业务战略规划七步法

双差分析（第一步）：战略是由差距激发的,有差距才有动力,也就是所谓的创造性张力去弥补差距。差距分为业绩差距和机会差距,业绩差距是看过去,机会差距是看未来,弥补业绩差距需要加强战略执行,而弥补机会差距则需要设计新的业务模式。

愿景、使命与目标（第二步）：机会差距的产生,源于业务经营团队对未来战略方向和目标的期望,也就是战略意图。战略意图包括了愿景、使命与目标。愿景要回答从事什么业务,通过何种方式想成为什么样子；使命则要回答为客户、为企业、为员工创造什么价值；目标包括了财务目标、市场目标、技术目标等。

市场洞察及分析（第三步）：市场洞察聚焦于"四看"：看趋势、看客户、看对手、看自己。前面的"三看"是看外部环境,最后的"看自己"则是把视角转向企业内部。看趋势包括了看宏观趋势和行业趋势（中观）,看客户、看对手、看自己则是微观层面。朝外看主要是为了寻找弥补机会差距的市场机会,朝内看则是为了识别出自身的优劣势。

业务创新设计（第四步）：业务模式的创新设计是战略设计的落脚点,是整个战略规划的核心。业务模式的设计需要系统思考客户选择、价值主张、盈利模式、业务范围和战略控制这五个要素及其相互关系。业务模式又称商业模式,它反映了一个业务日常运作的基本逻辑。业务战略的好坏，取决于业务模式设计的高下。

业务策略及计划（第五步）：业务模式是战略层面的东西，战略需要转化为策略，然后细化成战术，才有可能取得战场上的胜利。业务计划包括了产品包、分销渠道、订单履行、定价及服务条款、技术支持和营销宣传六个要素。

战略部署及关键任务和组织支撑（第六步和第七步）：组织支撑的内容包括组织及流程、资源及人才、价值观及文化。这两步需要借助 BEM 对业务战略进行战略解码，战略解码的核心是从众多的业务策略中梳理出对战略目标的达成具有决定性意义的重大战略举措，也就是未来三年的 3~5 场必赢之战，再由必赢之战的关键成功因素导出战略 KPI。同时还要分析为了打赢必赢之战，组织能力上还存在哪些明显的短板，造成能力短板的根因及解决方案分别是什么。然后从三年的必赢之战和组织能力提升方案中提炼出下一年度的关键任务及组织级 KPI。最后，基于年度关键任务和组织级 KPI，制订出年度经营计划和年度预算。

总结起来，BLM 业务战略规划七步法中，战略设计、解码及执行的核心内容分别是：

➢ 业务战略规划（包括战略设计和解码）的过程，就是弥补业绩差距和机会差距的过程，重点是要弥补机会差距。

➢ 愿景、使命回答"为什么"，业务设计回答"做什么"，业务计划回答"如何做"。

➢ 业务战略设计的核心是聚焦于满足目标细分客户需求并能发挥自身竞争优势的业务模式创新。

➢ 业务战略本身就是对公司总体战略的解码，业务战略解码的核心则是要明确 3~5 场必赢之战。

➢ 业务战略执行的核心是识别并解决阻碍打赢必赢之战并弥补业绩差距的组织能力瓶颈。

业务战略确定了为客户和企业创造价值的业务模式和业务策略，明确了未来计划投资的产品组合及各产品在该组合中的战略定位。业务模式决定经营模式，经营模式决定管理模式，因而业务战略也就决定了设计研发体系的组织结构、流程体系及各种管理机制的基本方针、策略。

第五节　确保做正确事的新产品规划体系

产品开发是一项投资行为，IPD体系将确保投资成功的整个过程分成两个阶段：一是做正确的事；二是正确地做事。什么才是正确的事？依据IPD的核心思想，正确的事就是开发出可以创造客户价值（市场成功）和企业价值（财务成功）并可持续创造价值（有竞争力）的产品。IPD体系主要通过"需求管理体系"、"业务战略规划体系"和"新产品规划体系"三个子体系来确保产品开发团队是在做正确的事，前两个子体系在前文已介绍过，本节主要介绍新产品规划体系，如图3-10所示。

2006年徐直军在华为战略与Marketing体系大会上指出："做正确的事是华为面临的最核心的问题，解决这个问题是'战略与Marketing'最核心的职责，这就要求我们重点抓好产品规划，要明确未来应该开发什么产品，产品应该有哪些具体特性，产品应该何时上市，产品的成本应该是多少。产品立项是战略性的，只有战略正确，后续的市场活动才有意义和价值。"

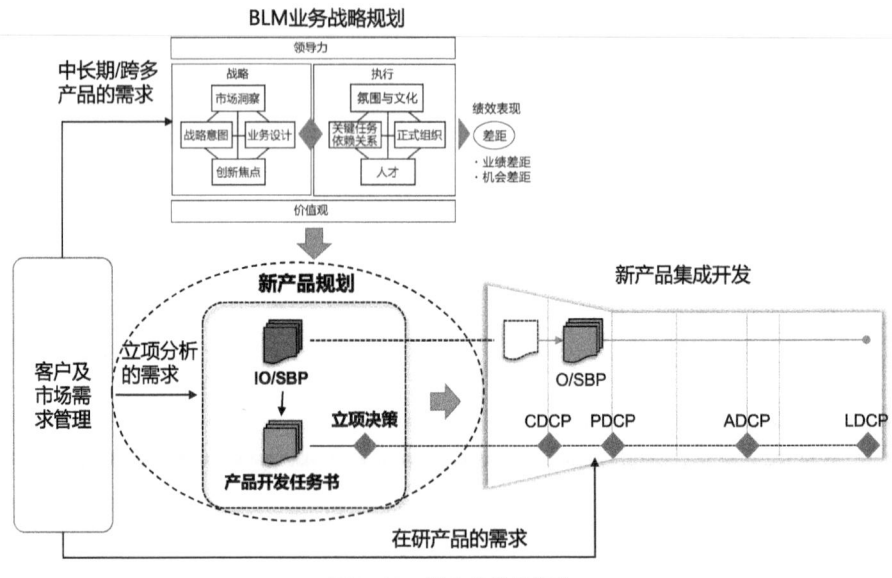

图3-10　新产品规划体系

在IPD体系中，新产品的规划过程，也就是对新产品进行立项分析的过程，是Charter的开发过程。Charter即新产品开发任务书，是产品集成开发项目的章程。新产品规划对业务战略起着承上启下的作用，它按照业务战略输出的产品路标规划，有节奏地启动新产品的规划。新产品规划对需求管理则起着承前启后的作用，对通过收集和分析所获得的客户需求，通过新产品的定义给予及时的响应。

新产品规划的主要工作就是要清晰地回答如下的 4W2H 六个问题：

- Why：为什么要做这个产品？
- What：产品应该做成什么样？
- How：如何实现商业目标？
- When：产品开发、上市和生命周期的关键里程碑各是什么？
- Who：谁承担产品开发任务？
- How much：是否能赚钱？需要怎样的投入？

新产品规划流程包括如图 3-11 所示的五个阶段。

立项准备 > 市场分析 > 产品定义 > 执行策略 > Charter 移交

图 3-11　新产品规划流程

◆ **市场分析主要回答 4W2H 中 why 的问题**

√ 新产品的目标客户是谁？

√ 客户期望、细分市场特征、应用场景等多维度形成的市场需求是什么？

√ 产业发展需求是什么？

√ 新产品竞争力需求是什么？

√ 新产品能为客户带来什么价值？

√ 新产品能给公司带来什么价值（如市场空间、价格、份额和收入、竞争力提升）？

◆ **产品定义主要回答 4W2H 中 what 的问题**

√ 产品做成什么样？

√ 产品应用场景是什么？

√ 产品在产品线解决方案中的定位如何？

√ 初始产品包需求包含哪些需求（功能性和非功能性需求）？

√ 产品构想的竞争力评估如何？

√ 初始产品包需求排序是怎样的？

◆ **执行策略则主要回答 4W2H 中 How/How much/When/Who 的问题**

√ How：产品开发策略、关键技术获得策略、上市营销策略、生命周期策略、资源需求预估是怎样的？

√ How much：业务盈利计划，投入产出评估如何？

√ When：产品开发、上市及生命周期管理的关键里程碑是什么？

√ Who：谁负责产品开发？

为保障新产品规划的质量，需要组建跨部门的产品规划团队 CDT，CDT 中各角色的关键职责如表 3-1 所示。

表 3-1 CDT 中各角色的关键职责

角色	关键职责
项目经理	对新产品立项分析项目的整体质量负责，负责项目管理，以及关键问题、技术和事件的决策
产品经理	对新产品立项分析的需求包质量负责，负责市场分析、产品概念、竞争分析、实现策略及盈利模式的设计
开发代表	对立项产品构想的可选架构及技术可行性负责，负责产品实现的关键技术分析，竞争对手产品架构、成本和技术的分析，以及研发资源需求的分析
营销代表	对新产品的营销类需求负责，负责产品营销策略和版本切换策略的制定
销售代表	负责从销售的角度提出市场和竞争需求，参与市场和价格预测，参与营销策略的制定
服务代表	对新产品的服务需求负责，负责分析产品工程交付和维护的需求与成本
财务代表	从公司利润目标的角度，分解目标成本，进行财务评估
QA	新产品 Charter 开发的质量保障

为确保接下来的新产品集成开发项目组是在做正确的事，需要像开发产品一样开发高质量的 Charter。高质量的 Charter 可以确保产品投资的方向和节奏准确；高质量的 Charter 可以使新产品满足市场及客户需求并具备较强的市场竞争力；高质量的 Charter 可以降低版本及特性的废弃率；高质量的 Charter 可以指导新产品开发项目组第一次就将正确的事情做对。

高质量的 Charter 开发，主要输出新产品需求说明书、新产品开发任务书和新产品的初始商业计划书（IO/S BP）。其中的商业计划书是贯穿于产品全生命周期的一份重要文档，它对产品进行商业分析和评估，并定义相应的业务策略和计划，确保产品包取得商业成功。商业计划书主要包括如下七个方面的内容：

（1）投资组合与项目概述：关注投资组合分析、版本管理、关键里程碑进度、资源需求与风险评估等。

（2）市场分析：关注宏观市场分析、竞争趋势分析、目标细分市场策略、需求优先级排序等。

（3）产品定义：关注主要应用场景与典型配置、产品的主要特性、E2E 成本策略或目标及其达成情况、合同验收与评估、关键技术准备度、依赖关系分析与研发资源需求等。

（4）上市策略和计划：关注上市策略及上市准备、区域和渠道计划、整合营销宣传计划、市场准入测试计划、产品培训等。

（5）功能领域的策略和计划：关注重用分析、销售策略、用户体验策略、知识产权与专利、试验局策略与计划、试制策略与计划、版本切换计划、OEM 和对外合作、服务/采购/制造的导入策略与计划、质量计划和目标、研发转维等。

（6）业务盈利计划：关注业务盈利分析、市场份额分析、市场机会趋势分析、定价分析、销量预测、价格与成本趋势分析等。

（7）财务分析：关注财务分析、销售额贡献分析、开发费用预算与成本预测等。

商业计划书是各部门制订和执行各自产品支持计划的源文件以及 PDT 进行项目管理的基础，是 CDT、PDT 和 LMT 向 IPMT 的绩效承诺书，是 IPMT 在产品实现过程中各阶段的决策评审点进行决策评审的重要依据。

第六节　新产品集成开发与运维管理体系

Charter 开发团队（CDT）通过新产品规划为产品开发团队（PDT）输入高质量的新产品开发任务书和初始商业计划书，PDT 则以新产品开发任务书为项目章程，以集成开发的形式完成新产品的开发并及时推向市场，产品上市之后的日常运营及维护则交接给产品生命周期管理团队（LMT）。PDT 负责运作的就是新产品集成开发体系，LMT 则负责产品运维管理体系的运作。对于新产品全生命周期的管理，之所以要采取从 CDT 到 PDT 再到 LMT 的这种接力棒模式，是因为产品在生命周期中的各阶段，所需要的管理方法和组织能力是不同的。对于中小型企业，实际操作时，这三个重量级团队的核心成员可以是同一拨人。

初识 IPD，许多人就是从新产品集成开发体系（小 IPD）开始的。例如，结构化产品开发流程和重量级产品开发团队等，这是 IPD 体系中最重要的一个确保产品开发团队"正确地做事"的一个子体系。新产品集成开发的交付形式有集成解决方案、软/硬件产品和专业服务产品等，在本书中笔者将它们统称为"产品"。集成开发的内容包括市场与客户的开发、技术与解决方案的开发、生产与服务的开发、销售工具与资料包的开发，所涉及的功能领域包括营销、研发、采购、生产、技术服务、财务和质量等部门。因此，新产品的集成开发，是全流程全要素的开发，其过程必须以项目的形式进行管理。

新产品所需开发的各项内容和所涉及的各功能领域均需要以独立的子项目开展工作，也因此，新产品集成开发项目本质上是一个项目群（集），如图 3-12 所示。其中，研发领域的子项目，通常会包括新产品研发项目和平台/技术研发项目，非研发领域的子项目则会包括市场营销导入项目、生产制造导入项目、售后服务导入项目、规模采购准备项目等。毋庸置疑，新产品集成开发项目的项目经理是 LPDT（即 PDT 经理），其他各功能领域的子项目的项目经理则一般是 PDT 核心组中各领域的代表，例如，新产品研发项目的项目经理一般是开发代表。

从项目管理的角度来看，新产品集成开发体系实际上就是一个有关项目群的管理体系。产品开发团队按照业务战略输出的产品路标规划，在 Charter 开发团队输出的初始商业计划的指引下，有节奏地启动一个个产品开发项目，输出一个个不同的产品版本。产品、版本及项目之间的关系如图 3-13 所示。

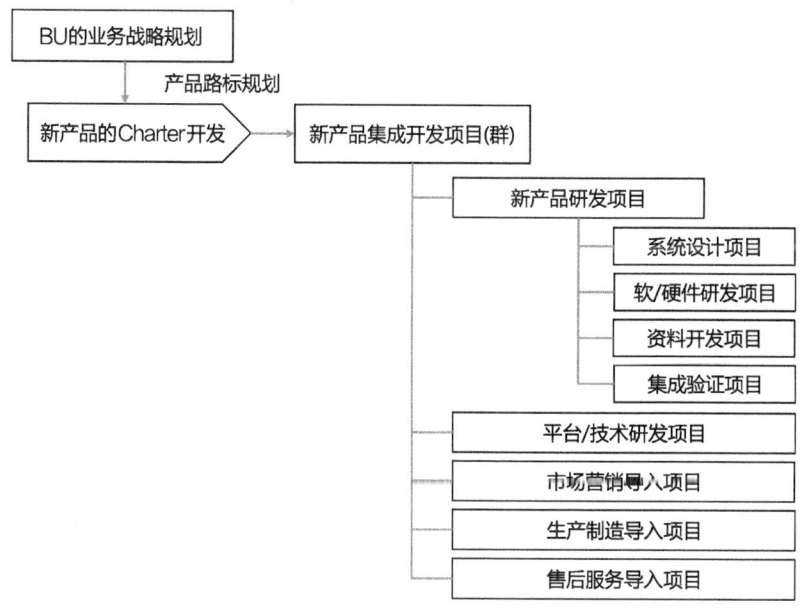

图 3-12　新产品集成开发项目群（集）

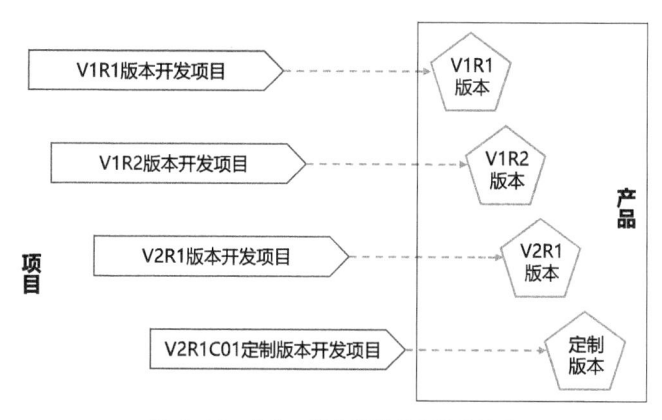

图 3-13　产品、版本及项目之间的关系

- 产品是满足外部客户需求的软硬件系统，解决方案则是多个产品的集合，是一种特殊的产品。
- 版本是产品在不同时间段的特性集合，是在产品生命周期过程中依据特性对产品的细分。
- 项目是产品或版本的实现过程，或者说产品或版本是项目的输出。

为了使新产品的集成开发过程规范、高效且产品质量有保障，构建端到端的结构化产品开发流程是业界的最佳做法。所谓结构化，就是将相互关联的事物（如思维、知识、流程等）以一种框架结构（如树形结构、矩阵结构、分层结构等）进行组织的方式。结构化的新产品集成开发流程在层级上分为一级流程、阶段、步骤、活动和任务，一级流程中的阶段按项目进度可划分为概念、计划、开发、验证和发布五个阶段，结构化的新产品集成开发一级流程及其阶段划分如图 3-14 所示。

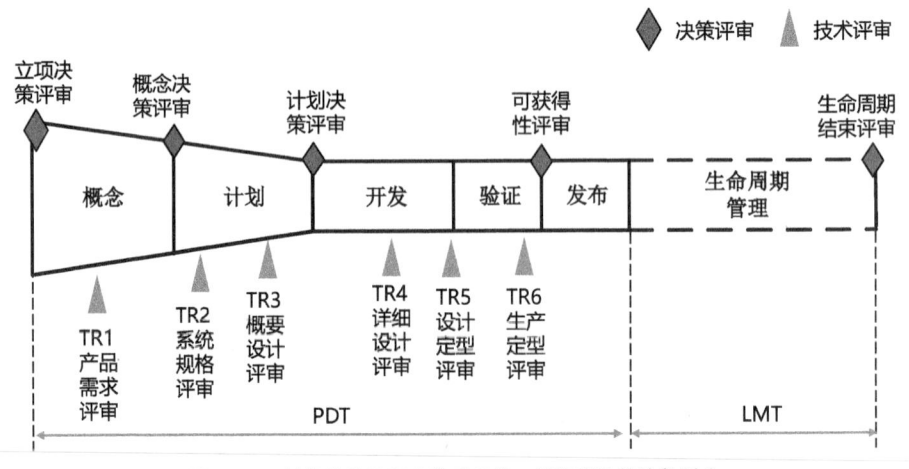

图 3-14 结构化的新产品集成开发一级流程及其阶段划分

结构化合理的流程使开发过程可衡量、可管理并可重复使用，输出的产品也更有质量保证；结构化合理的流程也有足够的灵活性，便于扩展，能够适应未来新开发模式的需要。例如，华为从 2007 年开始试点由基于 CMM 的瀑布开发模式转向基于敏捷理念的迭代开发模式。

一级流程中的五个阶段都有各自清晰的目标和任务：

◆ 概念阶段的目标是保证 PDT 根据新产品开发任务书尽可能完整、详细地确定产品的需求（包括功能性和非功能性需求）和备选概念，对产品机会的总体吸引力以及各功能领域的执行策略做出快速评估，并更新到新产品的初始商业计划中，最后制订初步的一、二级项目计划

◆ 计划阶段的目标是完成产品的总体方案（包括系统架构、功能模块及接口标准）的设计及各功能模块的概要设计，确定最终的一、二级项目计划及商业计划，确保风险可以被合理地管理

◆ 开发阶段的目标是对符合设计规格的产品进行开发和验证，并完成

制造准备工作

◆ 验证阶段的目标是进行制造系统批量验证和客户验证测试，以确认产品的可获得性，发布最终的产品规格及相关文档

◆ 发布阶段的目标是发布产品，制造足够数量的满足客户需求和质量要求的产品，以便及时销售、发货

产品开发是一项投资行为，为保证投资的成功，在集成产品开发流程中设置了决策评审机制和三个决策评审点（DCP）。设置决策评审机制是为了让研发资源和资金在产品开发过程中实现分批且受控地投入，如此既可以满足产品开发项目在各阶段的实际需要，又可避免项目后期由不确定性带来的更多研发投资的损失，而 DCP 决策的依据就是新产品的商业计划书。同时，为保证最终开发出来的产品满足内、外部客户的真实需求，在新产品集成开发流程中还设置了技术评审机制和多个技术评审点（TR）。开发过程中的每个评审点（包括决策评审点和技术评审点）都有相应的评审标准，只有完成了规定的工作任务并满足评审标准，才能进入下一阶段。

在新产品的立项规划阶段，会任命一个 PDT 对新产品集成开发项目（群）进行管理。PDT 是一个跨功能领域的产品开发团队，负责从产品立项到发布上市之间的端到端管理，不断满足客户需求，以及高质量、低成本地交付有竞争力的产品和解决方案。PDT 的主要目标是根据产品开发任务书的要求，确保产品取得商业成功。

PDT 由核心组和扩展组构成，其成员来自不同的部门，包括财务、制造、市场、采购、研发、质量和技术服务等。核心组的成员代表各自的职能部门，承诺在 PDT 经理的领导下共同开展工作，实现项目目标；扩展组则由各职能部门的工程师和基层员工组成。核心（组）代表一般要求专职，扩展组成员则可以兼职。

在新产品集成开发项目（群）的统一管理下，各职能部门的核心（组）代表带领扩展组启动各自领域的子项目，按照功能领域的三（四）级流程执行新产品集成开发的项目任务，在结构化流程的支持下，各子项目可以异步并行地进行。如图 3-15 所示，研发领域的新产品研发子项目与生产制造领域的 NPI 子项目在新产品集成开发项目的统一管理下，可以高效有序地独立并行开展各项活动或任务。

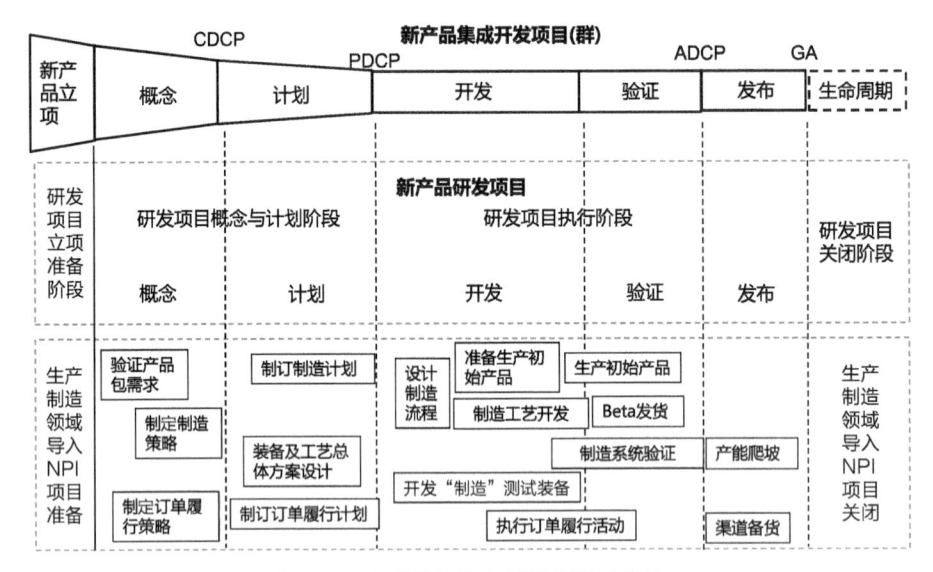

图 3-15 异步并行的各功能领域的子项目

PDT 将产品成功推向市场并实现稳定量产之后，产品的日常运营及维护则会交接给 LMT。CDT 和 PDT 负责产品的"优生"及"优育"的前半段，LMT 则负责产品"优育"的后半段与退市管理。在 IPD 体系中，产品生命周期管理就是特指 LMT 所负责的这一段产品运维管理。确切地说，产品生命周期管理是对产品上市后的销售、制造、服务及重用的管理，以提高收入，降低运作成本，保证客户满意度，达到组合投资绩效的最优。

产品生命周期运维管理的本质是产品组合管理与持续经营，其管理的内容主要有：生命周期策略和计划的管理、运营绩效的管理和产品（版本）的终止管理，其中的运营绩效又包括了营销和销售绩效、生产绩效、服务和技术支持绩效。产品生命周期管理的主要内容如图 3-16 所示。

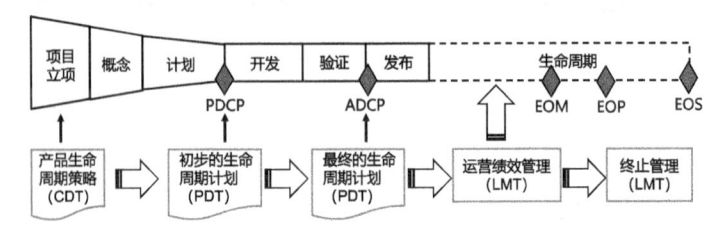

图 3-16 产品生命周期管理的主要内容

笔者发现国内中小型企业因为害怕客户不满意，不敢跟客户谈 EOX（EOM、EOP、EOS 的总称），实际上任何产品都是有使用寿命的，并且随着客户需求和市场环境的不断变化，新技术的不断涌现和设备零部件的逐渐老化，客户是存在对老产品进行更新换代的诉求的。企业要善于利用产品生命周期管理，实现从解决问题到经营产品生命周期，从不懂规则到按 EOX 规则执行，从存量负担到存量增收和盈利的转变。

第七节 异步共享的平台与技术管理体系

IPD 体系对核心技术与关键技术、组件与子系统、产品平台、基线产品与定制产品、解决方案与服务等按业务类型进行如图 3-17 所示的分层管理。各业务层相对独立，有统一的管理模式和独立的开发流程，各业务层之间又相互支撑，并且交付责任和依赖关系清晰明确。业务分层是管理研发业务和实现结构化流程与异步并行开发的基础，它可以提高技术共享，减少开发浪费，缩短产品上市时间并提高产品质量，使研发管理更加高效有序。

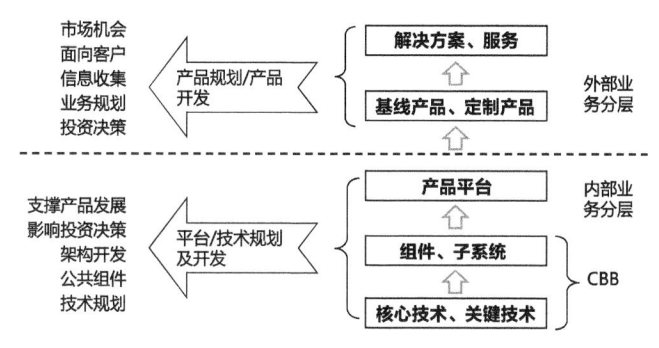

图 3-17 研发业务的分层管理

可直接对外销售的产品和解决方案属于外部业务，产品平台及以下的业务属于内部业务，内、外部业务分别采用技术开发与产品开发的方式进行管理。产品开发与技术开发的区别如表 3-2 所示。

表 3-2 产品开发与技术开发的区别

	产品开发	技术开发
开发目的	产品开发侧重于客户需求的实现,关注短期业务目标的达成	技术开发的重点在于对产品实现的支撑,关注中长期产品核心竞争力目标的达成
预算来源	预算主要来于各 BU 的业务规划。从财务角度关注其收入和盈利能力	预算主要来自公司的战略预算。从财务角度关注其成本的竞争能力
需求来源	产品需求主要直接来自外部客户	技术的需求是在综合多个产品需求的基础上,基于架构和技术的要求转换而来
功能差异	产品在平台的基础上快速进行二次开发,重在满足个性化的功能特性	技术主要侧重于为多个产品提供通用组件,并使其具备高可靠性、高性能、易扩展的特性
交付对象	外部客户	内部客户
交付形态	最终的产品,服务终端客户,实现客户价值	部件或子系统,需要进一步集成到可销售产品中实现产品化

将产品开发与技术开发分离,构建技术管理体系的目的是想通过技术创新与产品平台的开发,培育核心技术,加强技术共享,成为产品及解决方案交付的基础支撑。技术管理体系与其他 IPD 子体系的关系如图 3-18 所示。

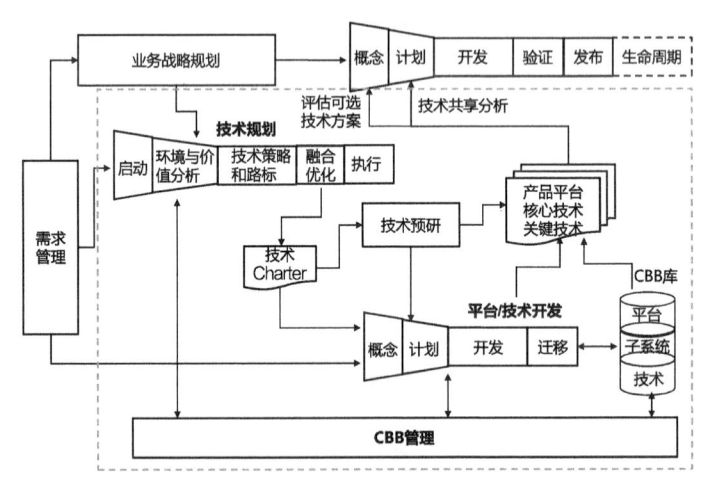

图 3-18 技术管理体系与其他 IPD 子体系的关系

技术通常分为核心技术、关键技术、通用技术和一般技术。核心技术是指人无我有的独门绝技,如华为手机麒麟芯片的设计技术(不是封装技术），基于核心技术可以构建产品和解决方案的竞争优势。关键技术是指没它不行，不可或缺的技术，如手机的触摸屏技术。通用技术则是指业界标准化了的一般技术。而一般技术则是指普通的、随时可以获取的技术。由于核心技术和关键技术必然会被竞争对手模仿，从而退化成一般技术，因此企业必须持续进行技术创新以培育核心技术。

培育核心技术需要技术创新，同时，技术创新也是驱动产品创新的"双轮"之一（另一只"轮子"是客户需求）。技术的不断升级可以带来更好的体验、更低的成本，从而驱动产业不断发展。但是，技术驱动这只轮子，也要用需求来验证和评判其价值，要通过需求被满足来体现其价值。

华为一直关注以技术为中心的战略性投入，以领先时代需要。以客户为中心强调得太多，可能会使企业从一个极端走到另一个极端，会忽略以技术为中心的超前战略。以技术为中心和以客户为中心两者应该"拧麻花"：一个以客户为中心来做产品，一个以技术为中心来做未来架构性的平台。

技术创新要与业务战略中确定的技术发展策略相匹配，与企业自身的市场地位和技术能力相匹配，坚持"鲜花要插在牛粪上"，不搞盲目创新，要做领先半步的"先进"，不做领先三步的"先烈"。

做好技术创新，首先是要找到正确的技术方向，也就是要做好技术规划工作，找到未来市场和产品所需的核心技术和关键技术。因此，业务战略规划输出的产品路标规划和未来产品所需的关键技术清单是技术规划最重要的输入。技术规划常用的工具和方法是如图 3-19 所示的技术路线规划图。

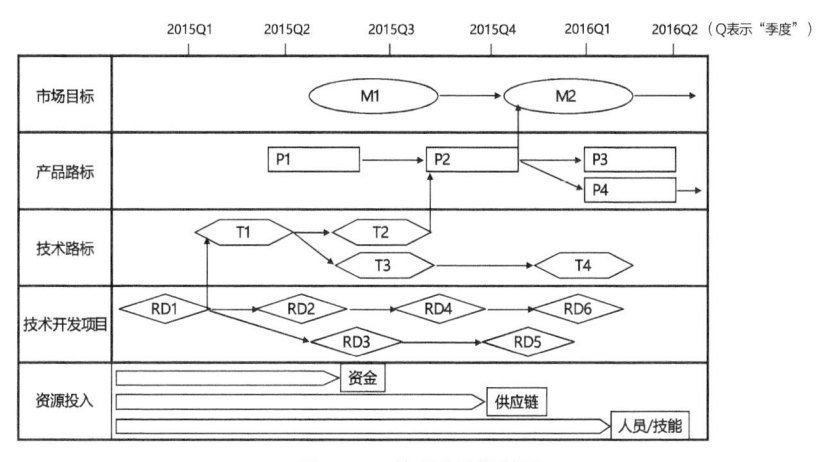

图 3-19　技术路线规划图

技术路线规划图从上至下分五个层次，从左到右表示从现在到未来。最上面的一层表示市场发展路线及市场目标 M；为了实现市场目标，需要在适当的时间推出相应的产品 P；为了配合产品路标的实现，需要在适当的时间准备好各项技术 T；为了实现技术路标，需要及时启动技术开发项目 RD；最后，为了保障技术开发项目，进行所需资源和能力（资源投入）的分析。

对于规划出来的中短期技术，企业可以直接进行技术开发，对于前沿的、趋势性技术则可以进行专利或标准的预研。技术开发过程跟产品开发过程类似，也包括概念、计划、开发、迁移和技术维护五个阶段，也含有决策评审 DCP 和技术评审 TDR。技术开发的成果往往是以 CBB 的形式封装后共享给各业务层的，CBB 是指那些可以在不同产品和解决方案之间共用的零部件、模块、技术及其相关设计成果。通过 CBB 的共享与重用，产品开发可以减少重复开发、节约资源、缩短开发周期和上市时间并提高产品质量；生产制造可以降低库存、减少废料、降低制造成本、改进供应连续性；采购则可以降低采购成本、提高采购效率、降低采购风险；售后服务则可以降低维护成本。

CBB 具有以下几个特征：

- 具有共用性，即可以支持不同的应用系统和产品。
- 具备灵活方便的二次开发能力。
- 与应用系统和产品间界面清晰，可异步开发。
- 具有明确的功能规格、性能指标。
- 具有可靠性、可用性、可服务性。
- 具有有完善的可维护、可测试的特性。

产品平台则是最大的 CBB，因此其依然属于技术开发的范畴，同时它也是划分产品线（或产品族）的重要依据。产品平台是产品线（或产品族）中各产品在架构设计和技术上所共用的系统架构、子系统、组件等要素的集合，是各产品在架构设计和技术上的最大公约数。有了 CBB 和产品平台的基础支撑，产品开发就可以像搭积木一样高效且有质量保证。产品平台及 CBB 支撑下的产品实现如图 3-20 所示。

在华为"产品名 +V×××R×××C××+SP××"的版本命名规则下，产品平台决定了面向内部 PDT 发布的 V 版本，基于产品平台，PDT

就可以开发面向某细分客户群的基线产品及其 R 版本，再基于基线产品开发面向单个客户的定制产品及其 C 版本，针对客户的紧急需求或问题处理，开发 SP 补丁版本。

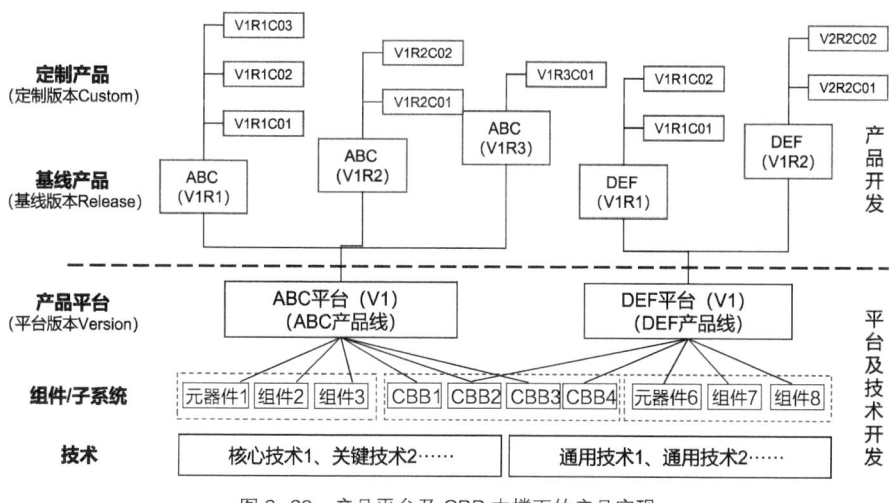

图 3-20　产品平台及 CBB 支撑下的产品实现

从长远来看，产品在技术和研发能力上的竞争优势源自产品平台，因此，对产品平台要提升到平台战略的高度进行规划和设计。实施平台战略，公共平台和部件将得到更广泛的共享，如此可以大幅降低产品成本，提高研发效率和产品质量，缩短交付周期并快速响应客户需求。

跟产品的开发管理一样，技术管理也需要履行决策、执行和支撑等各种职责的重量级团队及其运作机制。IPD 体系下技术管理的主要重量级团队及其相互关系如图 3-21 所示：

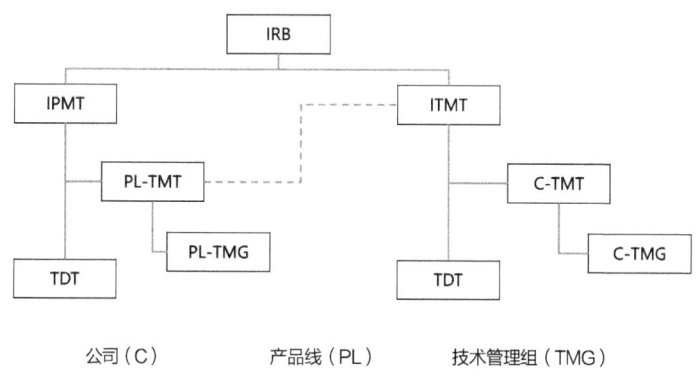

图 3-21　技术管理的主要重量级团队及其相互关系

ITMT 负责公司级的技术投资决策，IPMT 则对本业务单元（产品线）的产品相关的技术管理和决策负责。C-TMT 和 PL-TMT 分别为 ITMT 和 IPMT 的支撑团队，分别负责跨产品线或产品线内部的技术规划与设计等工作。TMG 是各层级的专项技术专家团队（C-TMG 是公司级、PL-TMG 是产品线级），是专项技术领域的技术权威。TDT 则是平台和技术的开发团队。

第八节 提升研发效能的基础使能体系

基础使能体系由 IPD 体系的各种使能器所构成，包括产品数据管理、版本管理、项目管理、成本管理、质量管理、管道管理、合作管理、财务支撑等。其中最重要的三个使能器是项目管理、成本管理和质量管理。

项目管理的框架设计

企业的业务活动有两种类型，一种是按照既定的程序、规章制度连续不断、周而复始的活动，这是例行的日常运营；另一种则是具有特定目标的、临时性的、一次性的活动，这是项目。研发体系的许多工作，特别是与产品开发相关的工作基本上都是按项目来运作的，因此，项目的绩效也就决定了研发体系的整体绩效。而项目绩效的好坏取决于项目管理能力的高低，因此，项目管理能力是所有管理者（包括项目经理、产品经理、业务主管和部门经理等）的基础能力，也是研发体系的核心能力之一。

为提升项目管理能力，许多优秀的企业会结合自身的业务实际需要、项目管理实践，以及业界的项目管理标准（如美国 PMI 的 PMBOK），开发一套适合本企业的项目管理方法，如爱立信的企业项目管理方法 PROPS（The PROject for Project Steering）和 IBM 的全球项目管理方法 WWPMM（World Wide Project Management Methods）。华为借鉴优秀公司的做法，也开发了一套可以被 IPD 体系无缝集成的研发项目管理方法 RDPM（R&D Project Management Methods）。华为希望提炼出研发项目管理的成功关键要素后，再将其复制到新产品集成开发项目、平台/技术开发项目、技术预研项目、客户定制开发项目、Charter 开发项目及 Beta 测试项目上。

RDPM 框架如图 3-22 所示，它由决定并牵引项目方向的商业目标，支撑项目运作的基本框架的项目生命周期模型、项目组织模型，为项目管理提供具体方法的知识域、工具、模板和术语，以及为项目运作提供软性支撑的项目文化共八个模块构成。

图 3-22 RDPM 框架

RDPM 的商业目标提供了将项目目标与组织的商业目标保持一致、聚焦客户满意、确保项目商业成功的原则和方法，同时，也明确了范围、质量、进度、成本等研发项目的绩效衡量标准。

RDPM 的项目生命周期模型旨在提供一个项目管理流程的基本框架，它是对研发项目统一过程结构的描述，集成了项目管理相关的流程、活动、评审点等。如图 3-23 所示，它由三个层级的流程组成，分别与项目组

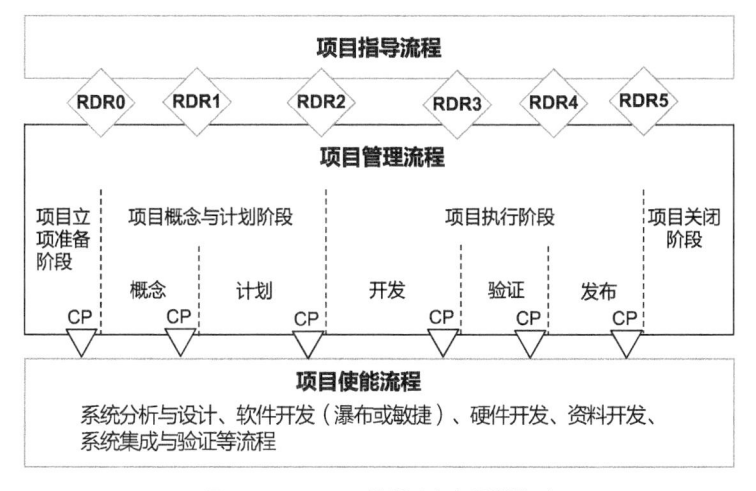

图 3-23 RDPM 的项目生命周期模型

织模型中的三层项目相关职能（项目指导职能、项目管理职能和项目执行职能）相匹配。

项目指导流程描述在项目管理过程中项目运作指导团队如何评审、监控项目，并对项目给予支持，确保项目符合商业目标和要求，并获得资源的保障。其中的 RDR（R&D Review）是用于评估项目状态和进展，指导并支持项目工作的关键评审点。

项目管理流程描述项目管理的阶段定义，以及各阶段的项目管理活动。其中，CP（Check Point）是项目经理在管理项目的过程中，为确保项目按要求完成而设定的检查点。

项目使能流程描述不同的项目开发模式及相应的工程活动，包括系统分析与设计、软件开发、硬件开发、资料开发、系统集成与验证等流程。

类似于前文曾经介绍过的变革项目团队的构成，项目组织模型明确了项目团队中分别履行项目指导、项目管理和项目执行三种职能的关键角色，并对关键角色的职责、权力、活动进行了定义，清晰地区分了项目组与职能部门之间的职责划分。

RDPM 定义了不同于 PMBOK 的十大知识领域，如图 3-24 所示。

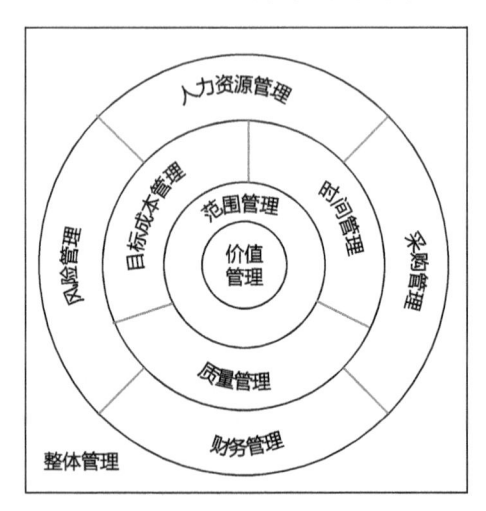

图 3-24　RDPM 的十大知识领域

在 RDPM 的十大知识领域中，PMBOK 的沟通管理及干系人管理被融入到整体管理中，PMBOK 的成本管理被替换成财务管理，重点则关注研发项目的费用管理。RDPM 增加了项目的价值管理，包括项目产出所创造的市场和客户价值，项目运作所创造的内部能力提升等。RDPM 还增加了对产品的目标成本管理（基于竞争及盈利目标，要求产品按照预定的目标成本进行设计）。

成本管理的框架设计

产品从购买到使用的全生命周期的总成本是客户的核心需求，也是产品的核心竞争力之一。《华为公司基本法》指出："公司对产品成本实行目标成本控制，在产品的立项和设计中实行成本否决。目标成本的确定依据是产品的竞争性市场价格。"

产品目标成本包括如图 3-25 所示的目标设备成本与目标服务成本。在目标服务成本中，工程成本包括工程勘测、硬件安装、软件调试、验收等环节的成本，维护成本包括升级、日常维护、巡检、打补丁等环节的成本，物流成本则包括分货、包装、运输等环节的成本。

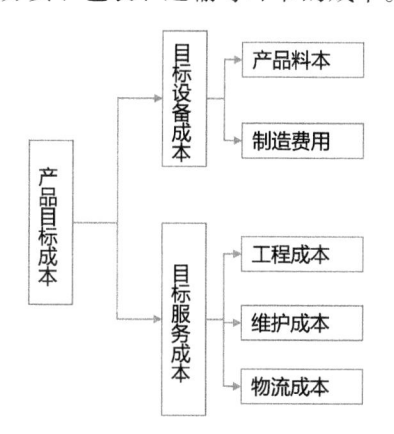

图 3-25　产品目标成本的构成

目标成本管理是指分析所交付产品的成本要求，明确产品目标成本的构成，选择并定义目标成本的实现方案，构建具有成本竞争力的交付产品。产品一旦完成研发，其目标成本便已基本定型，其中 80% 以上的比例是在设计阶段确定的。在 IPD 体系中，产品目标成本的管理过程如图 3-26 所示。

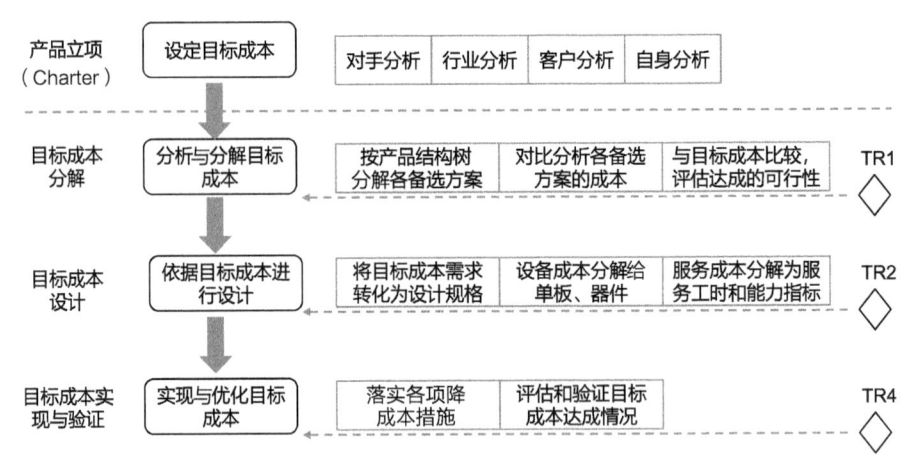

产品立项 (Charter)	设定目标成本	对手分析	行业分析	客户分析	自身分析	
目标成本分解	分析与分解目标成本	按产品结构树分解各备选方案	对比分析各备选方案的成本	与目标成本比较，评估达成的可行性		TR1
目标成本设计	依据目标成本进行设计	将目标成本需求转化为设计规格	设备成本分解给单板、器件	服务成本分解为服务工时和能力指标		TR2
目标成本实现与验证	实现与优化目标成本	落实各项降成本措施	评估和验证目标成本达成情况			TR4

图 3-26　产品目标成本的管理过程

在华为，产品目标成本是要求参照业界最佳来设定的，在没有成为业界最佳前，应以业界最佳为标杆设置成本目标；在已成为业界最佳后，每年的改进必须大于业界主要友商的改进幅度；如果不清楚业界最佳，原则上每年改进不低于30%。

为做好产品目标成本管理，企业不仅要关注内部从研发投入到BOM成本，以及到生产、到运输、到安装的所有内部综合成本，还要关注客户使用和维护产品的全生命周期成本，其中包括学习成本、维修成本、耗电等。在产品全生命周期内客户花的钱越少，产品才越有成本竞争力。

成本管理的关键在研发环节，企业要通过IPD体系的成本管理设立成本基线，在研发前端的架构和设计中构筑低成本竞争优势。

◆ 平台化、标准化降低 E2E 成本

√ 通过平台化和模块化，实现平台共享和技术复用。

√ 通过归一化和标准化，提高产品可靠性。

◆ 关注可制性，降低制造成本

√ 降低对工艺及测试设备的要求。

√ 降低对生产人员技能的要求。

◆ 归一化、模块化降低物流成本

√ 通过模块化设计，现场调试和组装，降低运输成本。

√ 通过物料归一化，降低存货成本。

◆ 关注可服务性，降低服务成本
√ 降低设备安装和调试的难度及时间。
√ 提供故障快速定位功能，降低维护和处理问题的成本。

IPMT 主任和 PDT 经理要对产品的商业成功负责，因此，他们也是产品成本竞争力构筑和目标成本达成的第一责任人。他们要在所属的管辖范围内，承接和分解公司的成本管理目标和要求，确定短期和中长期的重点改进方向，并落实到产品开发与管理的全流程、全要素之中。企业可以在产品线或业务单元设置质量与运营部，其下再设置成本管理专员，支撑 IPMT 和 PDT 的成本管理工作，探索成本管理的工具和方法，推动成本管理能力的提升。

质量管理的框架设计

下面列出的几个有关质量管理的尴尬现状，估计在许多企业都存在。

- 每个人都认为质量很重要，但一旦时间紧，资源不足时，"受伤"的却总是质量。
- 面对质量要求，设计开发人员总是说："没关系，只要你们测试出问题来，我很快就可以改好的。"
- 公司对默默无闻、一次把事情做正确的人不关注，却总是高调奖励到处灭火的"救火英雄"。
- 研发人员总是认为质量管理人员什么都不懂，还爱指手画脚，是在给研发人员故意找茬。
- 按照公司质量要求，各种技术评审也都做了，但感觉只是在走形式，参加评审的所谓"专家"都只是在象征性地提些无关痛痒的问题。

质量即是满足客户要求。客户包括外部客户和内部客户，他们的要求包括明确的如合同、标准、法律法规等要求，或者隐含的如文化、道德等方面的要求。质量优先、以质取胜是华为的质量方针。华为质量管理的目标是建立大质量体系，建立全员参与、一次把事情做正确并持续改进的质量文化。

质量管理的首要任务是建立质量标准，并提供达到标准的方法，然后把管理注意力集中在达到标准的过程管理上。质量标准的落地要依赖现有流程，借助产品质量计划，通过质量策划、质量控制、质量改进，影响和改善企业的质量文化，进而提升产品的交付质量。

质量管理与业务管理不能是"两张皮"，要将质量要求融入研发、生产、销售和服务的全过程。这里以产品开发项目的质量管理为例，构建如图 3-27 所示的质量管理框架。

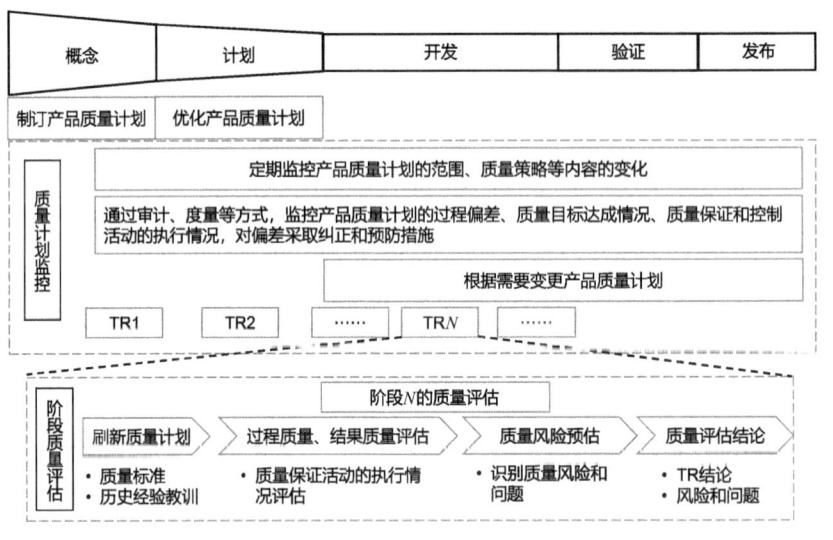

图 3-27 产品开发项目的质量管理框架

各业务部门的一把手是质量的第一责任人。在产品开发项目中，PDT 经理对产品质量计划的相关内容做出决策，批准产品质量计划及其变更，同时在 PDT 范围内落实产品质量计划及相关纠正与预防措施，保证产品质量计划的完成。PQA 负责组织产品质量计划和目标的制订、变更和评审工作，通过产品质量度量、阶段质量评估等活动，监控产品质量计划，对发现的产品质量计划执行偏差进行分析，给出对策建议，推动 PDT 解决。PDT 的核心代表负责落实产品质量计划对本功能领域或项目的相关要求，参与阶段点的质量评估，参与或负责产品质量计划执行偏差的分析，落实本功能领域的纠正与预防措施。

研发质量管理的有效运作，依赖于以下六个关键要素：

➢ 一套流程：通过 IPD 流程，将质量要求落实到产品开发的每个环节、每项活动中，并追求一次把事情做正确。

> 两种质量：既要关注结果质量，也要关注过程质量。过程质量如果不好，结果质量也无法保证。

> 三个角色：通过产品经理保证前端的需求质量，通过 SE 保证产品架构及设计的质量，通过 PQA 保证开发过程的质量。

> 四类活动：做好质量管理计划，利用好技术评审和决策评审，加强测试与验证，重大质量问题要回溯。

> 五类指标：通过关键交付件的缺陷密度、产品运行的可靠性、测试用例通过率、需求／设计／计划变更频率、过程规范符合度这五类指标牵引产品的质量管理。

> 六个技术评审和五个决策评审：在产品开发过程中设置从 TR1~TR6 的六个技术评审点，以及包括了立项决策评审、概念决策评审、计划决策评审、可获得性评审及生命周期结束评审在内的五个决策评审点，在流程中落实质量要求。

以前，我们总认为质量与成本是相互矛盾的，工作中老是想办法要找到它们之间的平衡点。但华为认为，一次把事情做对，总成本最低，正如克劳士比所说：质量是可以免费的。华为时任高级副总裁费敏曾在原华为大学高级管理研讨班的讲话中指出："沿着流程把质量搞好了，将海量简单重复的事日常都按要求一次性做好，不良率降低，不返工不窝工，效率是最高的，成本是最低的。"

提高新产品开发过程中的决策评审的质量，减少投资浪费，则是当今国内企业最值得投入的降成本措施。2006 年，徐直军在华为 PDT 经理成本高级研讨会上曾指出："提高投资决策质量才是最早、最大的降成本，……最关键的问题是，在一开始立项的时候就没想清楚，……造成 30% 以上的产品版本根本没有上市，30% 以上的单板开发出来没有投产，这 30% 产品本身的成本，再加上开发这些产品、版本和单板的机会成本，这个成本有多大？你们做 BOM 降成本，一年能降多少？肯定是小巫见大巫。"

第九节　业务导向的人力资源管理体系

核心人才梯队和有效的激励机制是 IPD 高效运作的有力保障，优秀的产品源自优秀的研发人才队伍。但是，人才不是华为的核心竞争力，对人才进行有效管理的能力才是华为的核心竞争力。华为对研发人才的培养和干部队伍的建设是在整个公司统一的人力资源管理体系下进行的，华为人力资源管理的基本目的，是建立一支庞大的拥有高素质、高境界和高度团结意识的队伍，以及创造一种自我激励、自我约束和促进优秀人才脱颖而出的机制，为公司的快速成长和高效运作提供保证。

《华为基本法》指出："认真负责和管理有效的员工是华为最大的财富。"IPD 体系下的人力资源管理子体系的构建就是要以企业核心价值观为基础，以业务战略为指引，聚焦 IPD 核心人才的管理和基于责任结果的绩效管理与激励机制的设计，管理好企业这一笔"最大的财富"。

IPD 核心人才的管理

产品创新与研发管理所需的五大 IPD 核心人才分别是：对产品全生命周期的市场及财务成功负责的 PDT 经理，对产品的市场竞争力负责的产品经理，对项目的成功交付负责的项目经理（包含各功能领域的 PDT 核心代表），为产品管理提供资源和能力的职能主管，对产品的技术竞争力负责的系统工程师（或技术专家）。如图 3-28 所示的 IPD 核心人才的管理框架包括了人才需求识别与规划、人才需求满足与实施、人才管理评估与持续改进几项。

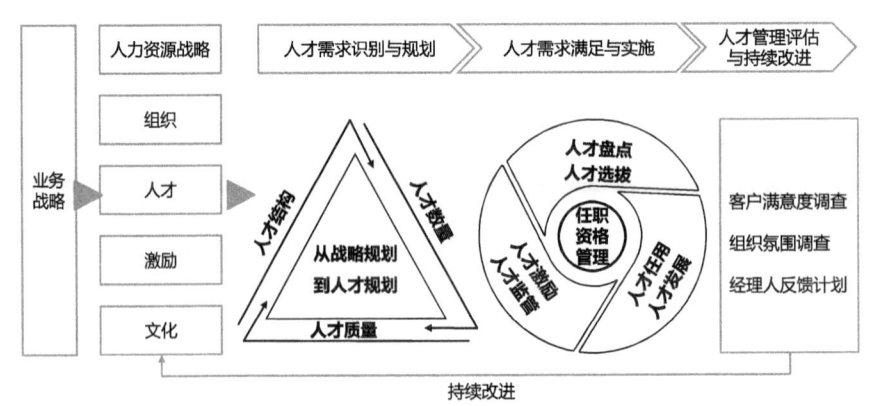

图 3-28　IPD 核心人才的管理框架

人才管理的变革与创新，以及人力资源战略的制定，要始终服务于业务战略的实现，并以客户和企业的价值创造为导向。2005年任正非在关于人力资源管理变革的指导意见中指出："人力资源管理变革的目的是冲锋，是要建立一个强有力的、英勇善战的、不畏艰难困苦的、能创造成功的战斗队列，而不是选拔一个英俊潇洒、健壮优美、动作灵活、整齐划一的体操队。我们不是为了好看，而是为了攻山头。我们的岗位责任、薪酬待遇，是要服务我们的业务发展的。"

在每年滚动进行的业务战略规划中，各业务单元都应将人才管理作为战略执行的关键要素，并将其提升到战略的高度进行统一规划。

◆ **人才管理现状分析**

√ 竞争对手的人力状况

√ 我司现有人力状况及布局

√ 为支撑业务战略，还需补充哪些关键人才和进行哪些能力储备？

◆ **管理干部（包括职能主管和业务主管）**

√ 关键岗位管理干部的领导力存在哪些明显的短板？

√ 现有中基层管理者的管理能力短板有哪些？如何提升？

◆ **业务骨干与专家**

√ 影响业务成功的专业能力短板有哪些？

√ 业务骨干与专家在数量、质量和结构上有何差距？

√ 如何引入"明白人"？如何激励和留住"明白人"？

人才规划的落地实施，离不开对人才的"选、育、用、留"这四板斧。对人才的选拔与任用，需要先梳理出各类人才的素质能力模型和任职资格标准。以在产品创新与研发管理中起"火车头"作用的产品经理为例，笔者提炼出了基于IPD的三级产品经理即产品助理（Product Assistant，PA）、产品经理（Product Manager，PM）、产品总监（Product Director，PD）在战略层、业务层、人际层和思维层四个层面的产品管理知识体系。如图3-29所示。

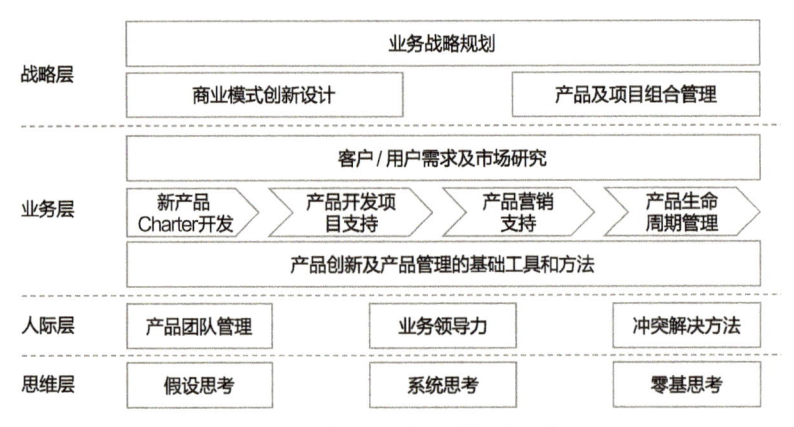

```
战略层  ┌─────────────────业务战略规划─────────────────┐
        │  商业模式创新设计              产品及项目组合管理  │
        ├──────────────────────────────────────────────┤
业务层  │        客户/用户需求及市场研究                │
        │  新产品    → 产品开发项 → 产品营销 → 产品生命   │
        │  Charter开发   目支持      支持      周期管理   │
        │        产品创新及产品管理的基础工具和方法        │
人际层  │  产品团队管理     业务领导力      冲突解决方法   │
思维层  │  假设思考         系统思考        零基思考       │
```

图 3-29　基于 IPD 的产品管理知识体系

对人才成长路径的设计，如图 3-30 所示，华为采用的是双金字塔体系，同时认为在金字塔的不同层级而不仅仅是塔尖均应有精英。因此，华为对人才发展敢于破除"三界"：炸开人才金字塔塔尖，打开组织边界；鼓励人才循环流动，跨越专业边界；以责任结果为导向，突破职位边界。

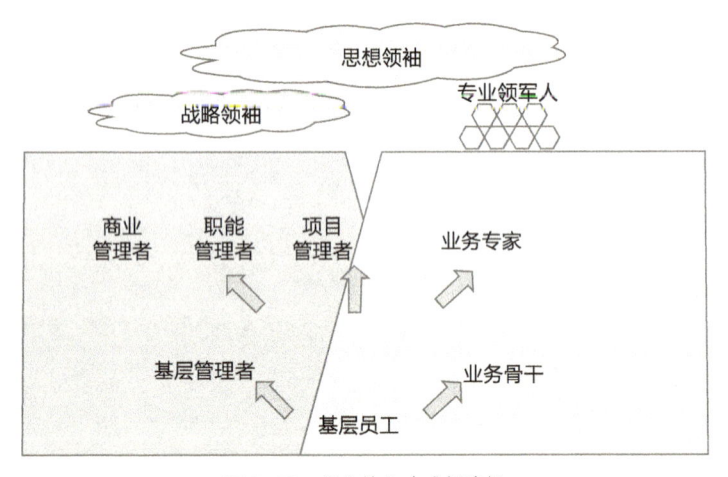

(图：华为的人才成长路径——双金字塔结构，左侧塔为管理线：基层员工→基层管理者→商业管理者/职能管理者/项目管理者→战略领袖；右侧塔为专业线：基层员工→业务骨干→业务专家→专业领军人；顶端为思想领袖)

图 3-30　华为的人才成长路径

华为主张构建多元、开放的人才结构，不求人才为我所有，但求人才为我所用。华为所认为的"人才"，既包括内部人才，也包括外部合作人才，要保持其金字塔的基本结构，也要勇于炸开金字塔的顶端，形成蜂窝状，以招揽人才。华为还学习美国航空母舰舰长的培养模式，建立人才循环流动机制，鼓励干部和专家走"之"字形成长路线，接受多个岗位的锻炼。如此成长起来的人才，当遇到问题时，才会更多地从全局考量，由端到端全流程地考虑解决问题。华为倡导责任结果导向，敢于破格提拔优秀人才，甚至给"连长"配上"少将军衔"。华为积极拓展优秀人才的成长空间，消除背景和资历的职位障碍，根据责任结果实事求是地确定员工职级，仅在 2018 年，华为就破格提拔了 6000 余人。

对人才的培养，华为也有许多优秀的实践经验值得去借鉴。

➢ 传帮带：由具备业务和管理经验的领导者去发展潜在的领导者，培养接班人成为领导者的职责之一。

➢ 在实践中学：仗怎么打，兵就怎么练，领导者走上讲台，讲实践中的鲜活案例。

➢ 结果导向：是不是人才，要用绩效事实来说话，不承认"茶壶里倒不出来的饺子"。

➢ 向一线倾斜：被培养是员工自我成长的要求，不是一项福利或任务，人才培养要向一线和艰苦地区倾斜。

责任结果导向的组织及个人绩效管理

2017 年，任正非在上海战略务虚会上讲道："一个公司取得成功有两个关键（因素），方向要大致正确，组织要充满活力。"方向即战略，绩效管理和激励机制的设计，则是为激活组织活力服务的，是企业驱动"全力创造价值、正确评价价值、合理分配价值"这一价值链良性循环的重要工具和方法。

绩效管理和激励机制的设计要以责任结果为导向。1998 年，任正非在基层员工价值评价体系项目汇报会上曾说："我们要以提高客户满意度为目标，建立以责任结果为导向的价值评价体系，而不再以能力为导向。企业是功利性组织，我们必须拿出让客户满意的商品。因此整个华为公司的价值评价体系，包括对中、高级干部的评价都要倒回来重新描述，一定要实行以责任结果为导向。"

绩效管理包括对组织绩效和个人绩效的管理。其中，组织绩效包括流程绩效、团队绩效以及由流程绩效和团队绩效分解而来的部门绩效。流程和团队的活动任务由不同的角色来承担，角色则由各部门设置的岗位来承接，角色和岗位的绩效便是个人绩效。必须先有组织绩效，然后才有个人绩效，因此，管理能力不足的中小型企业，笔者建议应将绩效管理的重心放在组织绩效上。绩效管理的体系框架如图 3-31 所示。

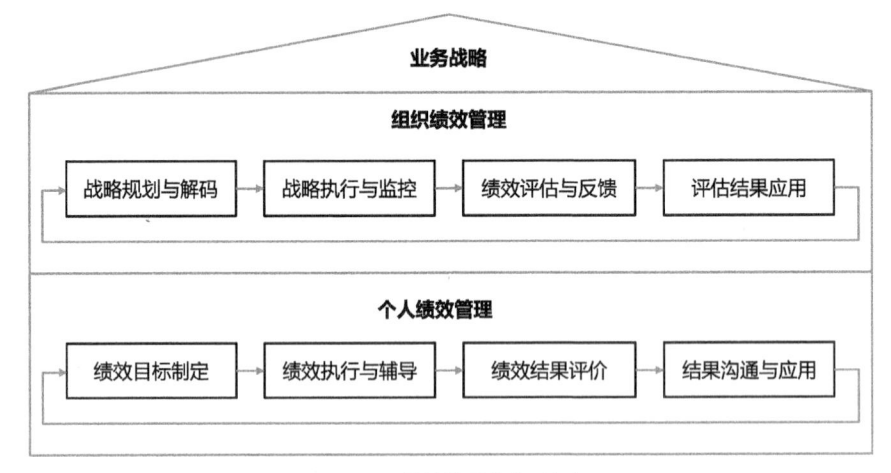

```
业务战略
  组织绩效管理
    战略规划与解码 → 战略执行与监控 → 绩效评估与反馈 → 评估结果应用
  个人绩效管理
    绩效目标制定 → 绩效执行与辅导 → 绩效结果评价 → 结果沟通与应用
```

图 3-31 绩效管理的体系框架

组织绩效关注由业务战略解码而来的 KPI 和重点工作，本组织应承担的流程绩效，以及本组织改善组织能力短板的重点工作。通过对组织绩效的管理，企业可以牵引各组织对业务战略目标达成一致，并促成业务战略落地和组织间的协同运作，识别和凸显出各组织在战略管理过程中的价值与贡献，发挥组织的最大潜力，促进组织绩效的持续改进。因此，组织绩效的管理，严格来说属于战略管理而非人力资源管理的范畴。

对组织绩效的考核，要以"核"为主，对照年初的组织绩效承诺书，核定各项考核指标的绩效得分。因此，这就要求组织级 KPI 的设定应客观且可量化。

组织级 KPI 的设定要重点关注如下的三类指标，既要"多打粮食"，也要"增加土壤肥力"：

➢ 生存能力指标：如销售收入、销售收入增长率、营业利润率、计划完成率、及时交付率、客户满意度等。

➢ 可持续发展指标：如新产品或新业务收入占比、市场份额增长率、TOP 客户占比、目标成本达成率等。

➢ 核心竞争力指标：如核心技术支撑的产品收入占比、产品平台支撑的产品收入占比、产品开发共享率、关键技术突破率、骨干员工离职率等。

组织级 KPI 的设定要与该组织所负责的业务或产品的实际发展阶段相匹配。以 PDT 为例，如果其所负责的产品处于成熟期，应重点考核销售收入、营业利润、目标成本达成率和产品故障率等指标；如果产品处于成长期，则应重点考核市场份额增长率、新产品收入占比、TOP 客户占比和及时交付率等指标；如果是实验型种子产品，则应重点考核费用预算执行偏差率、计划完成率、公共模块使用度（设计成本完成率）和核心技术的投入占比等指标。

在责任结果导向下，不同责任主体的组织，其考核指标也应不一样。一般来说，企业的组织可以分为直接负责收入、利润、回款等经营结果的作战单元；负责资源和能力建设，为作战单元提供炮火的作战平台；以及对作战单元和作战平台赋能并提供运营支持的管理平台。各责任主体的组织绩效参考指标如表 3-3 所示。

表 3-3　各责任主体的组织绩效参考指标

责任主体		考核指标（KPI）
作战单元	成熟区域	如市场份额、销售收入、客户满意度等
	新区域	如新产品收入占比、新客户收入占比等
	营销管理部	如项目中标率、存货、应收账款等
作战平台	产品开发	如产品销售收入、产品竞争力等
	技术开发	如 CBB 共享率，核心技术突破率等
	生产制造	如交付及时率、质量等
	采购	如库存周转率、原材料质量等
管理平台	人力	如人均产出、关键岗位人才培养等
	财务	如内部客户满意度、融资成本等

组织绩效考核结果的应用分组织层面和个人层面。组织层面的应用是作为战略复盘和差距分析的输入，影响组织奖金包的核算，以及本组织内部员工考评比例的分配。例如，优秀组织评"A"的比例可以由 10% 调整到 15%。个人层面的应用主要是影响组织主管本人的绩效考评结果以及其职位的调整。

企业的员工可分为作业类员工和目标责任制员工。作业类员工完成特定的标准化工作任务，个人绩效的考核方式是计件或计时。从事产品创新与研发工作的员工，都是目标责任制员工，他们通过流程以合作的方式来完成一项任务，尽管每个人的绩效作用是有限的，但是通过互动与协作，却可以取得1加1大于2的组织绩效。因此，IPD体系下个人绩效管理的目的就是要牵引员工在履行岗位职责的基础上，关注岗位与角色之间的灰色地带，适度跨界，做出超越岗位职责的努力。

个人绩效管理要导向"如何做大蛋糕"，而不是"如何切蛋糕"，否则就会造成组织内部员工之间的"内卷"，这也是许多企业绩效管理失败的关键因素之一。帮助微软走出因为没有抓住互联网和移动互联网时代的机会而陷入增长困境，但及时抓住了云时代机会的第三任CEO萨提亚·纳德拉，针对微软内部的"缺乏担当和相互指责"，将原来只强调个人成就的绩效考评转变为对如下三个维度的考评：

√ 你对团队、业务和客户做了哪些关键的个人贡献？
√ 你对他人或组织的成功贡献了什么？
√ 你借助了别人多少帮助让你的结果更好？

华为也学习微软，于2018年发布了关于优化个人绩效导向的决议，提出：在坚持责任结果导向的基础上，从强调单一的"个人有效产出"转变为"个人有效产出"加上"为客户创造价值"、"对他人产出的贡献"、"利用他人产出的贡献"。

如图3-32所示，华为新的个人绩效导向更加强调了主动担责和团队协作。华为甚至要求管理者和员工在观看电视连续剧《绝密543》后撰写"全营一杆枪"的心得，一把手写的心得如果不过关，则不能上岗。

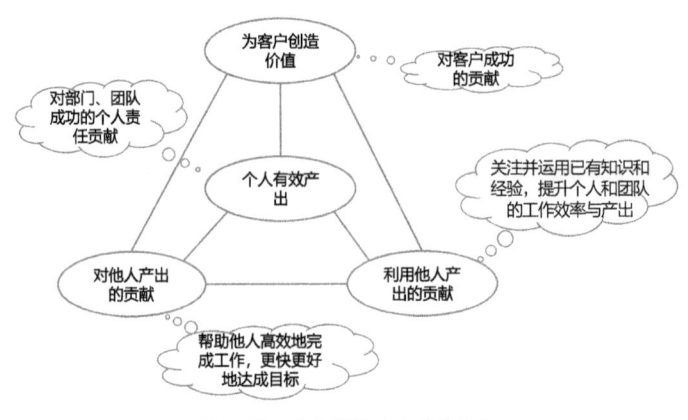

图3-32 华为新的个人绩效导向

许多企业将绩效考评等同于绩效管理，事实上，绩效考评应当只占整个绩效管理工作量的 10% 左右，绩效目标制定、绩效过程辅导才是绩效管理的重点。华为将个人绩效承诺（PBC）作为绩效管理的载体，它主要包括如下三部分的内容：

◆ 组织绩效目标

主要以 KPI 的形式表现。对管理者而言，组织绩效目标是指管理者本人所负责组织的绩效目标；对员工而言，组织绩效目标是指员工所在组织的绩效目标。

◆ 个人绩效目标

个人业务目标：强调个人而非组织的目标，体现个人在支撑组织绩效目标达成时所做的独特贡献。

人员管理目标（仅适用于管理者）：聚焦员工的"选、育、用、留"及组织氛围建设，通过分析组织绩效目标达成过程所面临的挑战，有针对性地设置目标。

◆ 个人能力提升计划

指为达成绩效目标，本人需要提升的能力或增加的业务经验及其相应的行动计划。但是，本部分的完成情况不作为绩效评价的内容。

目标责任制员工的绩效考评要以"考"为主，以"评"为辅，运用"考"、"评"相结合的方式。"考"是针对 PBC 中的定量部分，"评"的部分则包括三项内容：PBC 中的定性部分；未在 PBC 中明确，但依据员工的岗位职责及流程角色要求要完成的工作；超出其岗位职责，对他人和组织所做的努力。

目标责任制员工的绩效考评要采取相对考评，而非绝对考评的方式。绝对考评要求全面量化考核，而许多知识创造性工作是无法量化的，且量化后的衡量标准也很难达成一致，管理成本很高。因此，员工的绩效考评不会因为形式上的量化而变得客观，只要管理者有意愿也有能力，基于客观事实所做出的绩效判断，再经过管理团队的集体评议，基本上可以保证考评是客观的。

另外，现在 OKR 在绩效管理领域很时髦，笔者需要提醒大家的是，OKR 是个人绩效而非组织绩效的管理工具，别用错了地方。

多元化精准激励机制的设计

人性是复杂的，业务场景是多种多样的，所以对员工的激励方式也应当是多元化的。华为的多元化激励方式如图 3-33 所示。

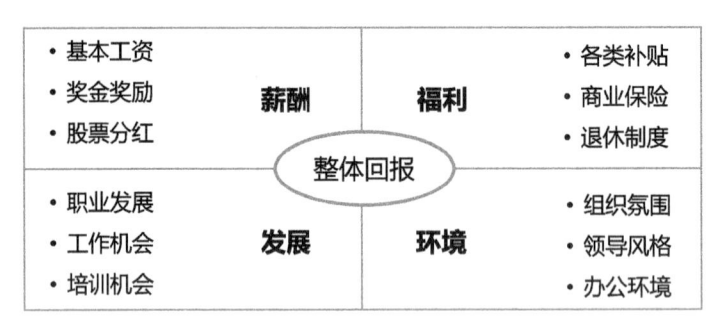

• 基本工资 • 奖金奖励 • 股票分红	**薪酬**	**福利**	• 各类补贴 • 商业保险 • 退休制度
	整体回报		
• 职业发展 • 工作机会 • 培训机会	**发展**	**环境**	• 组织氛围 • 领导风格 • 办公环境

图 3-33　华为的多元化激励方式

同时，对员工的激励也要求精准有效，例如，华为的激励政策中将"升官"和"发财"两种激励方式分开。假如你被派到一个公司已深耕多年、"土壤肥沃"的市场去，凭着前期的客户积累和公司的品牌影响力，你能够创造比较好的当期经济效益，因此你可以获得比较多的奖金。但是在这一市场上，你却很难有突破性、战略性的贡献，所以很难得到提拔。而如果你是被派去"洗盐碱地"或者"攻山头"，即便没有较好的当前经济效益，只要能够取得突破性进展，就能得到提拔，尽管当期的奖金少，但可以获得晋升和配股。华为的员工激励政策是依据当期的"粮食产量"定经济贡献的，依据对"土壤肥力的改造"定战略贡献的，前者可以获得奖金，后者可以得到提拔，两者兼顾，这正是多元化精准激励机制的体现。

多元化精准激励机制的设计要鼓励组织和员工做大增量，而不是躺在过去的存量上不思进取。以每年初都要做的各业务单元的总薪酬包的预算为例，假如去年预计收入是 1000 万元，按 20% 的比例来预算总薪酬包的话，则是 200 万元。如果今年预计收入能达到 1800 万元，则其中的 1000 万元是存量，要打 8 折，另外的 800 万元是增量，按 1.5 倍加杠杆，换算成 1200 万元，则总薪酬包是：(800 万元 + 1200 万元) × 20% = 400 万元，比按 1800 万元 × 20% = 360 万元，要多出 40 万元。

做大增量的途径既可以是多打粮食，即经营有增长或者管理有增效；也可以是增加"土壤肥力"，即业务有增值。经营有增长指的是销售收入、毛利额或净利润的增加；管理有增效指的是人均效益的提升或成本费用的下降；业务有增值指的是新业务、新产品或新客户的拓展以及组织能力的提升。

对各种激励的分配，可以在两种基本的分配机制上进行优化设计：评价分配制和获取分享制。评价分配制是事后的，自上而下的业绩评价和利益分配方式，多用于非经济利益的分配，如任职资格、干部晋升、学习机会等。获取分享制则指组织与个人的物质回报来自其创造的价值，作战部门从其直接创造的经营结果中获取利益，后台支撑部门通过为作战部门提供服务而分享利益。获取分享制是事前的，业务单元可实现自主管理、自我激励、自我约束，主要用于经济利益特别是奖金的分配。因为奖金是一种激励，既然是激励，就要鼓励和牵引员工拿得越多越好，而不是害怕给员工分多了。对奖金实行评价分配制，到年底才让员工知道可以分多少，此时员工的行为已经完成，奖金也就失去了激励的作用。如果年初就跟员工明确奖金分配规则，让员工用一年的时间去挣奖金，这样奖金才会真正发挥牵引和激励的作用。

多元化精准激励机制的设计还要利用好战略补贴和战略投入两种调节手段。战略补贴是一种业务拓展初期的帮扶机制，比如 PDT 团队在产品导入期没有产出的情形，战略补贴原则上要在度过特殊时期后偿还。而战略投入是公司在战略性关键任务和组织能力建设等增加"土壤肥力"上的资源投放，以确保战略任务有人干，战略项目有扶持。战略投入要单列管理，专款专用，独立核算，再穷也不能穷战略。

第十节　框架设计阶段的变革项目管理

在完成了新研发体系各模块的框架设计之后，整个 IPD 体系的变革内容就基本确定下来了，到了这里，变革项目团队就可以依据如图 3-34 所示的 IPD 变革项目的 WBS 分解结构，制订出详细的二、三级项目计划。

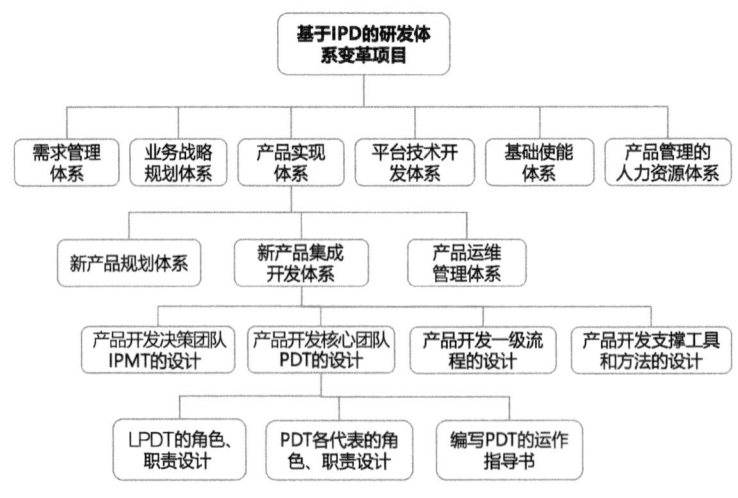

图 3-34 IPD 变革项目的 WBS 分解结构

在可能持续相当长时间的框架设计阶段，变革项目团队不要放松对变革紧迫感的重视。此时可以借助在上一步骤输出的调研诊断报告，对变革进行形式多样的宣贯，例如，向项目关键干系人分发调研诊断报告，针对调研报告中的问题或者解决方案开展专题辩论会，让各部门内部组织问题反思民主生活会，要求各级管理者通读调研报告后写心得体会，组织全员的 IPD 知识培训和考试。

完成了各模块的框架设计并制订出变革项目的二、三级详细计划之后，变革项目团队就可以为下一步各模块的详细设计做准备工作了。

（1）整理框架设计的相关资料，为下一步的详细设计做好准备，并刷新下一步骤的详细工作计划。

（2）提出新体系受限试点的初步计划，包括试点的内容和范围、试点小组的组成，为试点小组提前介入并参与试点内容的详细设计做准备。

（3）识别下一步骤的主要项目风险，刷新风险管理计划。

（4）识别下一步骤的主要沟通对象和沟通方式，刷新干系人沟通计划。

（5）为下一步工作会用到的工具和方法提供培训。

第四章
新体系各模块的详细设计

新研发体系的蓝图设计描绘了该体系的未来愿景及其实现路径，框架设计明确了实现路径上不同阶段新体系的粗粒度构成，详细设计的输出则是新体系各模块的执行细节及其可行性的保证。

第一节　详细设计阶段的关键活动总览

新研发体系的详细设计类似于新产品开发过程中硬件的 PCB 制图或软件的代码编写，主要工作是针对研发体系各模块的组织结构、流程体系、运作机制和工具方法进行操作层面的细化。此步骤是 IPD 变革管理六步法的第四步，其关键活动如图 4-1 所示。

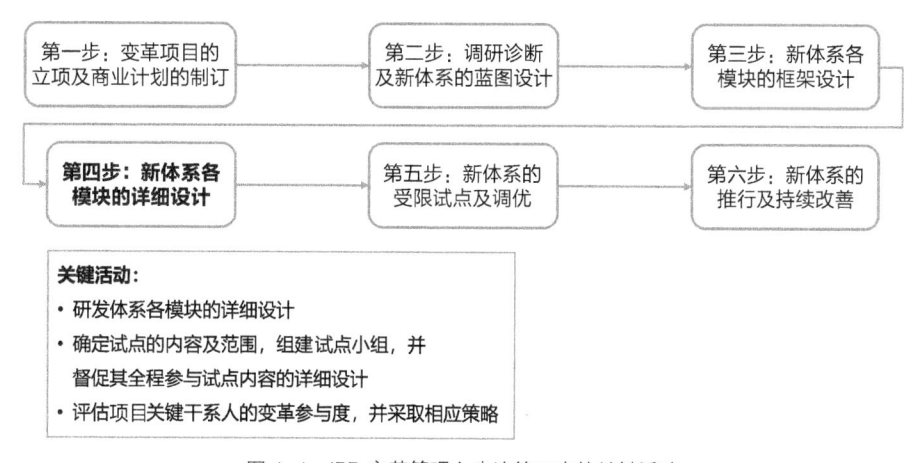

图 4-1　IPD 变革管理六步法第四步的关键活动

框架设计所遵循的四个设计原则对详细设计依然有用。同样，在详细设计阶段，各设计小组依然要坚持与业务部门主管及骨干一起开展共创式设计。另外，为了能更好地完成下一步的试点工作，在这一步就要提前确定试点的内容和范围，组建两个或三个试点小组，并督促其全程参与试点内容的详细设计。

第二节　管理体系各要素详细设计的概览

在进入正式的 IPD 体系各要素的详细设计之前，笔者认为有必要先厘清对与组织管理（研发管理的内容主要属于组织管理的范畴）相关的几个基础理论性的问题的理解，例如，组织是什么，管理是什么，管理体系又是什么，以及它们之间存在何种关系。社会心理学家库尔特·勒温认为：没有什么比一个好的理论更实用的了。人类在牛顿的 P = MV（P：动量，M：质量，V：速度）的动量理论指导下只能造出常规武器，却可以在爱因斯坦的 E =MC²（E：能量，M：质量，C：每秒 30 万公里的光速）的质能公式指导下造出核武器。厘清对与组织管理相关的几个基础理论性问题的理解，将有助于强化我们对研发管理问题的洞察力，并在面临管理体系设计及方案选择时能够快速达成共识。

对于组织，现代组织理论的奠基人切斯特·巴纳德在《经理人员的职能》一书中是这样定义的：组织是有意识地协调两个或两个以上的人的活动或力量的一种系统。巴纳德认为的组织是由人的协作活动组成的系统，类似于物理学的"磁场"，是一个看不见却可感知得到且在不断变化的"场"，而"人的集合体"不过是组织的现象形态而已。笔者对这一定义的理解是：组织是对人的活动及其相互关系按共同目标进行协调的一个社会系统（不是机械系统或有机系统），企业、业务单元、部门和项目组都是一种组织，组织的本质是一群有共同目标的人及其活动之间的"连接关系"。组织中的协作活动可以分为与"事"有关的业务活动和与"人"相关的决策活动。无论是业务活动还是决策活动，都无法靠单个人来完成，于是就出现了分工与整合的管理规则。横向的业务分工与整合靠业务流程来管理，纵向的决策分工与整合则靠组织结构来管理。

关于什么是管理，一众组织管理大师韦伯、巴纳德、西蒙以及德鲁克都没有给出一个明确的定义，只有德鲁克给管理打了一个比方："管理是组织的一种器官。"甚至都没说是哪一种器官。巴纳德则干脆将管理的定义落到了管理的职能上，并指出管理的对象是组织。笔者对管理的理解是：管理是按照某些规则帮助组织实现其共同目标（即价值创造）的一种职能，包括计划、组织、指挥、协调和控制等基本职能。管理的核心是"规则"，而管理体系就是有关对组织实施管理的所有规则的系统集成，它包括了业务流程、组织结构、组织运作机制及管理所需的大量工具和方法，其中组织运作机制又可分为自上而下的决策机制与横向跨部门的协同机制。管理体系的主要内容如图 4-2 所示。

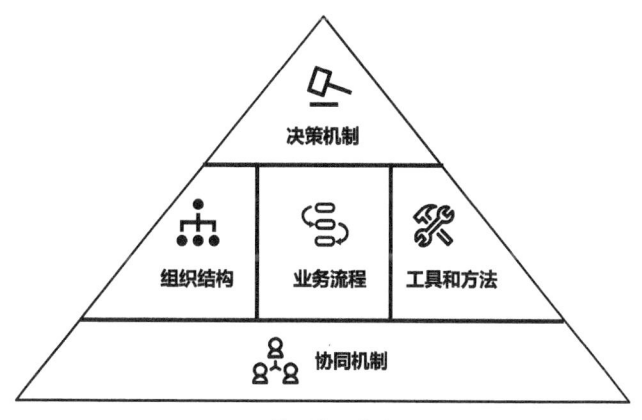

图 4-2　管理体系的主要内容

由上述对组织、管理和管理体系的理解可以看出，"人"是现象形态组织的构成要素，不是管理或管理体系的构成要素。管理的对象是组织，当然会涉及到对"人"的管理，只不过是通过人力资源管理体系的组织结构（如人力资源部）、业务流程（如招聘流程）、工具方法（如绩效管理）等规则而实施的管理。所以，在管理体系的设计中不包括与"人"直接相关的内容，如领导力、组织氛围和文化等。当然，笔者在此不是要否定"人"在组织运作中的作用，"在合作的人群当中，可见的事物是由不可见的事物推动的。塑造人们的目的的精神，是从'无'中产生的。"巴纳德这段话中的"无"是否正是本书前文所述 GAPMB 模型中的 A（心智模式）呢？我们无法对这个"无"实施管理，就只能退而求其次，在 P（政策规则）和 M（绩效衡量方式）层面构建管理体系了。理解了管理体系的构成要素，变革项目团队就可以将这些构成要素在设计时要遵循的主要目标和基本策略明确下来。当然，这些目标和策略同样可用于指导第三章所介绍的新研发体系各模块的框架设计。

以流程型矩阵式组织为目标的组织结构设计

组织结构决定了组织中的正式汇报关系，包括职权的层级和管理者的管理幅度，组织结构确定了将职位组合成部门、部门再组合成整个组织的方式。组织结构主要关注组织中纵向分工与整合的问题，而纵向分工与整合问题的本质是决策方式，因此，组织结构是围绕决策方式展开的，组织结构的调整就是从一种决策方式到另一种决策方式的转变。

IPD体系采用矩阵式组织结构，由横向的各种跨职能的业务团队与纵向的各功能领域的职能部门构成。许多人将横向的业务团队称为"虚拟团队"，这种称谓极易误导大家，以为它们在团队职责和权力分配上也是虚的，其运作的好坏对业务也不会产生实质上的影响。事实上，这些团队都是实体组织，是真正端到端对业务结果负责的团队。因此，为了消除上述误解，笔者更愿意将它们称为"重量级团队"。

流程型组织的概念现在很流行，但是对于什么才是真正的流程型组织，至今没有明确的定义和评价标准，在这一点上类似于什么是学习型组织的不明确。笔者认为流程型组织就是以客户为中心，沿着端到端的业务流程分配资源、划分责权，并对最终的客户满意度负责的组织。流程型组织不是用来"消灭"职能部门的，只要有专业化和分工，职能部门就有存在的必要。流程型组织与IPD的矩阵式组织也不冲突，矩阵式组织中的重量级团队就是具有业务决策权，可以从职能部门调配资源，端到端对流程绩效负责的组织。这种矩阵式组织与因项目而临时成立的跨部门运作项目组有着本质上的区别，后者是临时的弱矩阵，前者是固定的强矩阵。因此，IPD体系下的组织结构设计的最终目标就是要打造流程型矩阵式组织。

战略决定组织，如果业务战略决定本业务单元必须由销售导向、项目定制为主的研发模式，向市场导向、产品创新为主的研发模式转型，则业务单元的决策团队一定会将其管辖下的市场部（Marketing）及产品经理的地位凸显出来，甚至以他们为"火车头"驱动整个业务单元的运作。但是，方向只能大致正确，也就是说战略是动态变化的，这就要求组织必须保持足够的灵活性。因此，组织结构的设计不是一劳永逸的，一年一小变，三年一大变就成了组织的常态。

端到端的结构化业务流程设计

根据迈克尔·哈默的定义，业务流程是把一个或多个输入转化为对客户有价值的输出的活动。此定义着重强调了三点：流程是为客户创造价值而存在的；流程是一组相互关联的活动的集合；活动之间应该通过联动发挥协同效应。因此，组织在安排任何活动时，均应该以为客户创造价值为最终目标。活动的安排要考虑到该活动与上下游之间的关联性，也就是说，该活动应该进一步提升和巩固上游活动所创造的价值，并为下游活动的有效开展打下良好的基础，而非消减上游活动的价值，或为下游活动制造障碍。另外，组织在安排任何活动时，必须考虑整组活动的效用最大化，而非其中的某一个或者某几个活动的效用最大化。

流程处于管理体系的核心位置，向上承接高层意图和业务决策的执行，横向将管理体系中的组织结构、工具方法连接在一起。流程为客户创造价值，组织为流程提供资源保障，工具方法则提高了流程运作的质量和效率。

IPD体系的流程是结构化的流程，整个流程体系自上而下分为L0~L5六个层级。越是上层的流程越抽象、颗粒度越大，层级越往下就越具体、越复杂。例如，无论是线下门店还是线上商铺，抽象出来的高层级购物流程都是备货、陈列、选购、交易、运输和售后服务，而在低层级流程中，线上商铺变成了远程选购、在线交易和快递公司运输。实施结构化流程，既可以在高层级进行流程规范和复用，在各项目、各专业领域间保持一致，又可以在较低层级按具体的业务场景实施裁剪，保留充分的灵活度。

制度与流程是共生的。制度是一种行为标准，明确了什么该做，什么不该做；流程则明确了谁来做，怎么做。因此，制度是用来遵守的，流程是用来执行的。许多企业喜欢用制度来管理，规定好不该做的事情，谁违反了就要受到惩罚，这是"堵"的策略；流程型组织则会采用流程来管理，引导员工按流程行事，这是"疏导"的策略。有人上班，出工不出力，他遵守了制度，但并没有产生效益。因此，单凭制度无法保证产出，必须要依靠流程。

是先设计组织结构还是先设计业务流程呢？这一经典的"哈姆雷特之问"曾难倒过无数经验丰富的管理者。在钱德勒"战略决定结构，结构服务战略"的论断指引下，有人认为应先设计组织结构；而在哈默的流程再造思想影响下，有人认为应先设计业务流程。笔者认为，业务模式决定经营模式，经营模式决定管理模式。当业务战略规划所输出的业务模式需要做出重大转变时，优先要考虑的是自上而下的投资决策效率，管理体系的变革要从如何调整组织结构开始，例如，是否需要单独设立业务单元，责权利如何划分，风险如何管控等。当业务模式无须做出重大转变时，要优先考虑的则是横向跨部门运作效率的提升，管理体系的变革可以从优化流程开始，以客户为中心设计最佳流程，然后调整组织结构以适配流程。

责权清晰、协同高效的运作机制的设计

只有结构和流程，组织依然无法正常运转，必须建立起一套有效的运作机制才能保障组织的有序运转。运作机制的设计应重点关注自上而下与责权划分相关的决策机制，以及与跨部门或专业领域的横向协调相关的协同机制。

决策机制关系着业务战略的上传下达，决策的主体是业务单元各层级的管理层，决策的目的是要让研发管理体系的运作服务于业务单元的业务战略目标。决策机制不是独立于组织结构和业务流程之外的，而是嵌入其中的。管理体系在业务流程上会设置许多关键节点，如新产品集成开发流程中的 DCP 决策评审点和 TR 技术评审点，使与之相关的管理人员能够高效获知执行层的阶段性成果。同时，也可以根据业务战略目标和商业计划，发现潜在风险并及时更正，对下一阶段的工作做出指导，对执行方案做出决策。

通过决策机制，管理层和执行层的责权界面变得更加清晰。决策机制明确规定了各决策点对阶段性成果的质量要求和管理层的决策标准，在决策时间点之外，执行层被充分授权，可积极发挥主观能动性，专注于高质量阶段性成果的工作而不会被过度干扰。

决策机制的背后是权力的分配与管控。权力分配的基本原则是责权要对等，"让听得见炮声的人来呼唤炮火"。但是，谁呼唤了炮火，谁就要承担呼唤的责任和炮火的成本。

与决策机制不同，协同机制负责横向的组织协调。即使是设计出了完美匹配业务需要的流程，如果缺乏合理的协同机制，组织运作依然是低效的。缺乏协同机制的组织管理层会把大量的时间和精力消耗在基层、低级问题的解决上。同时，那些本可以现场解决问题的基层执行人员既没责任，也无权力为结果负责，他们感觉自己不过是个干活的小卒或传递信息的邮差而已。各部门的经理们则经常是各执一词、争执不休，让跨部门的

问题久悬不决。

协同机制包括了流程节点之间、部门之间以及业务领域之间的正式或非正式的沟通协调机制、工作输入与输出的评估标准、问题及冲突的升级处理机制等。当然，要最终形成类似华为"力出一孔"及"胜则举杯相庆，败则拼死相救"的协同文化，还需要组织设置、绩效激励、干部选拔等方面的配合。比如将职能部门重新定位为向一线作战单元提供炮火的资源和能力中心，个人绩效要考核"你对他人或组织的成功贡献了什么"，干部要任用那些具有全局观、团队精神和合作意识的管理人才。

管理工具和方法的集成与优化

管理工具和方法是业务流程的重要支撑，它为业务流程在不同层级及各阶段提供"为什么要这样做"、"做什么"以及"怎么做"的支持，是业务流程在实践中的具体工作方法、应用指导及经验沉淀，因此也是管理体系的重要组成部分。

例如，业务战略规划体系，除了要成立负责业务战略规划的重量级团队 IPMT 并建立业务战略规划流程，还要考虑用什么工具、模板和方法来支持具体的业务战略规划过程。早期的 IPD 体系是用 MM（市场管理）工具来指导业务战略规划的，其侧重于产品和技术创新的规划，后来用 BLM（业务领先模型）取代了 MM，侧重于业务模式的创新设计。尽管笔者一再提倡管理要回归常识，不要迷恋于追求各种新潮的工具和方法，但也不得不承认，通过对大量优秀管理工具和方法的集成与优化，可以极大地促进管理效率和质量的提升，管理工具和方法对管理体系的作用不容小觑。事实上，IPD 体系为产品创新和研发管理集成了大量经过实践证明了的实用工具和方法，包括各种应用工具、工作方法、文档模板和 IT 信息处理系统。BLM 和 MM 都是工作方法，$APPEALS 是需求分析工具，PLM 是产品生命周期管理的 IT 系统，文档模板则是对过往实践经验的总结和固化，都是企业重要的知识积淀。

工具和方法与业务流程的区别在于，业务流程明确了每个步骤需要输出的结果和验收标准，工具和方法则定义了如何按验收标准输出结果。不同的组织可能有不同的业务流程，却在运用相同或相似的工具和方法。业务流程被制定出来后要严格执行，工具和方法可以因人因事而异。IPD 体系各模块的主要管理工具和方法在第三章的框架设计阶段已有较多的介绍，各种工具和方法的详细应用请大家参阅其他工具类书籍。本章接下来将以新产品集成开发体系（小 IPD）为例，重点阐述如何开展对组织结构、业务流程和运作机制的详细设计。

第三节　IPD 流程体系的架构与结构化设计

管理的目的是从端到端以最简单、最有效的方式实现流程贯通。这个端到端，就是从客户的需求端来，到准确及时地满足客户的需求端去。这个端到端必须非常快捷，非常有效，中间没有"水库"，流动顺畅。

一般来说，企业流程绩效的改善有流程再造、主干优化和执行改进三种形式，如表 4-1 所示。

表 4-1　企业流程绩效改善的三种形式

改善类型	改善内容	影响范围	典型示例
流程再造	业务模式及企业价值链的重构	顶层业务架构及流程架构、责权关系	由战略调整引起的研发体系变革
主干优化	高阶主干流程的局部优化	工作方式、局部的组织结构和责权关系	建立市场部主导的产品规划流程
执行改进	流程具体执行细节的调整	流程节点的增减、工作方式的调整	在产品开发完成后增加联调测试

许多企业将 IPD 体系简单视为一套新的研发流程体系，于是导入 IPD 的工作自然就成了流程部门负责的，对研发主干流程进行优化的项目，这正是此类 IPD 变革项目失败的主要原因之一。事实上，IPD 变革的过程也是业务流程再造的过程，IPD 体系八个模块都会涉及到业务流程的重构。因此，变革项目团队在详细设计各模块的业务流程之前，必须针对 IPD 体系中的流程管理体系（简称流程体系）进行流程架构设计。

IPD 体系的流程架构设计

流程架构这一概念源自企业架构 EA（Enterprise Architecture）。企业架构就是对企业的各种构成要素及其相互关系的模型化、结构化描述，主要用于管理活动的分析策划和 IT 信息处理系统的开发。企业架构包括上层的业务架构和底层的 IT 架构，IT 架构又包括应用架构、技术架构和数据架构，业务架构主要是对企业要干什么（业务功能）、谁来干（组织结构）以及怎么干（业务流程）的模型化、结构化描述。许多企业会借助 APQC 的业务架构图或波特的价值链图来描述企业的业务架构。业务架构可以是展示企业完整的业务结构，也可以是展示部分的业务功能，如图 2-16 所示的 IPD 体系的总体框架就是企业内产品创新与研发管理的业务架构。

流程架构则是业务架构中的业务流程按价值属性进行的分类和主干流程间接口关系的确定，因此流程架构属于业务架构，也有人将其称为业务流程架构。类似于组织结构图，流程框架图是对各业务主干流程在企业价值链中价值属性的可视化描述。图 4-3 展示的就是华为公司的流程框架图。

图 4-3 华为公司的流程框架图

此框架将公司的 16 个主干流程按其在价值创造活动中的价值属性分成了运营流程、使能流程和支撑流程。

- 运营流程：客户价值创造流程，端到端地定义为完成对客户的价值交付所需的业务活动，并向其他流程提出需求。

- 使能流程：响应运营流程的需求，以支撑运营流程的价值实现。
- 支撑流程：基础管理流程，为使公司能够持续高效、低风险地运作而存在。

流程框架图只展示了主干流程的价值属性定位，流程间的接口关系还需要借助流程视图，如图 4-4 就展示了 IPD 流程体系内部及其与其他运营类流程的主要接口关系。

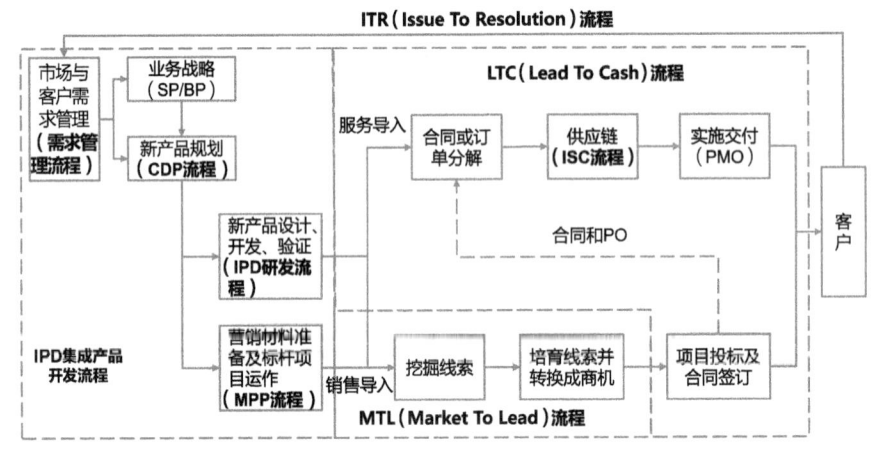

图 4-4　IPD 流程及其与其他运营流程的主要接口关系

流程架构是业务战略与业务实现之间的桥梁，向上将业务架构的核心领域与核心要素进行分解细化，向下以运营流程为主线，以使能流程和支撑流程为辅助，将物质流、信息流、资金流等通过流程架构有机融合，清晰描述各业务之间相互作用的关系结构。流程架构可用于指导流程管理问题的梳理和诊断，聚焦流程改善的重点。流程架构也可用于指导组织结构的设计，用流程架构和主干流程先定义"干什么"，再定义"由谁干"，这是流程型组织设计的基本方法。流程架构还是 IT 架构设计的重要输入，是业务架构与 IT 架构之间的桥梁。

IPD 体系的结构化流程设计

IPD 体系的流程架构是结构化的架构。所谓结构化，就是将相互关联的事物（如思维、知识、流程等）以一种框架结构（如树形结构、矩阵结构、分层结构等）进行组织的方式。

结构化的流程架构除了上述水平层面横向的分组分类，还有纵向的分层分级，越是上层的流程越抽象，颗粒度越大，层级越往下就越具体、越复杂。IPD 流程无法被遵从和落实的一个重要原因，正是没有做好纵向的结构化设计。没有划分出层级或层级划分不恰当的流程会过于粗略，虽然有利于高层把握过程全局，却不便于执行层的日常操作。相反，过于细致的流程虽然方便了基层员工依照流程行事，却不利于跨部门或跨功能领域之间的协同。因此，比较好的做法是将流程划分出层级，进行分层分级管理，并为不同层级的流程指定流程 owner（流程责任人）。如图 4-5 所示，业务流程架构中的每一个主干流程在纵向上都可分为 L1~L5 五个层级。

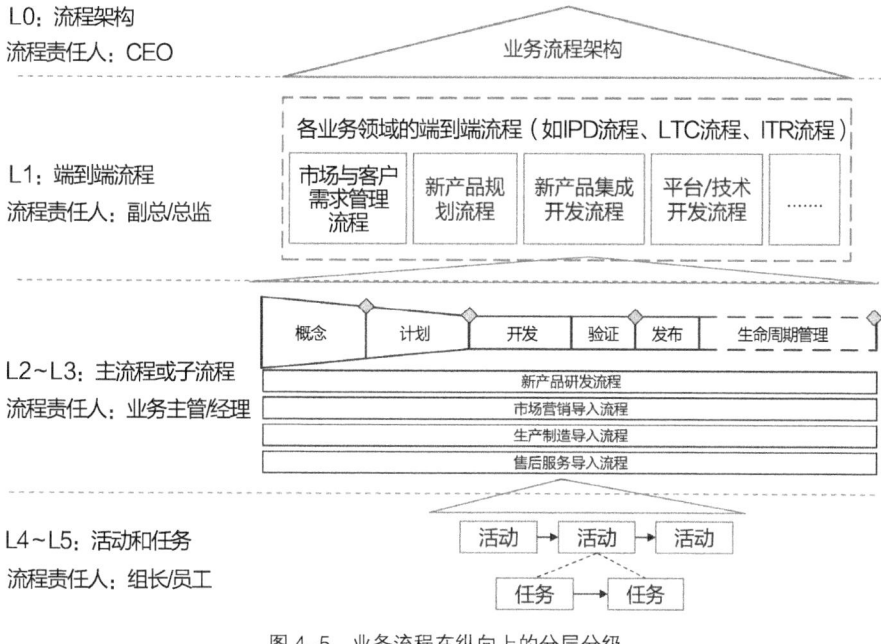

L0：流程架构
流程责任人：CEO

L1：端到端流程
流程责任人：副总/总监

L2~L3：主流程或子流程
流程责任人：业务主管/经理

L4~L5：活动和任务
流程责任人：组长/员工

图 4-5　业务流程在纵向上的分层分级

L0 描述了企业整体的业务流程框架。L1 是 L0 中某个业务领域端到端的价值创造流程，如 IPD、LTC、ITR 等流程，是企业的主干流程。L2 是 L1 的主干流程按功能模块划分出来的主流程或者子流程，主流程如新产品集成开发流程，子流程如新产品研发流程、生产制造导入流程等。

笔者在此需要强调一点的是，主流程与子流程是水平层面的不同分类，不是纵向层面的不同层级，新产品研发流程、生产制造导入流程等是新产品集成开发流程在研发、制造等功能领域的支撑流程，不是它的下一级流程，它们是业务流程与功能流程的关系。

L3 是 L2 的主流程或子流程按阶段或步骤划分出来的阶段流程，如新产品集成开发流程可以按概念、计划、开发、验证和发布划分出各阶段的流程，相应地，新产品研发子流程也可以划分出上述的五个阶段流程。L4~L5 则分别是对上一层阶段或步骤流程中的具体活动和任务的描述。

本质上，L0~L1 是对企业与部分业务领域的业务流程架构的描述，L2~L5 才真正涉及到流程。因此，有些资料和书籍是从 L2 开始定义流程层级的，称 L2 为一级流程，再往下依次为二、三级流程。在新产品集成开发流程中，一级流程也称为面向决策评审的流程，它描述产品开发过程中营销、研发、采购、制造、质量等角色在概念、计划、开发、验证和发布的各个阶段如何交付满足阶段性决策评审要求的工作成果，主要解决跨部门、跨业务领域的协同关系，执行主体为 PDT，监控主体为 IPMT。

二级流程也称为面向阶段或步骤的流程（对应图 4-5 中的 L3），包括五个阶段流程。它关注在一级流程的指导下，营销、研发等在各阶段内如何按步骤完成阶段性成果的交付，如开发阶段的步骤有硬件详细设计、开发和测试，软件详细设计、开发和测试，系统验证测试，集成测试等，主要解决各专业领域内部的协同，执行主体是以 PDT 团队中的各代表任项目经理的子项目组，监控主体是 PDT 经理。

三级流程也称为面向功能模块的流程（对应图 4-5 中的 L4~L5），主要用于指导子项目组中各功能模块的开发小组或个人，如何按照操作指南和工作模板执行由步骤分解出来的活动和任务，如上述"软件详细设计、开发和测试"步骤可分解出软件详细设计、软件代码编写、单元测试等活动和任务。三级流程包括软硬件开发流程、决策评审流程、技术评审流程、质量管理流程等。

在新产品集成开发流程中，一级流程中的五个阶段对所有项目都是一样的，二级流程中各种步骤的定义对所有项目也是一致的，只是有些项目可能会裁剪掉一些步骤而已。实施结构化流程，既可以在高层级进行流程规范和复用，在各项目、各专业领域间保持一致，又可以在较低层级按具体的业务场景自行裁剪，保留充分的灵活性。当然，流程的结构化程度要视具体的业务场景而定，没有结构化，各项目自行定义，容易引起混乱；过度结构化，则会约束过多、过细，缺乏灵活性。

IPD 体系的四个核心流程

依据图 2-16 所示的 IPD 体系的总体框架（研发体系业务架构），我们可以梳理出 IPD 体系最核心的四个流程：需求管理流程、业务战略规划流程、新产品规划流程和新产品集成开发流程，如图 4-6 所示。

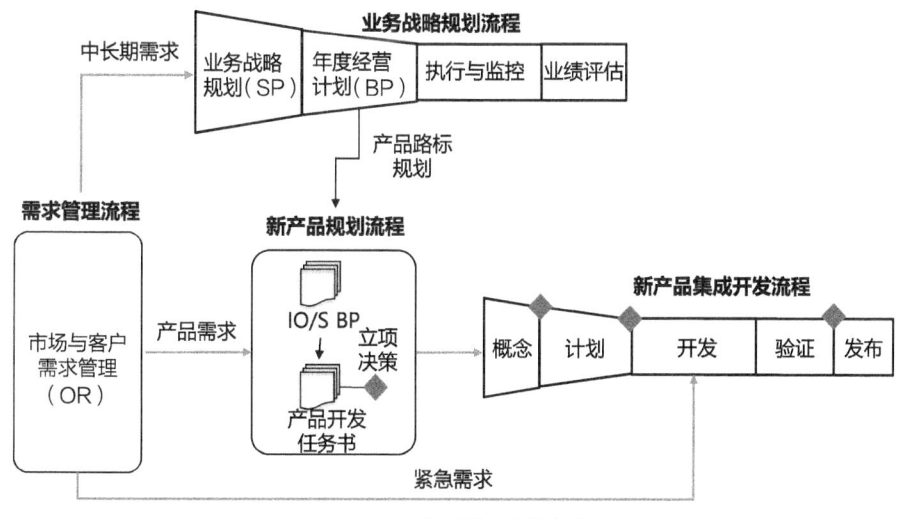

图 4-6　IPD 体系的四个核心流程

需求管理流程聚焦市场和客户需求的挖掘与分析，确保开发出来的产品或解决方案是满足客户需求的。业务战略规划流程针对中长期市场和客户需求的变化趋势来选择正确的市场机会，设计创新的业务模式（经营模式），并输出产品实现的路标规划。新产品规划流程则按照产品路标规划，有节奏地启动新产品的立项策划，并对新产品的市场竞争力负责。新产品集成开发流程则确保产品开发团队按流程正确地做事，使产品开发过程规范、高效且质量有保障。四大流程充分体现了 IPD 体系以市场为导向、客户需求驱动并将产品开发视为投资行为的核心思想。接下来，笔者将以新产品集成开发的一、二级流程为例，阐述 IPD 业务流程详细设计的主要内容。

第四节　新产品集成开发流程及其详细设计

新产品集成开发体系（俗称小 IPD）是许多人初识 IPD 时获得的第一印象，特别是分阶段的投资决策评审和异步并行的产品开发流程，让人推崇有加。如图 3-14 所示，新产品集成开发的一级流程被分为概念、计划、开发、验证、发布五个阶段，含有概念决策评审、计划决策评审和可获得性评审三个投资决策评审点，以及产品需求评审、系统规格评审、概要设计评审、详细设计评审、设计定型评审、生产定型评审六个技术评审点。一级流程主要用于决策层 IPMT 进行阶段评审和资源投入，并帮助项目（群）经理 LPDT 对新产品集成开发项目（群）进行整体管理。

新产品集成开发的一级流程通常会用一张如图 4-7 所示的总览图，勾画出产品开发过程中的各个阶段及各阶段的主要步骤，并呈现不同步骤之间的异步并行关系，以便于所有新产品集成开发项目的干系人能够理解开发过程中的每个步骤及其相互配合关系。

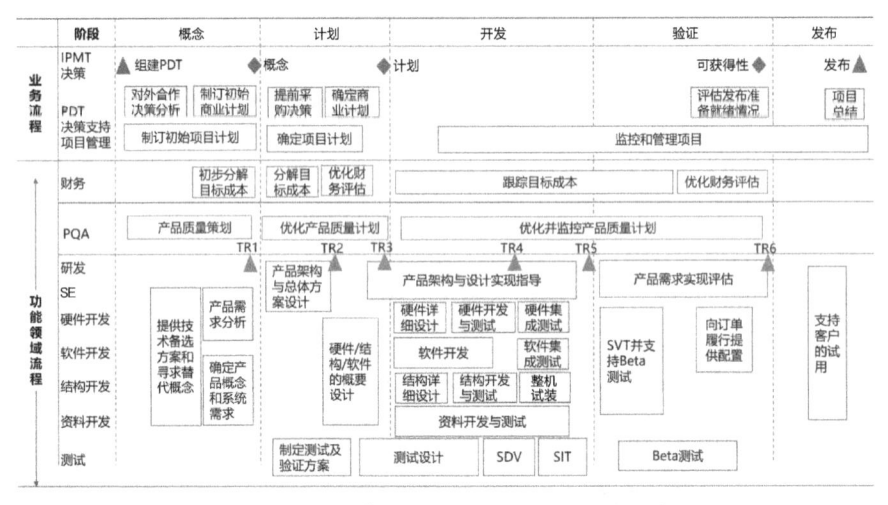

图 4-7　新产品集成开发一级流程总览图（部分）

图 4-7 所示的总览图也叫袖珍卡，在华为的流程管理中经常会用到各种袖珍卡，如解决方案开发流程袖珍卡、技术平台开发流程袖珍卡、项目管理流程袖珍卡、营销规划流程袖珍卡等。正如笔者在上一节所强调的那样，图 4-7 所展示的新产品集成开发的一级流程既包括了业务流程（主流程），也包括了各功能领域的支撑流程（子流程），也就是说支撑流程（子

流程）跟业务流程（主流程）一样是分三个层级的。

下面我们从二级流程的角度来设计新产品集成开发各阶段应该完成的主要活动及 PDT 团队中各核心代表的工作职责。

概念阶段：完善产品需求，并制订初始的项目计划和商业计划

概念阶段是由业务单元的 IPMT 发布新产品开发项目任务书而触发的，项目任务书主要包括如下几项内容：

◆ 项目概述
➢ 项目名称及编号。
➢ 产品简介。
➢ 本项目要开发的主要产品特性。
➢ 本项目要交付的主要客户。

◆ 市场及竞争环境
➢ 主要的目标细分市场。
➢ 产品的竞争优势和主要卖点。
➢ 市场销售策略。

◆ 产品及本项目的目标
➢ 产品战略目标。
➢ 本项目的主要财务目标。

◆ 产品路标及本项目的里程碑
➢ 产品族路标规划。
➢ 本项目的重要里程碑。

◆ 产品开发
➢ 开发团队的核心成员。
➢ 主要的产品和技术开发策略。

◆ 本项目的其他要求
➢ 法律法规的遵从。

◆ 本项目的主要风险

IPMT 批准由 CDT 通过新产品规划流程制定的项目任务书，来定义新产品开发项目的目标、目标细分市场、竞争情况、概要描述以及质量目标。项目任务书的目的是提供制订新产品的商业计划所需的、简明的高层方向指导。项目任务书里还确定了 PDT 经理及 PDT 的核心组成员。

概念阶段的两个目的分别是：保证 PDT 根据项目任务书尽可能完整、详细地确定产品的需求（包括功能性和非功能性需求）和备选概念（可能的设计解决方案）；对产品机会的总体吸引力以及各功能领域的执行策略做出快速评估，并更新到新产品的初始商业计划（IO/S BP）中。

概念阶段的主要活动如图 4-8 所示。

角色	概念阶段的主要活动		
PDT经理	组建PDT核心组	制订初始的端到端项目计划	输出初始的商业计划
PQA		制订质量管理计划	
SE 开发代表	需求分析		选择产品概念及技术方案
		概要工业设计	
测试代表	确定可测试性需求		制定测试策略
制造代表	确定可制造性需求		制定制造策略
			供应商分析
服务代表	确定可服务性需求		
市场代表		制订初始市场计划	支持收入和销量预测
财务代表			初步的财务评估

图 4-8 概念阶段的主要活动

尽管新产品的外部市场及客户需求在新产品规划（即 Charter 开发）阶段已基本完成，但产品需求还应包括可测试性、可制造性、可服务性等企业内部需求。因此，概念阶段一开始，市场代表、制造代表、测试代表和服务代表等角色就应参与进来。市场代表负责进一步收集、完善市场和客户的需求，其他代表则主要收集相应领域的内部需求。

开发代表和系统工程师（SE）负责产品需求分析，重点关注需求完备性，以及产品概念是否最佳，产品卖点相对竞品是否具有更强的差异化特征。分析的内容可能包括特性分析、系统需求分析、备选概念分析、内部需求分析、知识产权分析、原型分析等。产品概念和卖点适合用图形和模型进行描述，工业设计工程师和结构工程师应相互合作，通过概要工业设计对产品进行外观和人机界面的设计，将产品概念和卖点细化成软硬件的概要设计需求，并形成一套整体设计解决方案。在此基础上，系统工程师和开发代表就可以构思和选择产品的技术实现方案了。

有了产品概念和技术方案，新产品的主要功能和技术特征就基本确定了，PDT 的其他核心代表就可以从各自的业务角度开展策略分析和评估工作了。例如，制造代表可以制定初步的制造策略，包括产品的生产规模、关键生产设计、是否外发加工等。财务代表可以进行初始的财务评估，包括定价与目标成本分析，根据目标价格以及对产品毛利率的要求，财务代表在 PDT 经理及系统工程师的协助下，设计出产品的目标成本。

在概念阶段，PDT 经理要组织制订初始的新产品商业计划和端到端的项目计划。商业计划是对新产品以及将要开拓的市场进行简明论述，对营销、研发、采购、制造和服务等业务领域的关键取舍进行分析，并基于分析提出建议。根据分析、建议以及本业务单元的战略目标，IPMT 会做出继续、终止或改变方向的决策。新产品的商业计划主要包括如下内容：

◆ 产品综述
➢ 产品概要。
➢ 市场机遇。
➢ 产品路标及与其他产品的关系。

◆ 市场分析与市场策略
➢ 市场概况及竞争分析。
➢ 目标细分市场。
➢ 市场策略。

◆ 产品概述
➢ 目前我司产品及市场销售情况。
➢ 产品特性及优先级定义。
➢ 产品需求分析。
➢ 公司内部需求分析。
➢ 技术需求和对策。

◆ 市场计划
➢ 生命周期内的目标销售收入。

- ➢ 各销售渠道的营销计划。
- ➢ 各渠道的营销所需的资源。
- ➢ 行业及市场准入需求及计划。

◆ 生产和供货计划

- ➢ 制造策略。
- ➢ 生产测试概述。
- ➢ 关键产品成本跟踪。
- ➢ 所需的新的制造技术与流程。

◆ 采购策略与计划

◆ 客户服务策略

◆ 项目进度及资源

- ➢ 项目进度概要。
- ➢ 到下一阶段决策评审的计划。
- ➢ 建议的PDT组织结构及成员。
- ➢ 人员总体需求。
- ➢ 预算及分配。

◆ 风险评估和风险管理

◆ 财务概述

- ➢ 产品投入。
- ➢ 产品销售收入预测。
- ➢ 产品生产制造成本预测。
- ➢ 期间费用。
- ➢ 收益分析。

◆ 外部建议

- ➢ 选择方案及建议。
- ➢ 项目变化范围。

计划阶段：完成两个设计并确定两份计划

计划阶段之所以被称为"计划"（Plan），不只是因为该阶段要确定最终的端到端项目计划，更是因为在该阶段PDT要完成商业计划的细化和完善，并最终通过 IPMT 的决策评审。商业计划是 PDT 向 IPMT 所做的绩效承诺，是 IPMT 在后续各阶段做决策评审，并对 PDT 进行绩效评价的重要依据。

计划阶段的主要活动如图 4-9 所示。

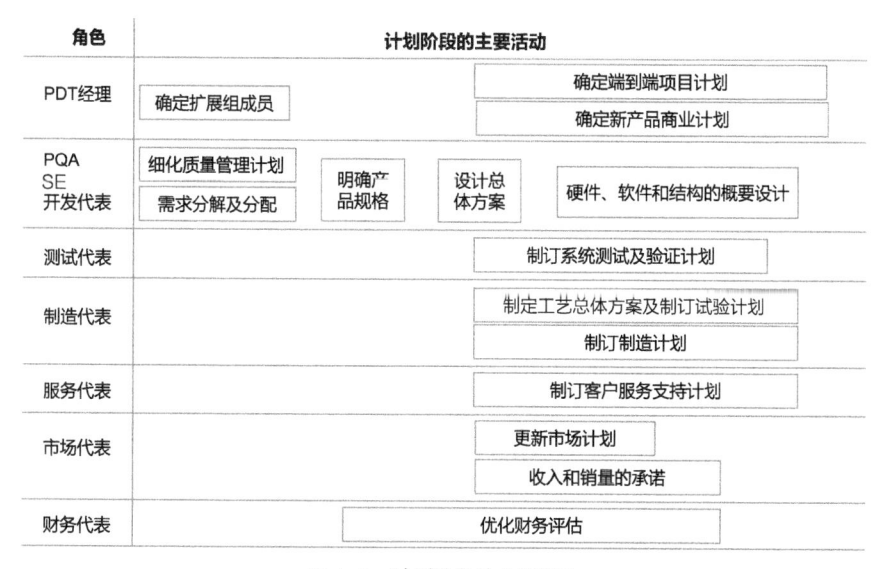

角色	计划阶段的主要活动
PDT经理	确定扩展组成员；确定端到端项目计划；确定新产品商业计划
PQA SE 开发代表	细化质量管理计划；明确产品规格；设计总体方案；硬件、软件和结构的概要设计；需求分解及分配
测试代表	制订系统测试及验证计划
制造代表	制定工艺总体方案及制订试验计划；制订制造计划
服务代表	制订客户服务支持计划
市场代表	更新市场计划；收入和销量的承诺
财务代表	优化财务评估

图 4-9　计划阶段的主要活动

系统工程师（SE）和开发代表在 PDT 经理和 PQA 的协助下，依据概念阶段确定的技术方案，将产品需求分解并分配给硬件、软件和结构等子系统，并确定产品规格。所谓规格，即产品在功能和性能方面应满足的指标。有了技术方案和需求分解与分配的结果，以及产品规格，就可以进行产品总体方案的设计了。总体方案包括系统架构、各子系统及子系统间的接口标准等。以产品总体方案为输入，硬件、软件和结构等领域的技术专家就可以分别对硬件、软件和结构等子系统进行概要设计了。

总体方案设计和概要设计就是 PDT 团队在计划阶段要完成的两个设计任务，完成了这两个设计，产品在开发、测试、采购、制造、服务等领域的工作内容就基本确定了。于是，PDT 的各核心代表就可以针对概念阶段的各项业务策略，制订本业务领域的详细计划，包括业务方案、任务分配、人员需求及进度计划等。

完成了上述比概念阶段更详细的产品设计和各业务领域的工作计划，

PDT 经理就可以做出更准确的资源估算和风险评估，并据此细化端到端的项目计划及商业计划，这两份计划通过 IPMT 的评审后形成最终稿。

开发阶段：开发和测试工程师最忙碌的时期

成功通过计划阶段的决策评审，标志着开发阶段的开始。到现在，概要设计工作已经完成，并确定了产品在技术上的可行性，开发阶段则需要开展产品的详细设计、开发与功能测试等工作。

开发阶段的主要活动如图 4-10 所示。

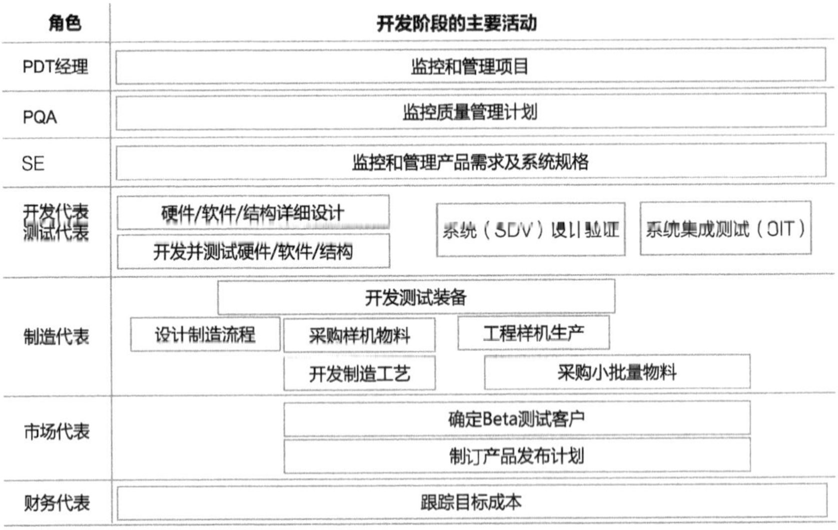

角色	开发阶段的主要活动
PDT经理	监控和管理项目
PQA	监控质量管理计划
SE	监控和管理产品需求及系统规格
开发代表/测试代表	硬件/软件/结构详细设计；开发并测试硬件/软件/结构；系统（SDV）设计验证；系统集成测试（SIT）
制造代表	设计制造流程；开发测试装备；采购样机物料；工程样机生产；开发制造工艺；采购小批量物料
市场代表	确定Beta测试客户；制订产品发布计划
财务代表	跟踪目标成本

图 4-10 开发阶段的主要活动

在开发阶段，PDT 的各个外围组将全部完成组建，开发代表将组织研发工程师完成产品软硬件和结构的详细设计，包括制定详细设计方案、画设计图纸、编写软件代码等。在此期间，测试代表与测试工程师则会并行开展模块功能的验证工作。之后，会进行系统设计验证（SDV）与系统集成测试（SIT）。开发代表运用前文所述的 RDPM 方法有效管理新产品研发子项目是此阶段成功的关键。

制造代表及其外围组在开发阶段的主要任务，是为新产品的未来批量生产进行制造工艺的开发和小批量试生产的物料准备。市场代表在开发阶段开始制订新产品的发布和上市计划，并对产品推广、销售策略进行优化。另外，市场代表还需要找到愿意配合进行新产品测试或试用的客户。在开发阶段，PDT 经理和 PQA 主要是按照项目计划和质量管理计划对项目进行监控，并为产品集成开发的各子项目提供支持。

验证阶段：通过制造和客户的验证，确定产品的可获得性

在产品开发流程中设置专门的验证阶段，说明了小批量试生产工作的重要性。通过小批量试生产，可以验证新产品在批量生产时的质量一致性，以及新产品的制造工艺及装备是否满足要求。

验证阶段的主要活动如图 4-11 所示。

角色	验证阶段的主要活动		
PDT经理	监控和管理项目		
PQA	监控质量管理计划		
SE	监控和管理产品需求及系统规格		
开发代表 测试代表	系统验证测试（SVT）	支持Beta测试	为订单履行提供最终配置
制造代表	小批量试生产		
	制造系统验证		
		采购量产物料	
服务代表	准备客户服务和支持	进行可安装性和可服务性测试	
市场代表	制定发布策略和计划	支持早期试用客户	准备产品发布和销售培训
财务代表	跟踪目标成本	更新财务评估	

图 4-11 验证阶段的主要活动

在验证阶段，制造代表及其外围组是主角。开发阶段所做的各种测试仅能保证新产品的设计质量，无法验证批量生产时的质量一致性。小批量试生产除了要验证质量一致性，还要测试制造系统是否已满足批量生产的要求，包括生产设备、工装夹具、工艺流程等。在此阶段，开发和测试代表则会协助开展系统验证测试（SVT），即在小批量试生产产品中所做的随机抽样测试。

尽管新产品还未正式上市，但是小批量试生产的产品还是需要销售出去的，并想通过客户的试用来验证新产品，所以市场代表要组织针对早期

试用客户的宣传和销售。同时，市场代表还要进行新产品上市、销售人员的培训及订单履行环境的准备工作。

发布阶段：新产品的诞生

发布阶段的结束，也就意味着新产品集成开发项目工作的结束，同时也说明公司的销售、制造和服务支持已全部准备就绪。

发布阶段的主要活动如图 4-12 所示。

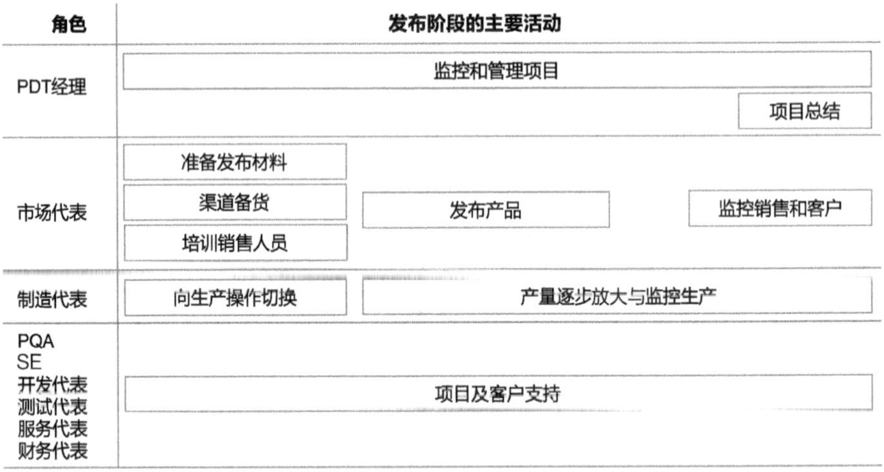

角色	发布阶段的主要活动
PDT 经理	监控和管理项目 / 项目总结
市场代表	准备发布材料 / 渠道备货 / 培训销售人员 / 发布产品 / 监控销售和客户
制造代表	向生产操作切换 / 产量逐步放大与监控生产
PQA、SE、开发代表、测试代表、服务代表、财务代表	项目及客户支持

图 4-12　发布阶段的主要活动

在发布阶段，市场代表及其外围组是主角，他们执行之前制定的发布策略和计划，协调监控产品发布的准备工作，发布新产品的命名与定价等信息。制造代表则要组织相关人员将新产品转入批量生产，并逐步提升产能，解决生产瓶颈的问题，达到量产水平。

PDT 经理在发布阶段的后期，要组织项目总结工作，积累新产品集成开发项目管理的经验和教训。

编写流程说明文档

流程设计不能只输出流程图，还需要编写流程说明文档，这样才能指导员工按流程正常运作。流程说明文档的内容应包括本流程的应用范围、主要输入、主要活动、主要输出以及各种角色与职责。

下面以新产品集成开发的概念阶段流程为例，来说明如何编写流程说明文档。

◆ 本流程的范围（如表 4-2 所示）

表 4-2　流程范围示例

始于：	PDT 经理收到 IPMT 授权项目启动的项目任务书
终于：	获得批准的概念决策评审或签发的项目撤销书

◆ 本流程的主要输入（如表 4-3 所示）

表 4-3　流程的主要输入示例

输入	提供者	流程	描述
项目任务书	IPMT	新产品规划流程	PDT 经理从 IPMT 那里接到项目任务书，授权项目启动时概念阶段就开始了
产品策略及路标	市场代表	新产品规划流程	根据产品计划，按时间描述所有产品在当前产品组合中的产品价格及功能。它是客户迁移计划的输入

◆ 本流程主要活动的描述

PDT 经理的主要活动：

活动 1：接收项目任务书；

活动 2：组建 PDT 核心组并确定主要的扩展组成员；

…………

市场代表的主要活动：

活动 1：制订初始市场计划；

活动 2：为确定收入与销量预测提供支持；

…………

◆ 本流程的主要输出（如表 4-4 所示）

表 4-4　流程的主要输出示例

输出	提供者	用户	描述	审批
新产品商业计划（O/S BP）	PDT 经理	IPMT 与支撑部门	它是各职能部门制订和执行各自产品支持计划的源文件。对达成一致的产品关键要素进行定义，包括如何顺应业务策略和各种需求、价格、成本、销售目标以及产品质量目标和计划	

续表

输出	提供者	用户	描述	审批
初始的端到端项目计划	PDT 经理	IPMT 与支撑部门	最初的进度至少要包括各阶段的决策评审点，Beta 测试开始的时间，早期销售、发布时间。这些都是初始（非承诺）的目标进度	

◆ **本流程的主要角色与职责（如表 4-5 所示）**

表 4-5　流程的主要角色与职责示例

PDT 经理	开发代表	SE
・接收项目任务书 ・组建 PDT 团队 ・沟通项目任务书和期望 ……	・定义产品包 ・评估产品包的技术风险 ・定义产品包与技术的依赖关系 ……	・确定产品架构和技术需求 ・制定标准策略并定义产品包需求和产品包概念 ・牵头进行 TR1 的技术讨论 ……

编写流程的应用及裁剪指南

流程设计一般是按照标准的流程应用场景来实施的，如标准的新产品集成开发流程描述了一个系统级整机产品的完整开发过程，包括了硬件、结构、软件和工业设计的方方面面，而某个特定的纯软件产品则无法也不应该盲目遵照执行该标准流程。流程的应用及裁剪指南用于指导产品开发项目组裁剪标准流程，以形成项目定义流程（PDP），并使用此流程来管理项目，实现项目目标。

以新产品集成开发流程为例，其应用及裁剪指南的内容如下：

◆ **本指南的目的**

➢ 建立根据项目具体情况灵活应用流程的机制、操作渠道。

➢ 给出一般性的应用原则，供 PDT、IPMT 参考。

◆ **流程裁剪的操作定义**

➢ 裁减。

➢ 合并。

➢ 增加。

◆ **本指南的适用范围**

➢ 本指南适用于产品开发项目。

➢ 技术平台开发项目参照本指南执行。

◆ 机制和操作渠道

➢ 任何流程都可依据项目特点进行裁剪。

➢ 概念和计划阶段的流程裁剪在立项评审前提出，其他阶段的流程裁剪在 PDCP 之前提出。

◆ 流程裁剪的指导原则

➢ 决策评审的合并原则。

➢ 技术评审的合并原则。

➢ 其他阶段、活动和任务的裁剪原则。

◆ 流程裁剪的批准

➢ 一、二级流程的裁剪由 IPMT 批准。

➢ 三、四级流程的裁剪由 PQA 批准。

第五节　IPD 流程体系设计的四个关键要点

IPD 的流程体系是 IPD 实现以客户需求为驱动、以市场为导向的基础，在整个 IPD 流程体系中，客户需求驱动、市场导向的管理要求贯穿了需求管理、业务战略规划、新产品规划、新产品开发及产品生命周期管理的端到端全过程。IPD 的流程体系体现了产品开发是一项投资行为的核心思想，在需求管理、业务战略规划及新产品规划流程中，通过对市场机会的筛选和投资吸引力的排序，确保资源及资金投在正确的项目和产品上；在产品开发流程中通过财务分析和各阶段的决策评审，保证资源和资金分批、分阶段地受控投入，同时可避免因项目和产品的失败所带来的进一步投资的浪费。IPD 的流程体系也是研发、采购、制造、服务等功能领域能够实现异步并行开发的基础，各功能领域的支撑子流程只需在高层级的阶段及主要步骤上保持同步，在低层级的活动和任务上可根据具体应用场景进行裁剪，具有足够的灵活性。异步并行的开发模式减少了因串行所带来的沟通困难与扯皮现象，大大压缩了产品上市时间。

在所有管理体系中，流程体系都是整个管理体系能够正常运转的基石,有关 IPD 流程体系的设计,变革项目团队还需要关注下面的这四个关键要点,它们均源自华为流程建设相关经验和教训的总结。

> 关键要点一:流程要客观反映业务流,为业务服务。
> 关键要点二:核心业务流要端到端、全流程贯通。
> 关键要点三:流程设计要优先保障主干流程的畅通。
> 关键要点四:主干流程要标准化、模板化,末端要灵活。

流程要客观反映业务流,为业务服务

一个企业(或业务单元)的经营管理其实就关乎三件大事:把产品做出来,把产品变现,帮助客户解决问题。这三件事情对应三大业务流,需要三套管理体系(即 IPD、LTC 和 ITR),三大业务流日复一日,一年运行下来,就形成了企业的业绩:财务三张表。

业务流是企业为实现价值创造,从输入客户要求开始,到交付产品及服务给客户,获得客户满意并实现企业自身价值的端到端业务过程。各业务单元在制定好业务战略,设计完业务模式和业务策略之后,就确定了其业务流。流程是对业务流的一种表现方式,业务流是客观存在的,无论是否用流程来描述和定义它,所有人都工作在业务流或支撑业务流的活动中。条条大路通罗马,总有一条是最近的。流程的设计,就是要客观真实地找到并匹配这一条最近的业务流。

流程是成功经验的总结和优秀作业实践的固化,流程设计的目的是使不同团队执行流程时规范、有序,获得成功的可复制性和质量保证。业务不同,客观反映业务流的流程也应不同,越符合业务本质的流程就越顺畅。

流程有三个主要作用:一是正确及时交付,二是赚到钱,三是没有腐败。为了实现这三个目标,流程越简单越好,多余的流程和环节都应该去掉。所以流程设计时要以终为始,就是以业务需求确定目的,识别流程是否为业务所需,以业务目的确定流程的设计理念,识别哪些环节是必要的、符合客观实际的,哪些控制点是必要的,否则,会影响流程的简洁和效率。以目的为驱动,一切为业务着想,就能建立适合的流程,设置合理的流程环节和控制点,从而精简不增值的流程和环节,精简不必要的人员,使得流程简洁,运作顺畅并高效。

核心业务流程要端到端、全流程贯通

端到端流程是指从客户需求端出发，到满足客户需求端去，提供端到端服务，端到端的输入端是市场，输出端也是市场。所有和客户相关的业务流，天然是从客户到客户的，这个端到端必须非常快捷、非常有效，中间没有"水库"，流动顺畅。

只有完成端到端的体系建设和打通，才可以提高效率，降低成本，快速满足客户需求。IPD 变革的目的之一，就是实现 IPD 流程的端到端打通，使业务运作更简单、顺畅。

任何时候，做任何事情必须要有端到端的视野。不管是流程设计还是推行，都必须站在公司的角度，站在全流程、全生命周期的视角，追求整体最优。

流程设计要优先保障主干流程的畅通

主干流程是企业直接为客户创造价值的流程，其中就包括 IPD 流程。主干流程要越做越清晰简洁，而不是要越做越细。流程建设要抓住主干流程，不要过多关注次要流程，没有次要流程的时候，可以用制度来规范一下。

主干流程要简单，以保证其快速流通。不能让主干流程担负很重的监控任务，不能在主干流程中增加很多监控节点，从而使得主干流程的运作效率低下。因此在主干流程上一定要把很多附加的东西去掉，保证其快速流通。

主干流程要标准化、模板化，末端要灵活

一个企业要想管理有序，降低运作成本，就必须有一套清晰的业务运作标准和流程，严格地按流程规范化运作。流程化就是标准化、程序化、模板化，要把可以规范化的管理都变成扳铁路道岔。如果不规范，就会有大量的重复劳动、无效劳动，也不能保证工作质量。规范化管理的基础是工作流程化，按流程运作。而要流程化，首先要将工作标准化、程序化、模板化，只有这样才能降低运作成本，提高工作效率。

但是流程设计的目的绝不是让用的人教条地执行，使用者可以在这个基础上做些有序的改动，哪些可以改，如何改，流程设计时要给出指导和说明。流程设计既要有坚定不移的管理原则和风格，也要有灵活机动的战术和处理方式。

在流程建设上不能陷入僵化与教条，越往基层、越靠近使用者，流程应该越灵活。主干流程的"僵化"与"教条"，是为了以标准化方式实现信息的快捷传递与交换。末端流程要灵活机动并且因地制宜，如此才能适应企业庞大与复杂的业务场景。

第六节　IPD 体系组织结构的设计过程

组织结构的设计依然是一个系统工程，其工作内容从理解业务战略开始，一直到具体职位的设置及职位说明书的审核，主要的设计成果包括组织结构图、各种组织单元及其职责说明、组织单元中各职位的设计及职位说明书、组织中的责权管控方式及汇报关系。组织结构的设计过程如图 4-13 所示。

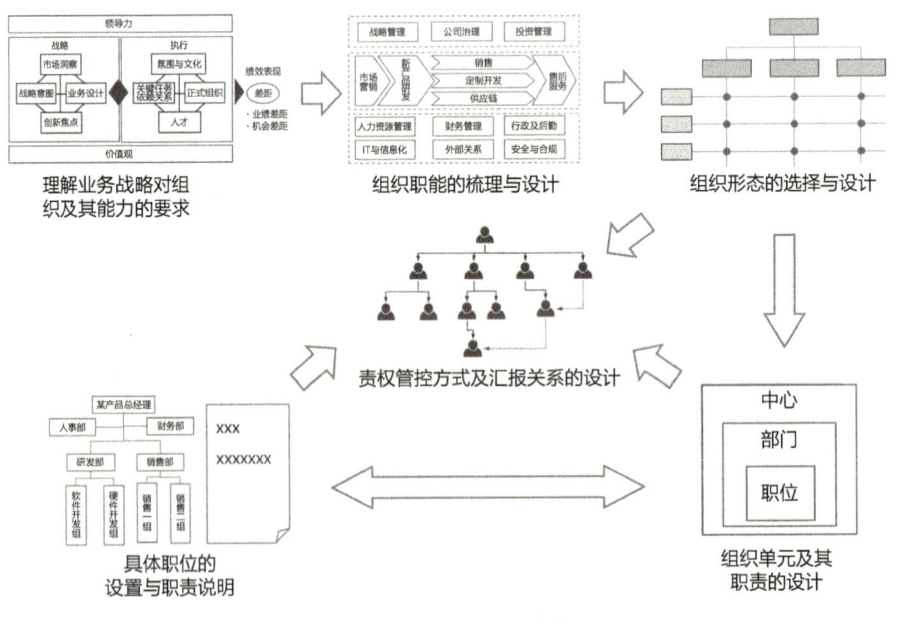

图 4-13　组织结构的设计过程

组织结构设计的第一步是理解业务战略对组织及其能力的要求。事实上，整个IPD变革和研发体系的重组都是为了提升组织对业务战略的支撑能力。组织能力首先体现在组织的相关职能履行上，因此，组织结构设计的第二步便是通过业务架构和关键业务流程的分析，梳理出组织的基本职能和关键职能。组织职能需要落实给各种具有不同规模、权力和职责的组织单元（包括部门和团队），并对它们进行横向和纵向的"编织"与整合，于是便形成了形态各异的组织结构，此为组织形态的选择与设计。随后的组织单元及其内部具体职位的设计则是对具体业务活动及其相关职责的归集。最后是有关责权管控方式及汇报关系的设计，这一部分的内容会在后文的"IPD体系决策与协同机制的设计"中进行更详细的阐述，下面就组织结构设计的其他内容进行概要性描述。

需要说明的一点是，笔者所描述的组织结构的设计过程是自上而下的，而有的专家学者，特别是流程型组织的拥趸者则主张以自下而上逐步合拢归并的方式来设计组织结构，类似于士兵组成班、班组成排、排组成连、连组成营，以此类推到团、旅、师，直到最后组成整支军队。明茨伯格则指出：在实践中，根据目标和使命的变化进行的结构重组，是自上而下的；根据运营核心技术体系的改变而进行的结构重组，是自下而上的。IPD变革所驱动的研发再造属于前者，因此本书采用了自上而下的设计过程。

理解业务战略对组织的要求

理解业务战略对组织及其能力的要求，其实是IPD变革管理六步法的第二步，即调研诊断就应完成的工作，这里是要回过头去再审视一遍。在研发体系的调研诊断过程中，当意识到新制定出来的业务战略（包括业务模式和业务策略）对研发组织能力提出了新的或更高的要求时，研发体系的组织结构与流程体系、关键人才与激励机制、组织氛围与文化及业务领导力等几个关键要素就必须做出相应的调整和优化，这就是战略决定组织。

组织设计不是基于现状，而是基于未来的。组织必须与业务战略相匹配，在影响组织的所有因素中，业务战略是最直接的决定性因素之一。如果新制定的业务战略决定本业务单元必须由销售导向、项目定制为主的研发模式,向市场导向、产品创新为主的研发模式转型,则业务单元的决策团队就会采取各种措施提升市场部及产品经理在组织管理中的定位,甚至会以他们为"火车头"驱动整个业务单元的运作。

对于计划开辟第二曲线,实施破坏式实验型战略的种子业务,如图4-14所示,其业务运营的重心是验证新的业务模式与客户需求及市场是否匹配,验证的策略是"设计—试验—学习"的不断循环,这是一种完全不同于成熟或成长业务在延续式谋划型战略下所采取的管理模式。因此,企业可能需要设置独立的组织单元来管理和运营此类种子业务,并负责重构从研发到销售的各种能力。

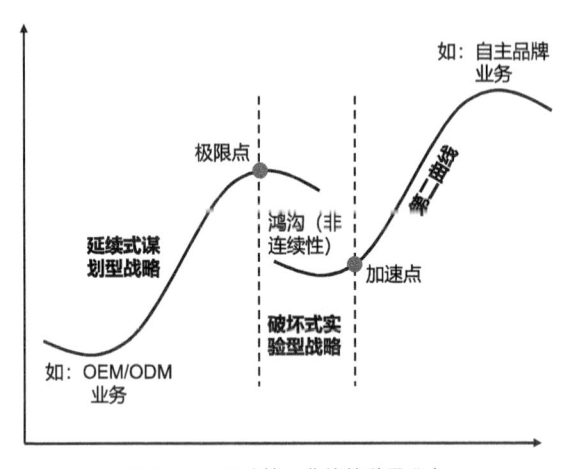

图 4-14 开辟第二曲线的种子业务

即使是实施延续式谋划型战略的成熟或成长业务,其业务战略也会针对具有不同客户特征的细分市场,制定各异的产品创新策略、市场竞争策略以及订单履行策略等,这些业务策略最终也需要有不同的组织及能力的支撑才能落地执行。例如,国内某手机厂商一直强调产品质量是公司管理体系第一位的目标,所以在手机的整机开发项目和软硬件子项目上都配置了对各阶段的技术评审具有一票否决权的 QA。

组织职能的梳理与设计

管理是组织的器官,新的业务战略对组织及其能力的要求,往往需要同时重构组织管理体系中的业务流程和组织结构。对于要采用破坏式实验型战略的种子业务，应先重构组织结构，再设计新的业务流程；对于计划实施延续式谋划型战略的成熟或成长业务，则应优先考虑业务流程的重构，再调整组织结构以适配流程的需要。正如前文"IPD 不是银弹：M 公司 IPD 变革案例分享"一节中所分析的那样，处于第二曲线早期的种子业务，不适合导入 IPD，"集团军"、流程化的 IPD 体系只适用于成熟或成长业务。基于此，IPD 变革对"先设计组织结构还是先设计业务流程"这一问题的回答应是：先设计业务流程。

因此，当研发体系各模块的详细设计进展到组织结构的设计这一步时，研发体系的业务架构及流程体系的结构化设计应该已经完成。此时，设计小组的任务是通过对业务架构、业务流程以及业务流程中的关键业务活动进行分析，梳理出组织应当具备的基本职能与关键职能（包括经营职能和管理职能）。对制造型企业而言，生产、销售、采购、财务及人力资源管理等是其组织的基本职能，设计小组要考虑是否需要增加、细化、简化或强化某些基本职能。

所谓关键职能，是指那些如果没有得到很好的履行就会对战略目标的达成或者客户满意度造成严重影响的组织职能。以当下大量正在由销售导向、项目定制为主的研发模式，向市场导向、产品创新为主的研发模式转型的企业为例，新的研发模式意味着在企业整体的业务架构中，要凸显"产品创新与研发"这一职能的重要性，而不应再将其定位为"技术开发"并作为定制项目交付的辅助职能。这一类企业的业务架构在转型前后核心价值链的变化如图 4-15 所示。

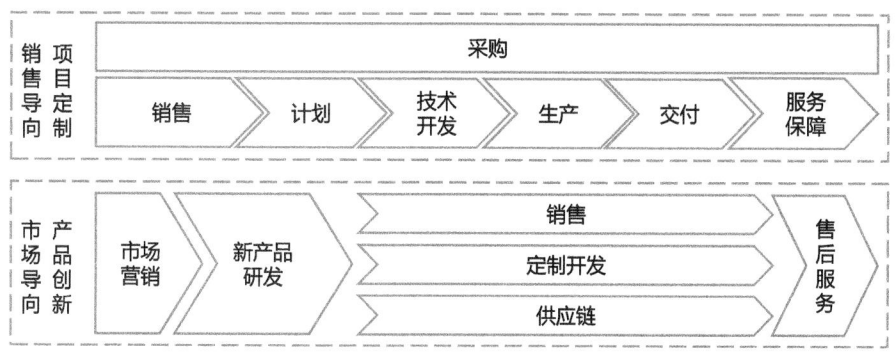

图 4-15　研发模式转型前后核心价值链的变化

在新的业务架构中，需要重新设计研发部门的职能定位，要由原来的被动响应式的技术开发，转型为主动规划的产品研发，在此基础上再提供定制开发。同时，为了确保研发部门是在做正确的事，需要在研发的前端新增市场管理的职能，让其负责客户需求挖掘和新产品的立项策划。研发模式转型后的流程体系也应增加需求管理、新产品规划和新产品开发三个关键流程，基于这些关键流程中关键业务活动的分析，需要设置"产品经理"这一职位的要求就很自然地被提出来了，并且"将产品经理设置在研发部门还是市场部门"这一问题也就有了清晰的答案。

同时，对关键业务流程的分析，也有助于设计小组决策是否应当将研发中的产品开发与基础研究两个职能分开，以强化对基础研究的投资和管理；是否应当将市场管理职能从当前的销售部门独立出来；生产部门是否要新增质量管理的职能等事项。

组织形态的选择与设计

分工与整合是贯穿整个组织结构设计的一条主线。组织职能的梳理与设计，只是完成了组织单元（包括部门和团队）在研、产、销等职能上的"大块头"的职责分工，算是对组织单元的一种分类。光有分类还不够，还要对组织单元进行分组（有时也称"战略分组"），如研发部门按产品分为车载导航仪开发部、车载音箱开发部，销售部门按区域分为国内销售部和海外销售部。常见的组织分组的维度有活动或职能、产品或产出、客户或市场、区域或地域、流程或过程，一个组织可以在不同的层级按不同的维度进行分组，甚至在同一个层级按多个维度进行分组。被分组后再重新"编织"与整合起来的组织会呈现出形态各异的组织结构，人们称之为"组织形态"。组织形态的选择与设计是组织结构设计的核心，它在许多方面直接体现了高层的战略意图，并可直接影响组织运作的效率。企业组织产生至今，其形态经历了直线型、直线职能型、事业部型、矩阵型、流程型、网络型和平台型等多种类型的演变。

亚当·斯密提出的社会分工催生了直线型组织，泰勒把分工引入到管理中并提出了科学管理思想，古典组织理论之父韦伯从法定权力的角度描绘了一种理想的官僚集权管理组织结构，标志着科层制的诞生，同一时期的法约尔则提出了统一指挥和"法约尔桥"等14项组织管理原则。泰勒的科学管理思想、韦伯的科层制组织结构和法约尔的组织管理原则奠定了古典组织理论的基石，产生了沿用至今的金字塔形态的直线职能型组织。在直线职能型组织中，所有与某类组织活动相关的员工被组合在一起，提供专业服务。当实现业务战略目标所需要的专业技能的深度和组织运营的效率是企业在市场竞争中的关键成功因素时，或者当组织需要通过组织各层级的统一指挥进行强力控制和协调时，直线职能型组织是企业的最佳选择。

直线职能型组织的最大优点，是在某些职能领域通过集中使用以专业化为主要特征的知识和技能，可以实现规模经济，从而减少了组织的重复建设和投入，降低了运营和管理成本，实现了集约化管理。其缺点是当组织规模比较大、层级比较多时，会出现对市场环境的变化反应迟钝的现象。这一方面是因为对市场的应对措施需要跨越大量因部门墙而造成的"法约尔桥"的协调，另一方面的原因是高层管理者无法在短时间内对大量信息进行有效甄别并做出快速决策。

随着市场环境不确定性的增加以及企业组织规模的快速增长，1924年美国通用汽车时任总裁斯隆提出了事业部型组织结构。这是一种适合采取多元化战略的大型企业的分权组织结构，在这种结构下，企业按照产品（或业务）、区域（或客户）进行组织单元的分组，因此事业部型组织又可分为产品型事业部和区域型事业部两种。每个事业部内部可以分别设立研发、采购、制造、营销和服务等部门，各事业部拥有足够的自主经营决策权，对经营状况有高度的可见性，且组织规模相对较小，各事业部能够快速且灵活地应对外部环境的变化。事业部组织的缺点则是各事业部之间因无法共享公共资源而出现重复配置的资源浪费，因而也就丧失了规模经济。当企业销售的整体解决方案牵涉到多个事业部的产品时，多产品之间的兼容与整合，以及跨事业部的横向协调也会存在诸多困难。另外，各事业部的经营相互独立，其内部的研发多以短、平、快的产品应用创新为主，较少关注核心技术的积累及公共技术平台的开发。

1967年，美国国家航空航天局（NASA）研究员迈卡锡在《管理更大更复杂项目的一种方法》一文中首次提到了矩阵型组织，这是一种适用于对长期技术积累和快速产品创新都提出了较高要求的业务场景下的组织结构。矩阵型组织同时使用了产品型事业部（横向）和直线职能（纵向）结构，它加强了组织的横向联系，横向的产品经理或项目经理与纵向的职能经理拥有同等的权力，员工同时向他们汇报。矩阵型组织设法在纵横两条线上保持权力的平衡，然而，由于矩阵结构中某一方向上的权力可能会强于另一方向，这种平衡就会发生变形，成为弱矩阵或强矩阵。在弱矩阵中，职能经理拥有更大的权力，产品经理或项目经理只负责协调业务线的活动。强矩阵的情形则正好相反，产品经理或项目经理拥有更大的权力，职能经理只是将专业人员分派到各项目中，并在需要时提供专业技能的建议。

矩阵型组织的优点是，它使组织能同时满足快速响应市场及客户需求与杠杆化资源利用和规模经济的双重要求。其缺点是，当员工面临来自两个方向的双重权力关系时，容易产生无所适从的混乱感，管理者需要较高的人际技能和解决冲突的能力，因此必将耗费大量时间和精力在协调上。

兴起于 20 世纪 90 年代的流程再造理论对企业的管理实践产生了巨大的影响，并诞生了以流程为主要分组形式的组织形态。这种组织是围绕着核心业务流程而非职能来设计的，它在很大程度上摆脱了传统纵向权力结构的束缚，把横向协调作为主要的关注点。

如图 4-16 所示，流程型组织最大的特点是产品或项目团队的增多。这些团队代替了大部分以前由职能部门所从事的业务工作，组成整个组织的最小单元从个人变成了团队。但是，各职能部门并没有消失，而是作为专业支持单元以服务的形式存在。流程型组织的优点是增进了协作，极大地提高了组织的灵活性和客户需求反应能力。这种结构使员工的注意力转移到了客户身上，在提高效率的同时也带来了客户满意度的提升。同时，由于打破了部门墙，员工对组织目标有了整体的认识，而不是仅限于单个部门的目标。流程型组织还促使员工注重团队工作与合作，这样会促进团队成员达成一种共识，以实现共同的目标。但是，流程型组织可能会制约企业内部专业知识和技能的长期积累。

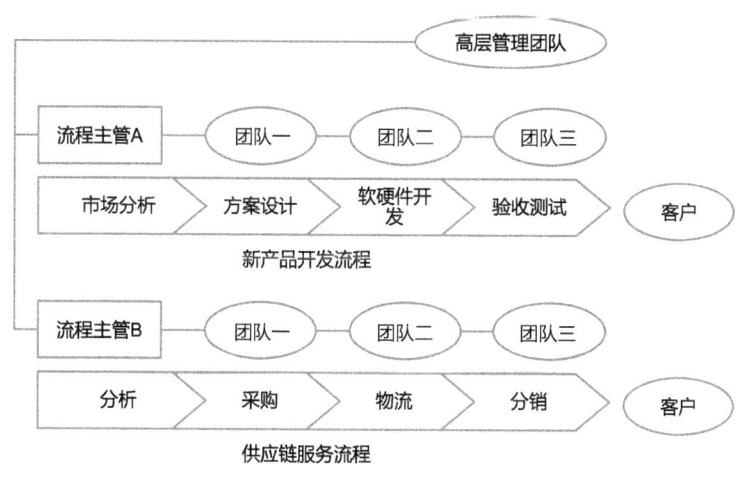

图 4-16 流程型组织形态

流程型组织是相对于职能型（包括直线职能型和事业部型）组织而言的，在哈默等流程研究先驱的影响下，有人认为组织结构不再重要，应当推行无结构化组织管理。现实中不存在纯粹按流程进行分工的组织，理性务实的流程型组织建设，应当是将专业化的职能部门与流程化运作的产品或项目团队整合在矩阵型组织下，以求组织活动完成得既快速又专业，这也正是 IPD 变革管理六步法对组织形态的选择与设计的总体指导原则。

互联网时代的组织结构创新是突破了企业组织边界的各种网络型组织。这一类组织中的设计、生产和分销等服务不再像原先那样集中在同一个组织中，而是被外包给不同的企业，使得由供应商、制造商、分销商组成的松散网络看起来像是一个无缝对接起来的组织。因此，这种组织形态也被称为虚拟组织或组织的社会化。

在当下向数字化转型的时代，有的企业正在构建满足客户极致个性化体验需求的平台型组织，如图 4-17 所示。

严格来说，平台型组织不属于基本的组织形态，而是多种基本形态混合后的一种组织形态。平台型组织又可分为内部平台和外部平台两种类型，外部平台又称为经营赋能平台，例如，阿里巴巴利用自身已有的资源优势搭建平台，赋能内部经营前端如淘宝、天猫、聚划算、支付宝、蚂蚁金服和外部经营前端如第三方企业，形成生态效应。内部平台又称为管理赋能平台，主要是通过打造强大的各种中台，为市场前端进行管理上的赋

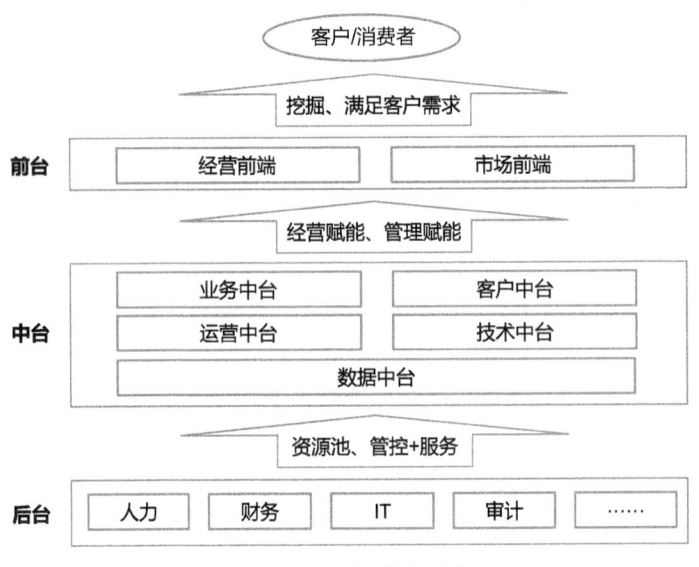

```
                         客户/消费者
                    挖掘、满足客户需求
        前台    |    经营前端    |    市场前端    |
                    经营赋能、管理赋能
                |   业务中台   |   客户中台   |
        中台    |   运营中台   |   技术中台   |
                |        数据中台           |
                    资源池、管控+服务
        后台    | 人力 | 财务 | IT | 审计 | …… |
```

图 4-17 平台型组织形态

能。后台为职能管理平台，负责整合资源。市场前端紧贴客户，挖掘并及时响应客户需求，实现商业成功。按 IPD 体系所搭建的研发平台，就属于一种业务中台。

需要注意的是，判断一个组织是不是平台型组织，不是看它有没有自称的前、中、后台，而是看它真正的运行机制。一个表面上的平台型组织，本质上可能还是按科层制运作的金字塔组织。

综合起来看，组织形态经历了由古典组织到现代组织再到后现代组织的演进路径，如图 4-18 所示。古典组织是高度集权的，把组织看作一部标准化的机器，进行机械式的规范化设计。现代组织将集权与分权相结合，分权包括了纵向各管理层级的分权和横向由管理者向非管理者如 QA、技术专家等的分权。后现代组织强调企业对环境的动态适应，组织比较松散，流动性强，是有机式设计的组织。

通过对组织形态演进历史的梳理，我们可以发现，新的组织形态不是对旧的组织形态的简单否定和替代，而是继承与发展。事业部组织继承了职能型组织的专业化优势，矩阵型组织则既享有职能型组织带来的规模经济，又兼具事业部组织带来的快速反应能力。而流程型组织则依然要借助职能型组织来强化专业知识和技能的积累，并依靠矩阵式结构将各功能领

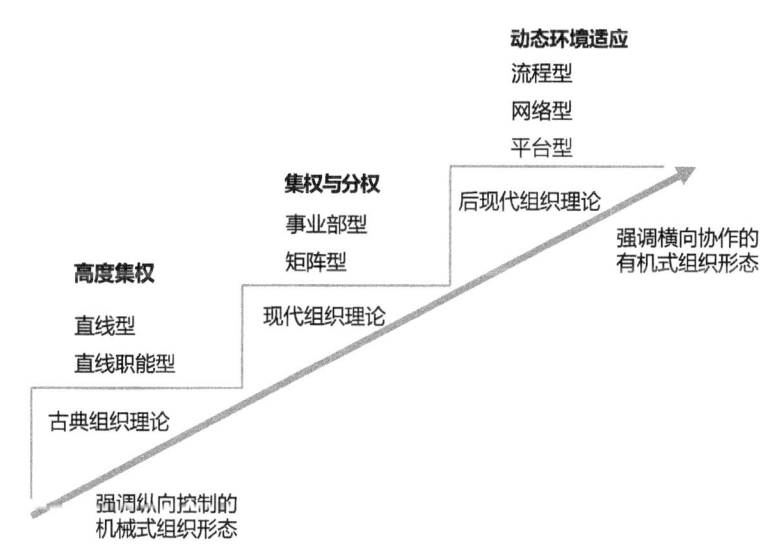

图 4-18　组织形态的演进路径

域的专业团队用横向的核心业务流程串联起来才能高效运作。平台型组织的前台、中台和后台则分别是流程型或网络型组织、流程型矩阵式组织和职能型组织的混合。

每一种组织形态都有它特定的适用条件，没有哪一种组织形态是普遍适用的，演进历史上的新组织形态解决了旧组织形态的问题和不足，同时又会带来新的问题和不足。不要通过指责科层制金字塔组织（包括职能型组织和事业部组织）的死气沉沉，来赞美流程型、网络型等无结构自驱动组织的优点。事实上，实际运行中的组织一定是多种组织形态经过整合设计后的组织，整合设计的关键是组织形态要与业务战略及外部市场环境相匹配，匹配度高，组织就能高效运转，就是一种好的组织形态。

然而，在对各种组织单元从活动、产品、客户和区域进行分组后再"编织"与整合的过程中，应当从哪些方面去考虑才能让组织形态与业务战略及外部市场环境高度匹配呢？这些要考虑的方面就是组织形态的设计目标。而企业或业务单元对组织设计目标的选择往往是多重的，笔者总结出 IPD 流程型矩阵式组织形态的设计目标，往往是对下列三组具有对立关系的目标在某种程度上的平衡。IPD 流程型矩阵式组织形态设计目标的选择如图 4-19 所示。

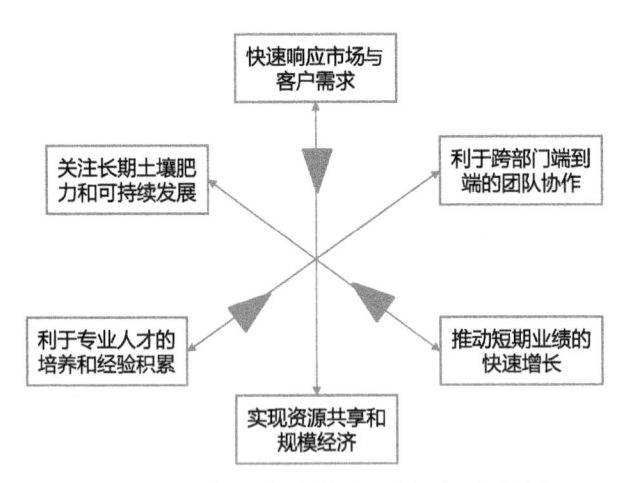

图 4-19　IPD 流程型矩阵式组织形态设计目标的选择

实际的组织形态的选择与设计过程，就像是在混音调节器的滑轨上，对上述三组六个设计目标的不断调节，来寻求某种平衡，而不是去追求某种最佳的组织形态。例如，既要追求企业内部资源的共享和规模经济，又要快速响应外部市场及客户需求的变化，这是驱动组织形态不断演进的最关键的一对目标。前者倾向于按活动或职能进行分组，如研发、生产、销售和采购，组织单元内的资源可以实现共享，如果再用一致的和标准化的流程对这些职能进行管理，则可以产生规模经济。但是，跨职能之间的沟通和协调会变得困难起来，对市场和客户需求的响应速度也会变得迟钝。而后者所倾向的按流程或客户的分组可以较好地解决上述跨职能协调和需求响应速度的问题，但它又丧失了规模经济的优势。

在上述三组"既要"与"又要"的目标选择中，能够满足多重目标的矩阵式组织形态往往就成了一种自然且务实的选择。因此，在组织形态的选择和设计过程中，IPD 变革项目团队不要迷失在如无边界组织、指数型组织等各种新奇的组织形态中，应坚定地以支撑业务战略的达成为最终目的，以流程型矩阵式组织的构建为目标，去思考如何"编织"与整合 IPD 体系的整体组织结构。

组织单元及职位的设计

组织单元包括了各种形式的职能部门和业务团队，组织单元的设置依然要借助对流程的梳理。首先是基于业务流程架构中的主干流程来设计一级单元，在此基础上，对每一个主干流程做次级流程的梳理，依据次级流程的上下游关系及依赖强度，明确流程中对应的某些职能是否都有对应的组织单元承接，是否需要增设组织单元，或者对现有的组织单元进行裁减、合并。

组织单元被设置后，还要对其具体职责进行界定。界定职责的依据仍然是前文所述的对业务流程及关键业务活动的梳理，通过对关键业务活动的责任单元与协作单元的分析，最后提炼形成某组织单元的主要职责。组织职责的界定必须清晰、明确，既不能有缺失，也不要有重叠。

通过对各组织单元的职责在其内部的分解和重新组合，可以形成为承接某种职责所需要的最小组织单位，即职位。组织单元的职责分解与职位设计，如图 4-20 所示。

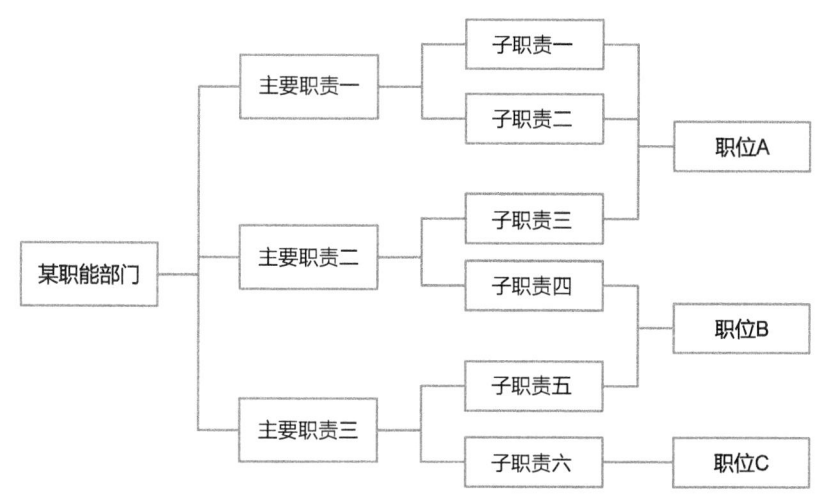

图 4-20 组织单元的职责分解与职位设计

职位被设计后，还需要明确每个职位的工作范围、职责权利及应具备的任职要求等，这些内容最后会以职位说明书的形式进行书面表述和确认。

至此，我们就完成了 IPD 体系组织结构的主要设计过程。

第七节　矩阵式组织结构的设计与构建

如前文所述，IPD 体系组织形态的设计目标是流程型矩阵式组织，这是当面对三组具有相互对立关系的组织形态的设计目标时，所做出的一种理性且务实的选择。华为在其《华为基本法》的第三十九条也曾提到过组织的建立和健全，要求必须：

√ 有利于强化责任，确保公司目标和战略的实现。

√ 有利于简化流程，快速响应顾客的需求和市场的变化。

√ 有利于提高协作效率，降低管理成本。

√ 有利于信息的交流，促进创新和优秀人才的脱颖而出。

√ 有利于培养未来的领袖人才，使公司可持续成长。

基于对上述多重组织目标的追求，华为在其《华为基本法》的第四十四条明确了公司的基本组织结构将是一种二维矩阵结构：按战略性事业划分的事业部和按地区划分的地区公司。事业部在公司规定的经营范围内承担开发、生产、销售和用户服务的职责；地区公司在公司规定的区域市场内有效利用公司的资源开展经营。事业部和地区公司均为利润中心，承担实际利润责任。华为早期的矩阵式组织结构，如图 4-21 所示。

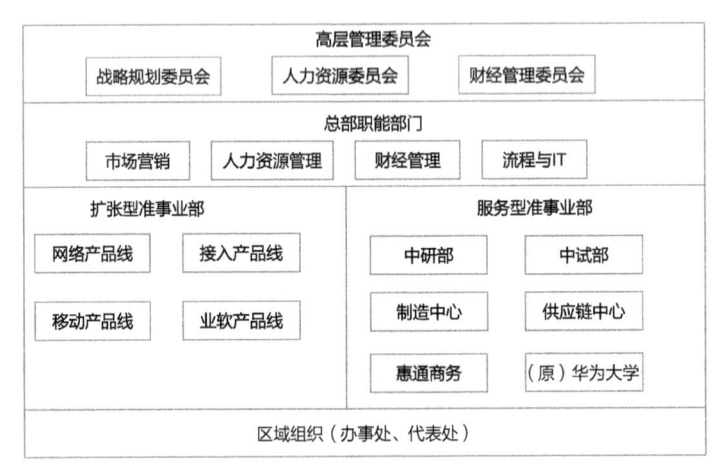

图 4-21　华为早期的矩阵式组织结构

华为将各产品线的共性职能抽取出来进行集中管理，形成服务型事业部，因此，华为的事业部是准事业部。产品线与区域组织形成矩阵关系，但矩阵中的产品线与区域组织不是端到端一条线打通的，中间经过了服务型事业部作为缓冲。对此，任正非有一个形象的叫法：拧麻花。

事实上，华为早期的这个矩阵式组织结构不是二维的，总部职能、准事业部和区域组织形成的是一个三维矩阵组织。如前文所述，组织单元的分组维度有活动或职能、产品或产出、客户或市场、区域或地域、流程或过程等，因此，我们可以选择任意两个维度组成二维矩阵，任意三个维度组成三维矩阵，依此类推，IBM 就曾从如图 4-22 所示的五个维度设计了一个多维矩阵式组织结构。

IBM 是通过前、后端来运作这个矩阵的，前端是由区域和客户两个维度形成的矩阵，后端是由总部职能、产品和服务三个维度形成的矩阵。值得注意的是，即使是多维矩阵，矩阵中的任意交叉节点处也不能有三个或三个以上的主管对其发号施令。

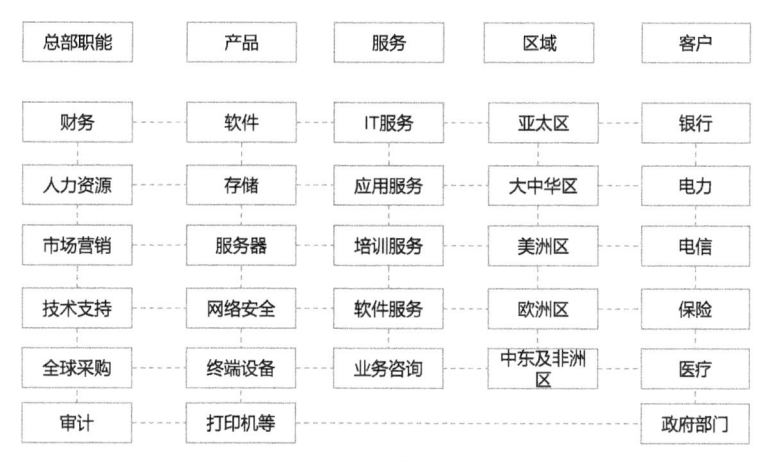

总部职能	产品	服务	区域	客户
财务	软件	IT服务	亚太区	银行
人力资源	存储	应用服务	大中华区	电力
市场营销	服务器	培训服务	美洲区	电信
技术支持	网络安全	软件服务	欧洲区	保险
全球采购	终端设备	业务咨询	中东及非洲区	医疗
审计	打印机等			政府部门

图 4-22 IBM 的多维矩阵式组织结构

以上内容，是从维度的视角对矩阵组织的认知。从矩阵运作成熟度的视角来看，IPD 体系下的矩阵式组织建设一般会经历临时的项目型弱矩阵、固定的业务型强矩阵和流程型矩阵三种形态的演进，前两者是基本的矩阵式组织形态，流程型矩阵则是矩阵式组织的最高阶组织形态。

基本的矩阵式组织结构设计

即使是金字塔结构的组织，也有需要运作项目的时候，项目组就是矩阵式组织最早的雏形。图 4-23 展示了三种项目组与研、产、销等职能组织形成的二维矩阵。在项目—职能矩阵中，项目经理可以来自项目管理部，也可以由项目组中的某位成员担任，还可以由某个职能部门经理来兼任。最后一种情形是一种双头衔模式，关于双头衔模式，后面会有更详细的介绍。

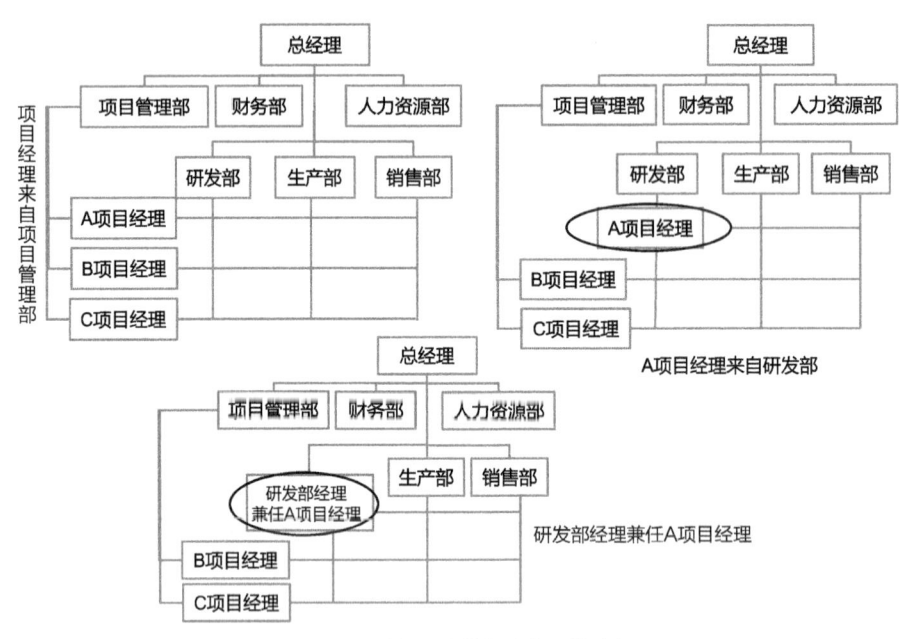

图 4-23 项目—职能矩阵的三种形式

如果企业给客户交付的是整体解决方案，且解决方案的产品来自多个产品部或事业部，甚至是外部公司，此时的项目为集成项目，集成项目组与产品部或事业部就会形成如图 4-24 所示的二维矩阵。

有人按项目经理被赋予的权力大小，将项目型矩阵分为弱矩阵、强矩阵和平衡矩阵。其实无论何种形式的项目型矩阵式组织，项目经理暂时的权力大小，根本无法改善组织中根深蒂固的部门墙和以纵向控制为主的金字塔组织运作的顽疾。因此，所有的项目型矩阵都是一种"伪矩阵"，当然也都是弱矩阵。

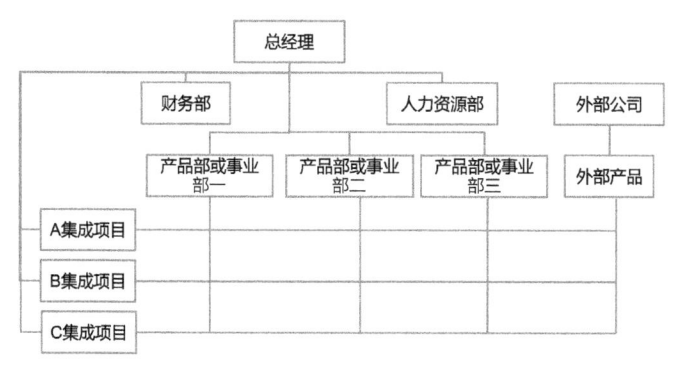

图 4-24 集成项目—产品矩阵

矩阵组织要想由弱变强，必须将权力建立在常态化且有固定组织形式的横向的组织单元上。这些横向的组织单元不同于纵向的职能部门，是专注于业务经营与管理的业务部门或业务团队，如 IPD 体系中的产品线。产品线是以产品或解决方案为分组维度而形成的一种正式的组织单元，产品线不同于临时的项目组，它是一个长期固定地对某业务板块的经营与管理负责的业务单元。IPD 体系中最基础的矩阵是各产品线与总部职能所形成的二维矩阵，如图 4-25 所示。

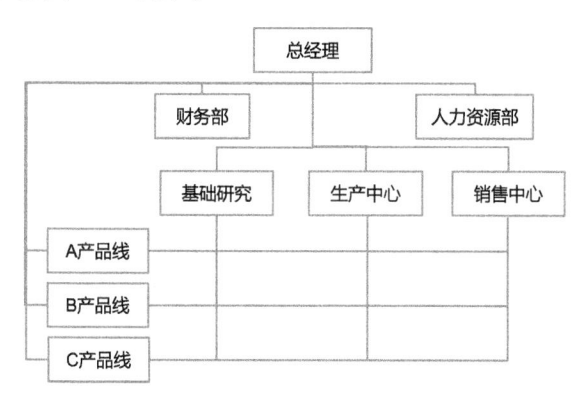

图 4-25 产品线—总部职能矩阵

在产品线—总部职能矩阵中，产品线负责端到端地响应客户需求，以及产品或解决方案的全生命周期管理和运维，是真正对市场成功和财务成功负责的经营单位。在这个矩阵中，总部职能行使资源管理的权力，产品线行使业务指挥的权力。通常而言，业务指挥权要大于资源管理权，因此，这是一个名副其实的强矩阵。

然而，许多企业不仅有产品线和总部职能部门，还有各种区域型事业部或者地区子公司，所以应当设计成如图 4-26 所示由产品、区域、职能三个分组维度所构成的三维矩阵。

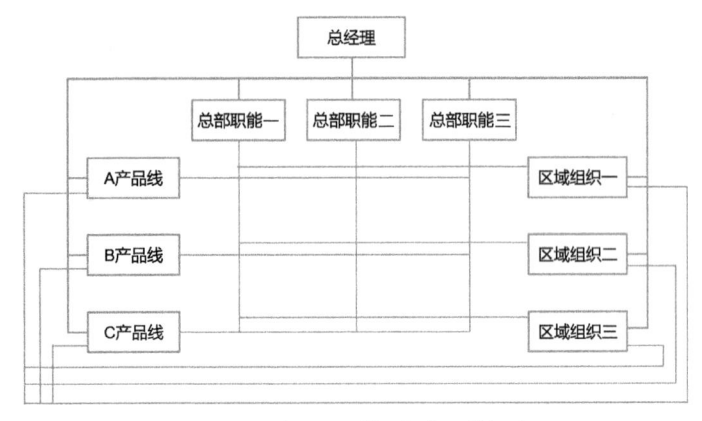

图 4-26　产品—区域—职能三维矩阵

矩阵式组织结构的变形设计

基本的矩阵式组织有时无法适应企业的真实管理场景，最典型的问题便是矩阵式组织比金字塔组织平白多出了另一套横向的组织体系及其相关的大量业务主管的职位，但是企业可能会缺乏能够担任业务主管的合适人选。此时，企业可以让部分纵向的职能经理同时兼任横向的业务主管，这便是"双头衔"模式，是矩阵式组织的一种变体。如图 4-27 所示，销售中心的负责人同时兼任了 A 产品线的总经理。

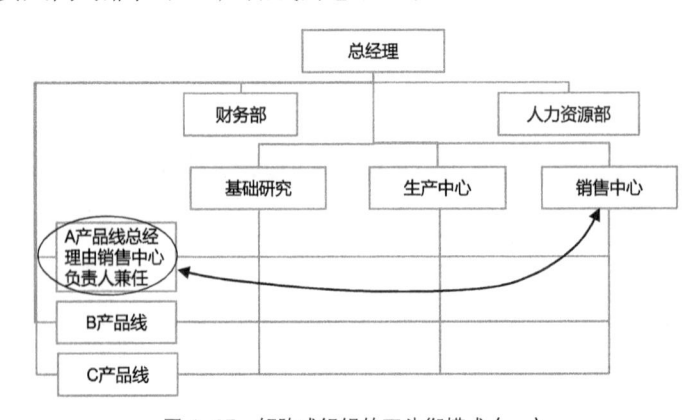

图 4-27　矩阵式组织的双头衔模式（一）

将矩阵式组织设计成双头衔模式，有时不一定是因为缺少合适的主管人选，反而是一种特意为之的管理行为，如图 4-28 所示。

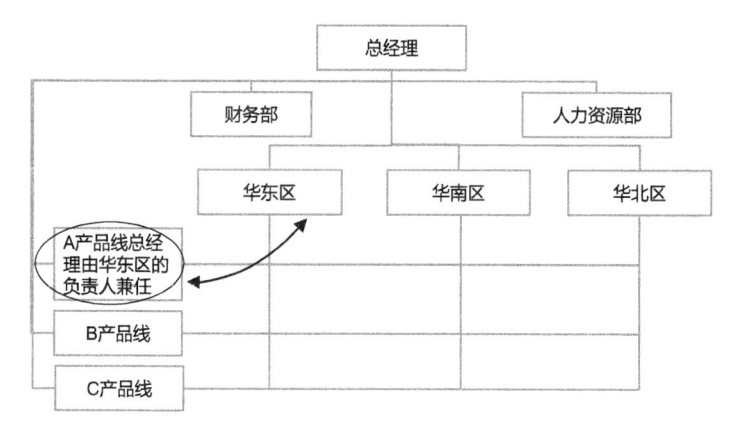

图 4-28 矩阵式组织的双头衔模式（二）

图 4-28 中 A 产品线最早源自华东区的客户需求，产品在华东区形成初步销售后，企业将其独立成一条产品线，作为种子业务进行培育。在此情形下，由华东区的负责人兼任 A 产品线的总经理就是一种比较好的安排。

另外，双头衔模式是一种与统一指挥原则偏离最小的矩阵式组织设计方式。在 IPD 变革的初级阶段，让有市场意识的职能经理兼任业务主管，将资源管理权和业务指挥权暂时交由同一个人来管理，也有利于减少因不适应新的矩阵式组织及双向领导所带来的变革阻力。但是，双头衔模式对兼任者的能力要求很高，同时，兼任者可能还是习惯于将大部分精力投在资源管理上而无暇顾及业务经营，所以这一模式一般只适用于 IPD 变革的过渡期。

另一种常见的矩阵式组织的变体是接力棒模式。如果产品的生命周期比较长，其生命周期的不同阶段所面临的挑战也有所不同，此时，就需要由具备不同业务能力的团队来对其进行管理。例如，在产品的立项分析阶段，市场及客户需求的洞察力是此阶段所需的主要能力。立项通过后的产品实现阶段，全流程、全要素的跨部门集成开发能力是此阶段最为倚重的能力。产品上市后的持续运营需要的则是市场营销、服务响应能力。因此，对于生命周期较长的产品，应当在其不同的生命周期阶段安排具有不同能力的业务团队对其进行经营和管理，于是便形成了一种接力棒模式。

在 IPD 体系中，负责新产品 Charter 开发的 CDT 与负责新产品实现的 PDT，以及负责对产品进行持续运营的 LMT 就形成了如图 4-29 所示的接力棒模式。

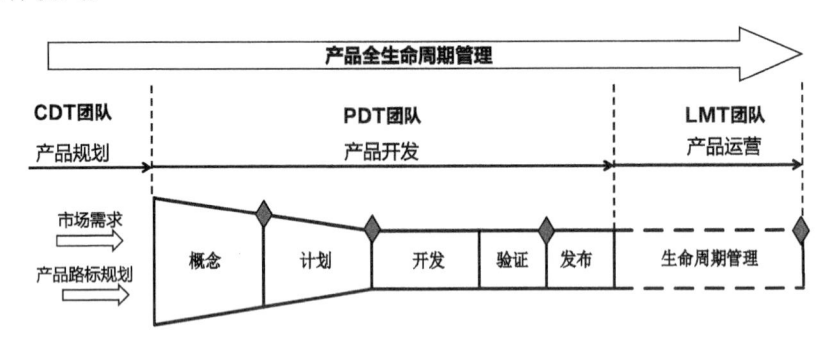

图 4-29 CDT、PDT 和 LMT 形成的接力棒模式

第三种矩阵式组织的变形设计是矩阵嵌套。矩阵式组织经常需要在组织的不同层级重复出现，于是便会出现矩阵嵌套。图 4-30 展示的是某企业全面推行 IPD 体系后所设计的较为复杂的矩阵式组织结构，整体上各产品线与总部职能如平台技术部、中试部、技术支持部、销售部形成了二维矩阵，PDT 及 LMT 与研发部、市场部则形成了嵌套在产品线内部的矩阵。

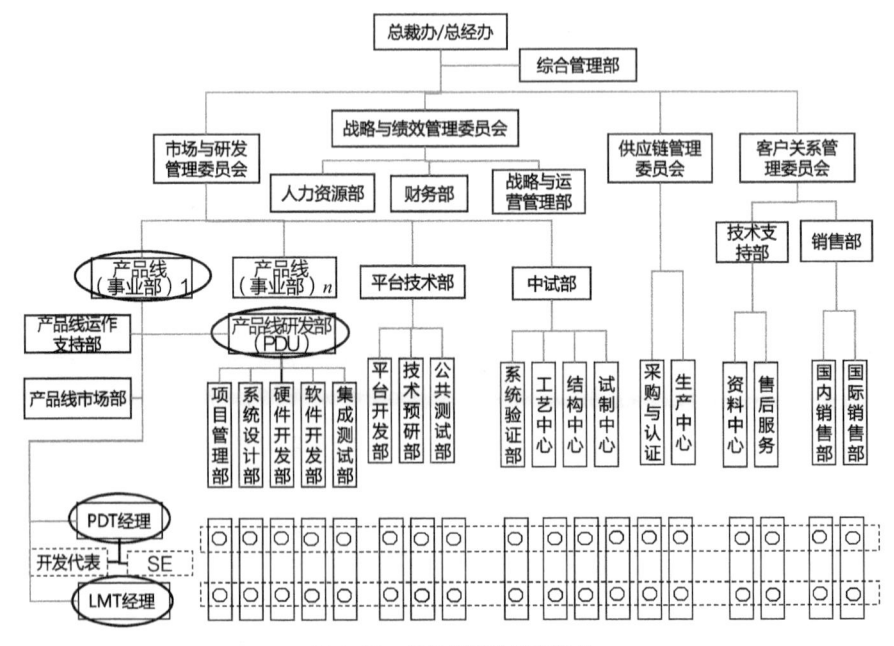

图 4-30 复杂矩阵的嵌套模式

被错误实施的矩阵式组织

在许多 IPD 变革失败的原因总结中，总能见到认为矩阵式组织不适合本企业的结论。事实上，其根本原因不在于矩阵式组织本身，而在于企业对矩阵式组织的错误实施。企业的管理者们总是简单地认为画出纵横交错的组织结构图，任命几个业务主管，再发布几条运作规则，矩阵式组织就可以良好运转了。按照前文所述的五星模型可知，高效能组织的运转，需要领导力、结构与流程、人才与激励、氛围与文化等方面的相互匹配，而不是仅仅从结构这一个维度上做出改变就可以实现的。还有的企业甚至想通过推行所谓的"产品经理负责制"，就妄想让产品经理担负起为产品的市场成功和财务成功负责的重任，并认为如此操作，既规避了实施矩阵式组织的复杂性，又可以通过一个人就能实现横向跨部门端到端的高效协同。

组织结构的改变，也是权力的一次重新分配，特别是纵向资源管理权与横向业务指挥权之间的一种平衡。职能部门会由原来的大权在握变成业务部门的资源池和能力的支持部门，权力的落差感会促使职能部门表面上也积极支持矩阵式组织结构的变革，但其目的不是为了分权，而是想借助矩阵式组织中的实线或虚线抓更多的权。当需要权力分享才能实现的目标没有达成时，他们又往往是第一个跳出来说矩阵式组织无用的。

无法正确看待冲突的增加也是实施矩阵式组织失败的重要原因之一。矩阵式组织是既要 A 又要 B 的多重战略重心选择下的结果，冲突则是与生俱来的特质。冲突会发生在面对多头领导而无所适从的节点员工处，也会发生在纵向职能部门与横向业务部门无法达成共识时，还会发生在各种沟通协调会上，因此，可以说矩阵式组织是制造冲突最多的一种组织形态。然而，冲突也不都只有负面影响，冲突的出现意味着有人发现了严重的错误或漏洞并在予以阻止，冲突的发生说明有人提出了更优的解决方案，冲突避免了一言堂下的决策风险，也推动了管理上的改进。多维度相互掣肘、相互影响带来了更多的冲突，但通过沟通和共议，群策群力提出多维度之间均认可的解决方案，满足多重心战略的需要，这何尝不是矩阵式组织管理冲突的独特优势呢？

流程型矩阵式组织的构建

通过设置横向的业务部门和业务团队来强化横向跨部门的协作，这依然是一种靠部门或个人"推"的方式，更好的方式应当是靠流程以"拉"的方式让各种资源"自组织"起来，形成流程型矩阵式组织。因此，流程型矩阵式组织是矩阵式组织的最高阶组织形态。流程型矩阵式组织的运转不再是依靠命令的上传下达，而是基于业务流程。工作中各角色之间的关系，也不再是上下级的从属关系，而是基于流程的分工与协作的关系。管理者的主要工作也由原来的监督控制转变为对流程、机制的设计与完善。

华为在许多年前就曾提出，主航道组织变革的重点是在坚持矩阵式管理的基础上，逐步实现一线呼唤炮火、机关提供服务与监督的转变。在主航道的作战队伍上实施矩阵式管理，优势是大平台，各类资源可以复用共享，其代价是内部管理关系会变复杂，管理成本较高。但是为了让千军万马站上上甘岭，消耗点人力资源，称称这个、平衡那个，代价是值得的。但是，华为管理体系改进的最终目标依然是建设前端拉动为主，后端推动为辅的流程型组织。

华为认为，基于流程来分配权力、资源及责任的组织，就是流程型组织。流程型组织要求基于流程设计组织并定义角色和职责，组织承载流程的角色和要求。按流程来设计，就不会出现人员冗余、职责重叠的组织，并能防止机构臃肿，避免陷入烦琐主义。

流程型组织要求基于流程来分配权力和责任，流程定义的角色和要求清晰之后，各级组织要很清楚自己在流程中应承担的责任，并安排合适的资源，及时、准确、高质量地完成流程要求的工作，否则，将会增加流程运作成本，影响流程的效率。

流程型组织还要求基于流程进行审计并追溯管理者对流程的责任，加强绩效考核，对不敢担责的主管，要及时撤换。唯有如此，流程责任才能真正落到实处，流程型组织才能真正运作起来。

当然，流程型组织也是随客户需求的变化而变化的组织，客户需求变了，流程也要改变，组织也应做出相应的调整。只有这样，才能使流程简洁、组织简单、响应快速、运作成本较低，最终支持战略目标的实现。

第八节　重量级业务团队及管理机制的设计

跨部门的重量级业务团队是 IPD 体系得以正常运转的基础组织保障。在传统的职能型组织下，各项业务活动是串行的，任务完成的总周期长，易产生鞭子效应，职责频繁转移，信息层层衰减，易滋生本位主义和厚厚的部门墙，如图 4-31 所示。针对这些问题，曾有华为员工形象地总结：前段说"英语"，中间说"日语"，后段说"汉语"，但是各段都是"李云龙"（项目经理）的问题。

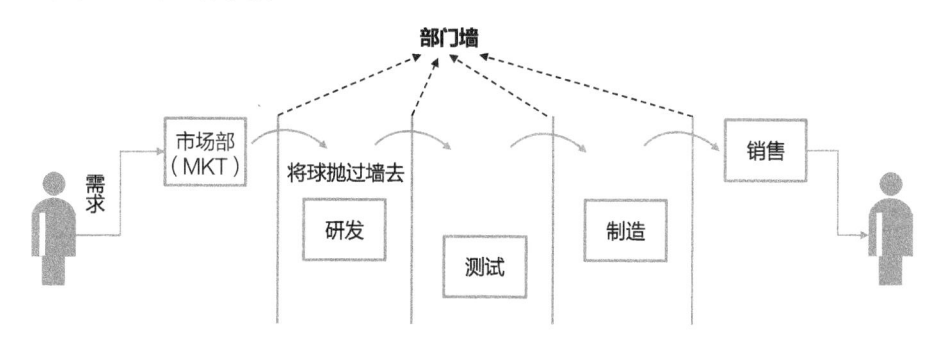

图 4-31　传统职能型组织的部门墙

IPD 体系引入重量级业务团队，为产品开发和研发管理带来了如下几个明显的变化：

- 目标聚焦：团队的精力聚焦于业务管理，对业务的商业成功负责。
- 并行工作：团队成员分别是各专业领域的全权代表，各领域的工作并行开展，沟通协作效率高。
- 一个团队：分散办公，集中决策，信息共享，目标一致。
- 决策全面均衡：既有多方利益的博弈制衡，又能快速决策并达成一致意见。

重量级业务团队由核心小组组长、核心小组及外围组构成，如图 4-32 所示。核心小组组长是整个团队的核心人物，一般由团队职责领域范围内的最高业务主管担任。核心小组由来自各专业领域的业务代表组成，在组长的指导下，各业务代表负责各自专业领域的管理及协调工作。外围组是核心小组的支撑组织，由各职能部门的基层执行人员组成，在各业务代表的协调下，完成具体的工作任务。

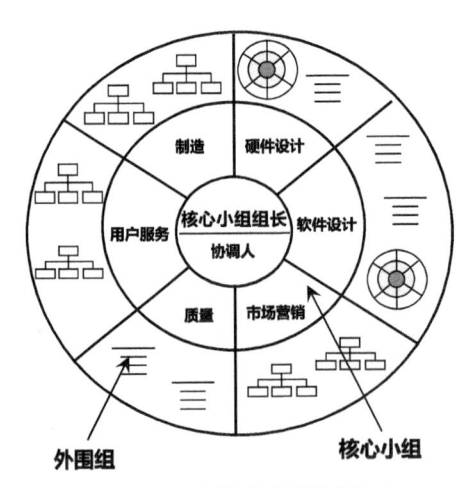

图 4-32 重量级业务团队的构成

相比传统的等级严格的职能型组织，重量级业务团队消除了垂直的等级制度，采取圆桌合作方式，各业务代表在团队内贡献专业智慧，共同对业务目标负责，并针对跨部门的协调问题进行平等沟通，集中讨论对策之后再民主决策。

关键的重量级业务团队的设计

IPD 体系下的重量级业务团队有两类，分别为管理团队和执行团队，在层级上又分为公司级和产品线级。所谓的"重量级"是指团队成员能够充分代表本功能领域，并贡献自己及其所属领域的专业技能，团队经理及其成员共同拥有团队的权利和义务，且团队经理的业务决策权要大于职能部门经理。

IPD 体系下的几个关键的重量级业务团队及其关系如图 4-32 所示。IRB 是公司的最高决策团队，对 IPMT、ITMT 进行管理。IRB 在公司总体战略的指导下，以客户需求为导向，进行产品投资决策，并围绕产品投资决策的落实，推动市场（Marketing）、研发、供应链、销售、服务等部门间的协同一致，满足客户需求。核心团队成员包括 IRB 主任（一般为公司总裁或总经理）、公司级副总裁或副总经理、各产品线或子公司的总裁或总经理，以及财经、人力资源、供应链等相关领域的公司级负责人。

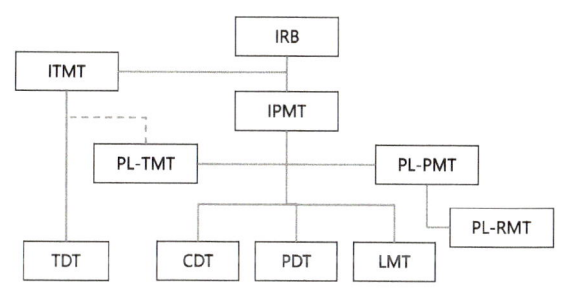

图 4-33　IPD 体系下的几个关键的重量级业务团队及其关系

ITMT 是公司的最高技术管理团队，接受 IRB 领导，掌握公司技术发展方向，对 IPMT 提供技术指导。在公司的总体战略及 IRB 的具体指导下，其负责公司工程与技术能力的构建并与业界同步，确保产品发展所需的工程和技术能力得到保障，避免因技术能力不足或复用水平低而影响产品市场竞争力和客户需求响应速度。其核心团队成员包括 ITMT 主任（一般为平台或技术中心负责人）、各产品线研发总监以及各专业领域的技术专家。

IPMT 是产品线或子公司的最高决策团队，接受 IRB 的领导和 ITMT 的技术指导。IPMT 负责涉及单一产品线或子公司的投资决策，对产品线投资的损益及商业成功负责。其关注产品投资方向，对产品 V、R 版本的立项和 DCP 进行决策。基于客户需求导向，其负责市场、研发、供应链、销售、服务等部门间的协同一致，确保及时、低成本、高质量地交付。IPMT 还负责产品线工程与技术能力的构建，并与业界同步，确保产品线发展所需要的工程和技术能力得到保障。其核心团队成员包括 IPMT 主任（一般为产品线总裁或子公司总经理）、产品线市场总监、产品线研发总监、产品线销售总监及其他产品线或子公司一级部门负责人。

PL-PMT 是支撑 IPMT 运作的参谋机构，负责制定产品线或子公司的中长期发展规划、年度业务计划、年度营销计划、产品组合和路标规划，评估中长期发展规划、年度业务计划、年度营销计划的执行情况，并提出改进措施和计划建议。笔者建议中小型企业将 PL-PMT 与 IPMT 合并运作。

CDT 是跨部门的 Charter 开发团队，负责新产品或解决方案项目任务书的开发，对版本踏准市场节奏、满足客户需求、可盈利性和市场竞争力负责。其核心团队成员包括 CDT Leader（CDT 经理，一般为产品总监或市场部总监）、产品经理、开发代表、销售代表、服务代表、财务代表等。

PDT 是跨部门的新产品开发团队（执行团队），负责新产品开发从 Charter 到上市的整个过程的管理。PDT 的主要目标是根据 IPMT 批准后的新产品开发项目任务书中的要求，确保新产品在财务和市场上取得成功。其核心团队成员包括 PDT Leader（PDT 经理）、开发代表、系统工程师、产品经理、销售代表、服务代表、财务代表、PQA 等。

　　LMT 是产品生命周期的维护团队，负责以产品上市交付的内容为基础进行不断刷新和持续优化来满足市场变化的需求。其要依据产品运营的绩效目标例行监控市场、制造、服务绩效的实际表现，进行差距和机会分析，制定改进措施并推动落实。LMT 还要适时建议进行销售、生产、服务的终止，真正实现端到端降低运作成本、提高收入和盈利能力、提高客户满意度、提升产品和解决方案的竞争力的要求。LMT 的团队组成与 PDT 类似，但规模要比 PDT 小。

　　TDT 是跨部门的技术开发团队，负责执行 ITMT 或 IPMT 批准的平台与技术的开发和交付，并按项目计划迁移到 PDT，使之符合 PDT 的业务需要。其核心团队成员包括 TDT Leader（TDT 经理）、开发代表、系统工程师（SE）、制造代表、采购代表、服务代表、PQA 等。

　　PL-RMT 是产品线或子公司需求管理的驱动者和日常管理的执行者，负责需求管理流程、方法和工具的推行工作，以及需求管理人员的技能提升。其核心团队成员包括 RMT Leader（RMT 经理，一般为产品总监或产品经理）、市场专员、开发代表、系统工程师、销售代表、服务代表等。

产品经理与资源经理的职责设计

　　在重量级业务团队中，有大量的关键角色需要重新设计其职责，这里我们重点关注产品经理与资源经理的职责设计。"产品经理"这一职位源于宝洁公司，在国内因互联网行业而得以流行。在华为早期的 IPD 体系中，产品经理就是 PDT Leader（PDT 经理），他们是同一个角色，是一个 19 级~20 级的中高层职位。随着产品经理在产品管理中的作用日益凸显，许多企业也开始设置产品经理这一职位。不过，大部分企业是将产品经理定位为中基层管理者，有的企业将产品经理分为前端产品经理和后端产品经理，也有的按业务型产品经理和技术型产品经理进行区分。无论企业如何界定产品经理的角色定位，产品经理这一群体所承担的产品管理的职责，应贯穿于产品的全生命周期，如图 4-34 所示。

业务战略规划
- 业务模式设计
- 产品路标规划

产品营销支持
- 产品推广
- 市场营销

需求挖掘
- 客户需求洞察
- 市场及竞争分析

产品立项分析
- 创新机会识别与评估
- 产品定义及商业计划的制订

产品开发支持
- 开发项目支持
- 开发团队支持

生命周期管理
- 产品生命周期维护
- 产品退市管理

图 4-34　产品经理的产品管理职责

产品经理的组织归属一般为产品线下的市场部或产品管理部，并按产品助理 PA、产品经理 PM 和产品总监 PD 进行分级管理。

对于比较复杂的产品系列或解决方案（这里都统称为产品）的交付，在产品生命周期的不同阶段，从立项到开发、上市，再到上市后的运维，对业务团队及其经理的能力要求会存在比较大的差异和挑战，企业可以采用 CDT、PDT、LMT 分段接力的模式实现产品管理职能。此时，企业就需要一个角色即产品经理去端到端地拉通 CDT、PDT 和 LMT，对产品的全生命周期进行管理，并对产品的经营结果负责。此时的产品经理一般为某个产品系列或产品簇（消费品行业称品类）的产品总监，并担任 CDT 的经理，通过产品规划控制产品系列的开发节奏，并确保产品的市场竞争力。在此模式下，PDT 经理只对产品的某一个型号或款式的开发项目负责，PDT 团队和 PDT 经理都是临时设立的，项目结束即解散。PDT 经理和 LMT 经理都要向产品总监汇报，因此，产品总监相当于产品系列或产品簇的"产品总经理"。

对于简单产品，笔者建议将 PDT 经理定位为"产品总经理"，对产品的经营结果负责，产品经理以市场代表的身份协助 PDT 经理对产品进行全生命周期的管理。同时，对产品的全生命周期管理，也没有必要采用 CDT、

PDT 和 LMT 分段接力的模式，新产品的 Charter 立项和开发是可以由同一个 PDT 团队来完成的。另外，可以在 PDT 团队内部设置一个运维组，代替 LMT 对已上市产品进行生命周期的管理。由此，PDT 经理就成了真正对产品全生命周期的经营结果负责的"产品总经理"，PDT 团队也就成了真正的重量级团队，而非随着新产品开发项目的结束而遭解散的临时项目组。

在矩阵式组织结构下，传统的研发职能经理（或职能主管）要彻底转身为资源经理（LM）。LM 是资源和能力的建设者，其聚焦于组织、人才、流程、技术、方法和工具的建设，要为产品和项目的交付做好如下三项准备：

- 流程、方法、工具的准备：基于公司的战略与导向，围绕主业务价值流，持续分析运作瓶颈，持续建设本领域的流程、方法、工具，确保运作的高效。
- 技术、人才的准备：基于产品路标、技术路标，识别关键技术、关键人才，成立技术项目，进行技术开发。
- 资源技能的准备：基于技术路标所标识的关键技术，根据新流程、方法、工具的部署应用，开展员工技能培训。

特别是针对技术的准备，LM 要成为某项技术、系统特性、子系统或子模块等各块"责任田"的长期建设（包括技术规划和架构看护）以及高质量交付的责任人，要关注"责任田"上每个版本的交付，及时攻克技术难点并解决质量问题。

LM 要由以前的亲自上阵转身为强力支撑，除了要满足产品或项目的当期交付，还要从技术、人才、流程、工具等方面规划未来，提前做准备。企业及业务单元的高层管理者也要支持 LM 在能力建设上的投入，避免出现"重交付，轻能力建设"的不良现象。

重量级业务团队对业务的管理一般是以各种项目的形式进行运作的，因此，资源经理（LM）与项目经理（PM）的配合与协同最为频繁。有关 LM 与 PM 的职责划分及协同机制的设计，会在接下来的"IPD 体系各种决策与协同机制的设计"一节中进行详细阐述。

重量级业务团队管理机制的设计

重量级业务团队要想正常运转，必须要有相应的管理机制做保障。首先是企业要为其赋予对等的责权利，"责"当然是要多打粮食，并增加土壤肥力；"权"则是指业务决策权、预算分配权和价值评价权；"利"就是指激励，包括物质激励和非物质激励。

企业要制定重量级业务团队成员的选拔标准和任职资格要求。如华为 PDT 经理的任职资格要求是管理三级，开发代表则要达到技术四级。在缺乏合适人选的情况下，企业可以考虑让资源经理采用前文所述的双头衔模式，以此方式倒逼资源经理加大人才培养的力度。在团队成员的配置上，IPMT、LMT 要保障配置真正重量级的团队成员，原则上各业务代表不允许跨团队兼任。PDT、TDT 除经理及开发代表外，其他代表可根据业务情况确定是否要单独配置。

对重量级业务团队成员的绩效考核要采取共同签署原则和就上不就下原则。重量级业务团队的成员也是资源部门的员工，要承担两个角色的职责，因此，其 PBC（个人绩效承诺书）应当由资源部门主管和重量级业务团队经理共同签署，要体现出重量级业务团队经理对其的绩效要求，各项考核指标与重点工作的权重分配由双方协商确定。对于在不同层级的重量级业务团队中兼职的成员，PBC 按较高层级的团队目标来签署，但在 PBC 的执行措施承诺中要体现出其所兼职的较低层级团队中的工作。重量级业务团队经理对其团队成员的年度绩效考评结果具有否决权。

例会制度是重量级业务团队集中讨论，民主决策的一项重要管理制度。最初华为导入 IPD，可以说就是从学会如何开会开始的。例会制度应当规定会前要审视上报的议题是否合适，拒绝不相关的议题上会，批准上会的议题及汇报材料，要在会前与各核心组成员完成充分有效的沟通和预审。核心组成员必须将参加此类会议作为头等大事来对待，且须在会前认真阅读会议材料，为讨论和决策做好准备。当某核心组成员无法亲自参加会议时，允许其指定一名固定授权人员来代表其参会，且其全年的亲自参会出席率不得低于 75%。每个议题的汇报都必须提出明确的建议，无建议的议题不允许上会。针对相关议题和建议的表决，核心组成员具有一人一票的表决权，与议题强相关的被邀参会的相关部门或专家人员具有临时表决权，表决结果遵循少数服从多数的原则，但重量级业务团队经理具有一票否决权。

为支撑重量级业务团队的运作，还需要制定一套共同的行为准则。这里将华为 IPMT 的行为准则举例如下：

- √ 把话放到桌面上。以公开、坦诚的方式面对问题，展开讨论。
- √ 永远尊重并正直地对待彼此。尊重彼此的职业素质，讨论是以事实为依据的，对事不对人。
- √ 倡导团队协作。在树立团队精神方面起到表率作用，鼓励下属积极进行跨部门、跨界限的沟通与协作。
- √ 一个声音说话。遵守"内阁原则"，永远只在团队内部解决不同意见。一旦团队做了决定，就是团队每一位成员的决定，要坚决贯彻落实。
- √ 恪守团队承诺。恪守对团队或成员的承诺；尊重最后的期限；只承诺能够交付的；保守秘密。
- √ 做到准备、在场、参与的一贯性。要预先完成材料阅读，永远有备而来，准时参会并遵从日程；积极参与讨论，主动发表观点，充分分享信息，对团队成员的发言及时做出回应；利用好会议时间并能做出决定。
- √ 鼓励不同的观点。既要独立思考又要善于妥协；要善于倾听团队成员的发言，具有同理心，能够听出发言人的内心感受；日常团队成员间多利用非正式的沟通方式加强协商。

第九节　IPD 体系各种决策与协同机制的设计

即使构建好了矩阵式组织结构和结构化业务流程，IPD 体系依然无法正常运转，还必须建立一套有效的运作机制。组织运作机制包括了决策机制、协同机制、监督机制、激励机制以及内部交易机制等，在这里我们重点阐述 IPD 变革是如何重塑研发体系的各种决策和协同机制的。

放权与监管并行的决策机制

决策机制的背后是权力的分配与管控，纵向授权和横向分权是设计决策机制时要考虑的两个主要方面。IPD 体系最重要的权力分配是把业务指挥权授予听得到炮声的重量级业务团队，职能部门及其资源经理主要行使资源管理权。

产品开发是一项投资行为，为保证研发投资的成功，IPD体系在产品的全生命周期管理过程中设置了决策评审机制和五个决策评审点，让研发资源和资金在产品开发过程中实现分批且受控地投入，如此既可以满足产品开发项目在各阶段的实际需要，又可避免项目后期的不确定性所带来的更多研发投资的损失。每个评审点都有相应的评审标准，只有完成了规定的工作任务并满足评审标准，才能进入下一阶段。表4-6展示了产品全生命周期中每一次决策评审的时间节点、主要交付件及决策评审获准通过的意义。

表4-6 产品全生命周期的五次决策评审

决策评审点（DCP）	时间	主要交付件	通过结果意味着
CHARTER	启动一个新项目	项目任务书和背景材料	同意立项及概念阶段的计划
CDCP	概念阶段结束	初步的商业计划书	同意产品包需求、产品定位及计划阶段的计划
PDCP	计划阶段结束	最终的商业计划书和签署的合同	同意产品的商业计划及开发验证阶段的计划
ADCP	发布阶段开始之前	进入市场，服务和发布计划	产品可大批量上市及发布阶段的计划
LDCP	生命周期结束	产品退出计划，营销、生产、服务的支持	批准产品退出市场

IPD体系中除了要有产品开发相关的决策机制，制定公司总体战略及产品线业务战略、开发技术和解决方案等，也要有相应的决策机制。以华为为例，其业务决策内容、决策团队及其相互关系如表4-7所示。

表4-7 华为的业务决策内容、决策团队及其相互关系

业务类别	决策内容	决策团队						
		EMT	IRB	C-PMT	ITMT	IPMT	PL-PMT	PL-TMT
公司总体战略	80X	决策	评审	制定				
产品线业务战略	SP	决策	评审			评审	制定	
	BP		决策			评审	制定	

续表

业务类别		决策内容	决策团队						
			EMT	IRB	C-PMT	ITMT	IPMT	PL-PMT	PL-TMT
产品及解决方案开发		Charter及DCP					决策	评审	
平台开发	公司级平台	Charter及DCP				决策			
	产品线级平台	Charter及DCP					决策		
技术开发	公司级技术开发	Charter及DCP				决策			
	产品线级技术开发	Charter及DCP							决策

IPD 体系决策机制的运作，需要融入整个公司管理体系的决策机制中。华为的决策机制是集体决策，最高集体决策机构是 EMT，并以轮值主席的方式进行运作，IPD 体系的重量级业务团队 IRB 也要接受 EMT 的领导。在组织的各个层级如产品线及产品线下面的市场部（或产品管理部）与研发部，都要求设置 ST 和 AT 团队分别对业务管理和行政管理做决策。ST 团队对部门内的业务运营事务进行日常管理，关注能力建设；对于除保留在 AT 决策范围外的干部管理和人力资源事项，包括干部培养、招聘、培训、组织建设等问题进行协调、决策；解决与其他部门在业务运营上的冲突。AT 团队主要负责部门内干部任用的推荐和员工评议、激励等重要的人员管理工作，AT 团队主要由 ST 团队的核心成员组成。

通过 ST 与 AT 的运作，华为将对事与对人的评议及决策分开。对人的评议宜粗不宜细，人无完人，要用曹冲称象的方式来评价，不能用显微镜的方式来评价。对事的评议则宜细不宜粗，用事实和数据说话。AT 团队的决策机制是从众不从贤，采取民主集中制，只需 2/3 的人员表决通过即可，AT 团队的经理无一票否决权。ST 团队的决策机制则是从贤不从众，是部门首长负责制，为强化组织日常运营的执行力和运作效率，采用集体议事下的部门首长权威管理制，在民主讨论的基础上，ST 团队的经理拥有对决策事项的一票否决权。而现实中许多企业的决策机制却是反过来的，对人的任用搞一言堂，对事的决策搞民主投票，都不愿意担责。

为提高决策效率，华为还强调凡是具有重复性质的例行工作，都应制定出规则和程序，授权下级处理，上级主要控制非确定性事务。任正非对此有个形象的比喻：高铁从北京到广州，至少有几千个管理点，每个管理点本身就是确定性的事情，火车来了按几个指令核对，把道闸给它开了，让它走……，如果过某个点，我们也要拿来研究研究，高铁就变成牛车了。确定性事务就是可以按流程制度处理的事务，高效的管理体系要求不断地将权力下放，并通过流程型组织的建设，逐步把非确定性事务的管理转化为确定性事务的管理。让执行人员对确定性事务负责，而不是事事都要向主管请示决策，主管应主要负责非确定性事务的决策。华为还规定开会不讨论确定性事务，并指出将确定性的事务不断拿到会上来讨论，是管理幼稚的表现。

为提高决策质量，必须通过授权扩大中层的决策权限，如果中层不决策，也不担责，结果就是高层领导直接指挥到基层。高层领导听不到炮声，他的指挥就会存在问题。重大战略问题关注的是一个长期的发展方向和策略，高层的决策可能是正确的，但在攻取一个山头的问题上，高层未必比听得到炮声的中层更正确。多年来，华为管理体系变革的要求之一，就是逐步由中央集权转向让听得见炮声的人来呼唤炮火，沿着流程进行授权并实现权力的下放，使前方组织有责、有权，后方组织赋能及监管，以此来摆脱中央集权的效率低下、机构臃肿的弊病，实现客户需求驱动的流程型组织建设的目标。

权力在下放的过程中可能会被某些人利用而产生腐败，但是不能因噎废食，权力仍要继续下放。企业要相信绝大多数员工的品质是好的，同时也要完善监管体系。权力下放与加大监管的两个轮子要并行运行，从而避免一抓就死，一放就乱。

从个体英雄到群体英雄的协同机制

IPD 体系的结构化业务流程建设和重量级业务团队的组建，都是为了在产品管理与客户价值创造的过程中实现端到端跨部门的高效协作，它们是 IPD 体系实现真正的集成开发，让产品创新从偶然成功走向必然成功，并使产品的成功由依赖个人英雄转变为依赖全体英雄所必需的基础设施。

IPD 的流程体系设计之初的目标就是要拉通市场、研发、采购、生产、服务、质量及财务等职能部门，在产品的全生命周期管理的过程中一起协同运作。它是面向客户实现商业变现的价值创造流程，反映了真实的业务流，规范了各种价值创造活动，并清晰地界定了各部门、各角色的职责及其相互之间的协作关系。只要与业务活动相关的部门和角色被流程卷进来，按流程的要求承担专业责任、贡献专业价值，自然就打通了部门墙，破除了屁股决定脑袋这种思维方式下的种种协作障碍，实现了高效的协同。

流程体系的协同运作，同样需要矩阵式组织结构和重量级业务团队的配合。在矩阵式组织结构下，纵向的职能部门为业务的运作提供专业资源和能力的支撑，拥有资源管理权；横向的重量级业务团队则以市场和客户需求为导向推动业务运作，拥有业务指挥权。纵向的职能部门与横向的业务团队拥有共同的下属，双方共同为这个下属制定绩效目标，同时业务团队的经理对这个共同下属的绩效评定结果拥有否决权，这是双方能够实现协同的基础。

以新产品集成开发项目（群）中项目经理（PM）与资源经理（LM）的协同关系为例，如表 4-8 所示，可见工作中他们都有各自要主导的职责，同时又互为协同者。

表 4-8 资源经理与项目经理的协同关系

PM（项目经理）：项目管理的主导者，能力建设的协同者	LM（资源经理）：项目管理的协同者，能力建设的主导者
对所交付项目的整体成功负责	对所负责领域交付的产品特性、子系统、模块负责
PM 根据项目的要求和特点，选择合适的流程、方法、技术和工具，定制和应用项目管理流程、工具和方法	LM 为项目提供人员、流程、方法、技术和工具，为项目交付做好能力储备

续表

PM 将 LM 制定的员工能力提升要求与计划纳入项目计划中，确保计划的实施，并计入项目工时	LM 制定员工的能力提升要求与计划，并提交给 PM 落入项目
PM 对各特性团队进行绩效评价，并对项目成员进行及时激励	LM 综合 PM 的评价，给出员工的最终评价结果

在此协同关系下，项目经理承接项目任务，策划开发策略，预算资源投入，整合资源经理提供的各类资源（如人员、流程、方法、工具、技术等），排兵布阵，运用职业化的项目管理方法，高效运作项目，完成项目交付（高质量、低成本、及时）。资源经理为项目经理提供项目所需的各类资源，通过例行决策机制参与项目管理，确保交付质量，看护好产品特性、子系统或模块，同时协助派出的项目成员及时处理项目突发的重大问题、技术难点。总之，项目经理对项目负责，资源经理对自己的"责任田"负责，他们分工协作，共同对交付给客户的最终结果负责。矩阵式组织下的项目运作过程，如图 4-35 所示。项目运作中的价值创造过程如图中的细线条所示，价值评价过程则如图中的粗线条所示。

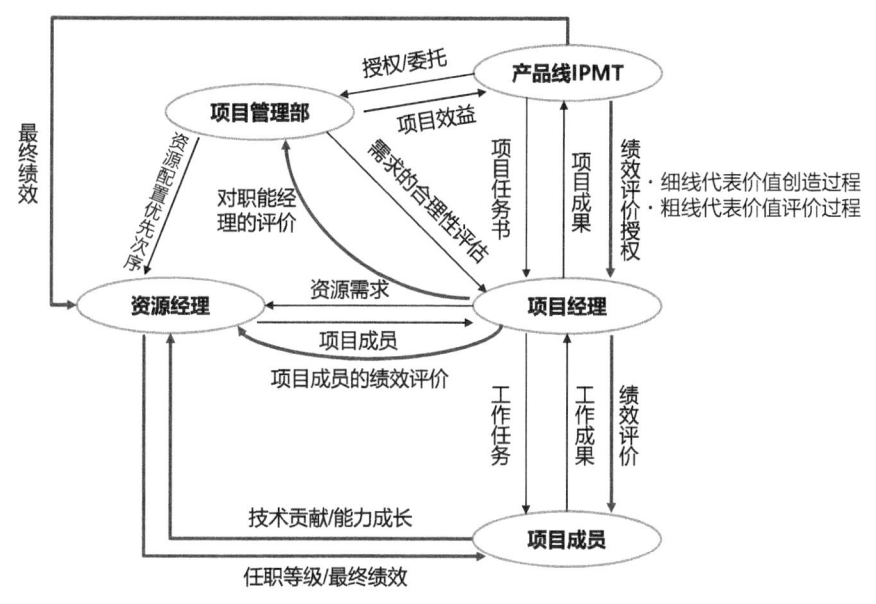

图 4-35 矩阵式组织下的项目运作过程

在不断推进流程型组织建设的基础上，为强化跨部门协作，华为还设计出了"机关资源化，资源市场化"的内部资源交易机制。在此机制下，华为将各组织按责任中心分别定位为投资中心（如 IRB）、利润中心（如产品线、代表处）、成本中心（如采购、制造和服务部门）、费用中心（如人力资源部、财务部）。产品线和代表处等利润中心都是一线作战单元，拥有业务指挥权且有预算（也就是有钱），但手上没有足够的资源。以成本和费用中心为主的后方，它们拥有资源管理权，有资源、技术和能力，但是它们必须通过向一线提供炮火才能获得更多的收入，否则只能按照空耗（维持运作的最低成本）来制定预算。如果后方从一线获得的收入少，则员工只有基本工资且部门的奖金包也很小。

如此一来，一线与后方就成了内部客户关系，一线成了甲方。后方为了获得更多的预算及奖金包，必须放下原来高高在上的身段主动服务好一线。当然，一线呼唤炮火是有成本的，谁呼唤炮火谁就要对成本负责。因此，一线即使有钱也不会乱花，在购买后方资源时也会精打细算，也想要物美价廉的资源，对于那些技术不好、服务态度又差的资源，可以随时退回。在此交易机制下，一线的市场压力可以无依赖地传导到后方，从而倒逼后方想方设法加强人才培养并提升服务质量。以前总想窝在后方不愿意支持一线的那些高薪酬的专家型资源，这时也会主动要求支援一线的项目了，为什么？因为他们的成本高，窝在后方会让部门不堪重负，而进入一线的作战项目，就可以将自己的成本分摊到项目里，同时为部门创造收入。

通过上述内部交易机制的构建，一线减少了呼唤炮火的盲目性，后方也提升了对一线支援的主动性，前后方的协同更加高效了，交付质量也更有保障了。

第十节　详细设计阶段的变革项目管理

完成了研发体系各模块的详细设计之后，IPD 变革项目即将进入第五步的受限试点阶段，也就是进入解决方案的实施阶段了。对照 IPD 变革指导框架，解决方案的实施首先是要尽最大努力寻求相关干系人特别是项目关键干系人的广泛支持。有了前面几个阶段所采取的增强变革紧迫感，对调研诊断报告进行宣贯，并对问题和解决方案展开专题辩论等行动，变革项目团队此时会过于乐观地认为 IPD 变革已经获得了足够广泛的支持，万事俱备，只欠东风。然而事实果真如此吗？笔者建议变革项目团队此时还需谨慎地针对项目关键干系人的变革参与度再一次进行评估，为下一步的试点工作尽量排除来自项目关键干系人的风险和隐患。

项目关键干系人变革参与度的评估结果，可以按意识、理解、合作、投入、拥护分成五个等级，各等级的评定标准及应当采取的策略如表 4-9 所示。

表 4-9　项目关键干系人变革参与度的评估等级及应对策略

参与度	意识	理解	合作	投入	拥护
定义	能意识到并且理解变革的目的和过程	正确理解变革活动给他们带来的收益和影响	支持变革活动，相信变革的价值，采取变革所需的行动	主动进行沟通并采取变革所需的行动	积极采取行动，改进并保持变革绩效
策略	不断宣贯	让其参与项目	为其分配意义明确的职责	教练式指导	授权并明确责任

最终的评估结果可能如表 4-10 所示，几乎所有项目关键干系人的变革参与度都会低于变革项目团队的期望。这也预示着在后续的试点及推行阶段，变革项目团队为获得项目关键干系人的支持，还有大量的工作要做。

表 4-10　项目关键干系人变革参与度的评估结果

项目关键干系人	无意识	有意识	理解	合作	投入	拥护
市场总监			√		★	
产品规划团队		√		★		
销售团队	√	★				
研发总监				√	★	
开发部			√	★		
质量部		√	★			
制造代表	√	★				
√当前参与度　　★期望参与度						

在正式启动各模块的详细设计之前，变革项目团队就应当要完成的一项工作是：明确试点业务范围并组建试点小组。试点业务范围的选择要有一定的代表性，同时试点对本业务单元总体经营目标的风险要可控。试点小组既要有基层员工，也要有中高层管理者；既要有变革项目的支持者，也要有反对者。提前组建试点小组的目的是让其全程参与试点内容的详细设计，这样做的好处有如下几点：

√ 为设计小组提供他们对具体问题在实际工作中的表现的说明。

√ 为设计小组提供他们对解决方案落地执行的具体建议。

√ 理解新体系试点的目标、范围和具体要求。

√ 建立变革项目经理及设计小组与试点小组的人际关系。

完成了各模块的详细设计及项目关键干系人的变革参与度的评估之后，变革项目团队就可以为下一步的试点做准备工作了：

（1）整理详细设计的相关资料，为下一步的试点做好准备，并刷新下一步骤的详细工作计划。

（2）识别下一步骤的主要项目风险，刷新风险管理计划。

（3）识别下一步骤的主要沟通对象和沟通方式，刷新干系人沟通计划。

（4）为试点要用到的工具和方法提供培训。

第五章
新体系的受限试点及调优

纸上得来终觉浅，绝知此事要躬行。即便是经过广泛讨论和严格逻辑推理设计出来的变革方案，依然需要通过试运行的检验才能由一个合理的方案演化成一个合适的方案。

第一节　受限试点阶段的关键活动总览

新体系的受限试点类似于新产品开发过程中的测试与验证，主要工作是选取试点内容并设计试点项目方案，根据试点结果修正和完善新体系的设计方案，并在企业内分享试点成果以增强人们对 IPD 变革的信心，同时寻求获得更为广泛的支持变革的力量。新体系的受限试点是 IPD 变革管理六步法的第五步，此步骤的关键活动如图 5-1 所示。

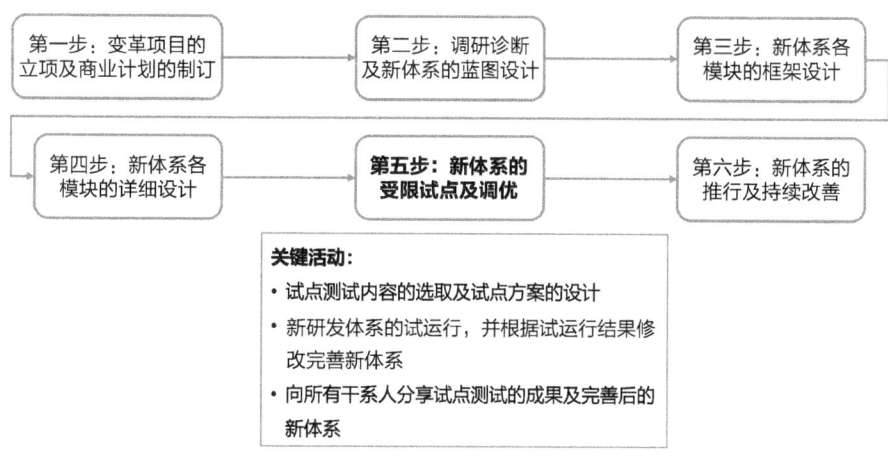

```
第一步：变革项目的       第二步：调研诊断        第三步：新体系各
立项及商业计划的制订      及新体系的蓝图设计       模块的框架设计

第四步：新体系各         第五步：新体系的        第六步：新体系的
模块的详细设计           受限试点及调优          推行及持续改善

关键活动：
• 试点测试内容的选取及试点方案的设计
• 新研发体系的试运行，并根据试运行结果修
  改完善新体系
• 向所有干系人分享试点测试的成果及完善后的
  新体系
```

图 5-1　IPD 变革管理六步法第五步的关键活动

让新的 IPD 研发体系在受限范围内进行试运行，其作用和意义是：
- 在可控的真实条件下验证新体系的可行性，为新体系在大规模推行之前提供优化和完善的机会。
- 为接下来的大规模推行培养新体系中各角色的种子选手。
- 真实可见的试点结果可以帮助项目关键干系人保持对变革的持续投入，减少抗拒情绪，消除怀疑和批评。
- 对试点成果的庆祝可以吸引更多的员工主动参与到变革中来，在基层增强变革的信心，减少变革的阻力。

新体系的试运行成果，会通过前文所述约翰·P.科特提出的目睹（看到试点成果）→感受（体会到了变革的力量）→变革（认可并参与到变革中来）的演变路径增强人们对变革的信心，使参与者在前期的投入及情感上得到回报，并对批评者给出有力的回应。

第二节　新体系试点实施方案的设计

类似于产品测试要设计测试方案，新体系的试点工作也要设计一个试点实施方案，并将整个试点工作以项目的形式进行过程管理。新体系的试点实施方案一般要包括如下五个方面的内容：

一、试点测试项目概述。

（1）试点的目的（如验证什么内容，积累什么经验）。

（2）试点的范围（如全面测试什么，部分测试什么，不测试什么）。

（3）试点测试的目标或指标。

二、试点测试计划。

（1）试点测试的阶段性交付（如各阶段的行动步骤、交付成果、完成期限）。

（2）试点测试项目团队及组成。

（3）试点测试团队成员的角色与职责。

三、试点测试过程控制。

（1）需要重点关注的内容。

（2）测试范围的变更控制。

四、需要各部门支持的事项。

（1）试点测试的资源投入。

（2）跨部门配合的事项。

五、风险及问题。

（1）主要风险及应对措施。

（2）冲突解决方式。

（3）求助渠道。

新体系的试点实施方案中有关受限试点范围及内容的选取要具有一定的代表性，能够覆盖主要的几种业务场景，同时要从以下五个维度综合考虑：

1、成果的可衡量性：试点成果要明确、具体且可衡量，如此才有说服力。

2、时间的及时性：试点成果要在尽量短的周期内获得，并且可复制。

3、与项目关键干系人的相关性：试点成果要对项目关键干系人体现出直接的价值。

4、与整体目标的相关性：试点成果要与整体的变革明确相关，要为接下来的大范围推行提供支持。

5、与现实条件的相关性：试点成果应该能够在现实条件下取得，对资源和时间的要求要合理。

第三节　新体系的试点管理及方案调优

华为当年的 IPD 变革试点，是从移动、固网几个产品线各选取了一个产品团队组成试点小组开始的，试点过程也曾遭遇过如下文即将描述的各种质疑，但在变革项目团队和各试点小组的共同努力下，各试点项目最终取得了预期的效果，极大地增强了后续在其他产品团队全面推行 IPD 变革的信心。

试点项目的成功，对接下来的全面推行意义重大。试点项目只能成功，不能失败，否则会严重挫伤人们在前面四步刚刚建立起来的本就不太牢固的变革信心。因此，试点项目在启动之初，必须制订周详的计划，特别是风险管理计划。需要识别和监控的主要的风险点如下：

- 试点项目组对新的体系能否解决当前的主要问题缺乏足够的信心。
- 试点项目组担心试点项目会过多占用其他业务类项目的资源和精力。
- 试点项目缺乏来自试点业务领域或部门中高层管理者的支持。
- 试点项目组运作新体系的能力不足，执行不到位。
- …………

变革项目团队和试点小组在试点项目正式启动前，要认真确认如下各项工作的完成情况：

√ 是否已完成试点内容的培训？

√ 是否明确了试点项目组成员的角色与职责？

√ 是否获得了试点业务部门中高层管理者的支持？

√ 是否完善了试点项目的风险管理计划？
√ 是否制定了试点成果的衡量标准？
√ 是否确定了试点问题的反馈和求助方式？

在试点项目的正式启动会上，要明确试点项目的管理要求，进行试点总动员，会议内容可参考如下：

一、变革项目整体目标及当前进展情况的介绍。

二、本次试点内容的简单回顾，新体系与当前体系的不同之处。

三、新体系中各相关角色及其职责要求。

四、试点项目的总体计划和过程控制。

五、试点过程的定期反馈和进展汇报。

六、试点问题的记录、解决及求助方式。

变革项目团队和试点小组必须认识到试点项目能否实现预期的目标，还有赖于以下几个方面的保障：

➢ 试点项目组成员的能力初步胜任试点项目对各种角色的要求。

➢ 与试点项目有关的部门主管要主动重视该项目，在资源投入、绩效激励等方面给予倾斜。

➢ 建立真正意义上的跨部门重量级团队，各领域并行开展工作，各业务代表不能只是象征性地参加一下例会或评审会。

➢ 对项目成果的考核更偏重过程和人员的培养，降低对商业成果的预期。

➢ 试点项目可能会造成工作效率和质量的下降，配合过程中的冲突也会增加，领导层要及时消除成员的疑虑和后顾之忧。

在试点项目的推进过程中，项目组还需要建立通畅且高效的信息反馈机制（如例会、网站等），以收集测试信息，包括如表 5-1 所示的对新体系的更改申请。

表 5-1　新体系更改申请模板

试点项目经理：	更改申请人：
对新体系的更改描述：	
对新体系要求更改的原因：	
如果不更改会带来什么影响或后果：	

续表

决策（批准或退回）：	
决策的理由：	
决策人（小组）：	时间：

试点项目结束时，变革项目团队应当清晰明确地宣传试点测试的相关成果。首先是要用具体的数据展现试点成果，如开发周期缩短 $x\%$，A 类项目延期占比下降 $x\%$，需求及时交付率提升 $x\%$，客户满意度提升 $x\%$ 等。其次要使试点成果与干系人的直接利益产生关联，如客户满意度的提升对基层开发人员意味着什么。最后，是要及时、公开地奖励为取得试点成果做出努力的员工，并让他们现身说法，鼓励更多的人参与到变革中来。

完成了新体系在受限范围内的试点，以及依据试点成果对新体系进行优化完善之后，变革项目团队就可以为新体系的全面推行做准备工作了：

（1）发布更新或完善后的新体系设计方案，为下一步的全面推行做好准备，并刷新下一步骤的详细工作计划。

（2）识别下一步骤的主要项目风险，刷新风险管理计划。

（3）识别下一步骤的主要沟通对象和沟通方式，刷新干系人沟通计划。

（4）为全面推行要用到的工具和方法提供培训。

第四节 对 IPD 变革的质疑及华为的解答

在 IPD 体系的试用过程中，一定会遭到员工的许多质疑，华为公司也不例外。当初推行 IPD 时，华为员工就曾提出过如下五个具有普遍性的质疑，针对这些质疑，华为变革项目团队给出了自己的理解与解答。现在我们将重温这些质疑及其解答，这对帮助其他正在推行 IPD 变革的企业建立正确的认知并增强变革的信心，依然极具借鉴意义。

质疑一：IPD 不够灵活

事实：IPD 非常灵活。IPD 是一种改进运作效果的平衡方法，事实上，IPD 是非常灵活的，可以适合所有的软硬件开发项目。IPD 实际上并不是要求所有项目都逐一地执行所有活动，而是可以、也应该根据项目的实际情况对流程进行一定的裁剪。近期，变革项目组针对小项目的更加明确的规范已经制定出来了，针对平台和芯片的新版本的技术开发流程正在开发之中，针对解决方案的客户化流程也已经开发出来，不久将开始推行。不过，对 IPD 无限灵活性的探索与我们的知识、对 IPD 的理解以及实际的经验和实践是分不开的。

质疑二：走 IPD 流程用的时间太长了

事实：IPD 会将产品上市时间提前。不过，要实现 IPD 本身的这些好处，需要华为停用或者进一步重新设计自己的老流程，而且在向未来前进的过程中，不要依然留恋过去。如果仅仅是简单地加入新流程和做法，却仍然按照老流程和老做法进行运作，最终结果只有失败。只要想一下全球的电信和计算机公司都在使用 IPD 来加快流程速度、缩短周期时间，就可以消除大家对 IPD 使开发周期变长的顾虑。华为的产品开发周期要比竞争对手长得多，最近的竞争对手调研结果已经证实了这一点。如果华为的产品开发周期比竞争对手长，质量又没有竞争对手好，怎么会具备强劲的竞争能力，并立足于国际市场呢？

质疑三：IPD 是要在速度与质量之间做出取舍

事实：必须是速度与质量相结合。华为已经知道不能因为速度的原因而牺牲质量。华为抓住市场机会的紧迫感实际上是要抓住销售机会，通常表现为速度较快，但是质量不好。一切都是为了完成销售，即使这将意味着向客户承诺的需求 PDT 是无法交付的。这种方法是先跨进客户的门槛，向客户表示华为可以提供他们所需的产品，然后承诺投入大量的资源来排除产品的缺陷，这种方式不是以市场为驱动的公司的行为，这是以销售为驱动的公司的行为，华为如果以这种方法在全球市场与对手竞争，是无法获得成功的。IPD 的目的是保证速度，但同时也要保证产品的高质量。IPD 不仅能使华为加快开发速度，而且还提供了一种规范，保证能够生产出高质量的产品。

质疑四：IPD 影响决策的速度

事实：重量级团队加快了决策的速度。但是，我们必须明确了解哪些决策由谁负责制定，谁对这些决策负责，而且所有决策团队的成员在做决策时都必须与会。华为领导会愿意快速做出决策，然后再撤回决策，如此多次反复吗？华为领导会愿意看到因为有太多的"将军"指挥"部队"，向"部队"下达相互矛盾的命令，而使产品上市的时间推迟或造成产品质量低下吗？要想加快决策速度，很重要的一点是要了解哪些决策要由谁负责制定，谁对这些决策负责。通过授权 PDT，各功能领域以及 IPMT 在自己的责任范围内制定和管理决策，加快了决策的速度。IPD 体系明确了这些决策权限和上报渠道。在竞争环境之下，各团队需要相互合作，当存在分歧时，要利用管理体系来快速解决。

质疑五：重量级团队削弱了职能部门的影响力

事实：职能部门在 IPD 的执行与决策中都占据着关键的地位，但是角色发生了变化。就像在乐队的演奏中，每个人都有自己的角色，如果鼓手想控制整个音乐，即使鼓手的技能不够，但演奏的声音比其他人大，虽然鼓手可能感觉自己很强大，但是整个音乐已经不和谐了，已经被破坏了。职能部门在 IPD 中依然扮演着非常重要的角色，但是，在 IPD 中以重量级团队的形式进行运作也很重要。如果没有强大的职能部门，IPD 也无法发挥自己的作用。职能部门在许多方面都发挥着重要的作用，例如对本部门员工技能的培养，制定职能部门的策略，向 PDT 和 IPMT 做出并履行承诺，将本职能部门与其他部门及公司联合起来，加强本职能部门对承诺的执行等。

第六章
新体系的推行及持续改善

没有人会拒绝改善,人们之所以不拥抱变革,是因为没有看到变革后的好处。

第一节　全面推行阶段的关键活动总览

研发新体系的受限试点还只是在某些特定业务场景下对新体系中的关键模块的试运行，新体系的全面推行才是最终检验 IPD 变革方案的含金量及其能否达成变革预期和目标的关键阶段，也是 IPD 变革管理六步法的第六步。该步骤的关键活动如图 6-1 所示。

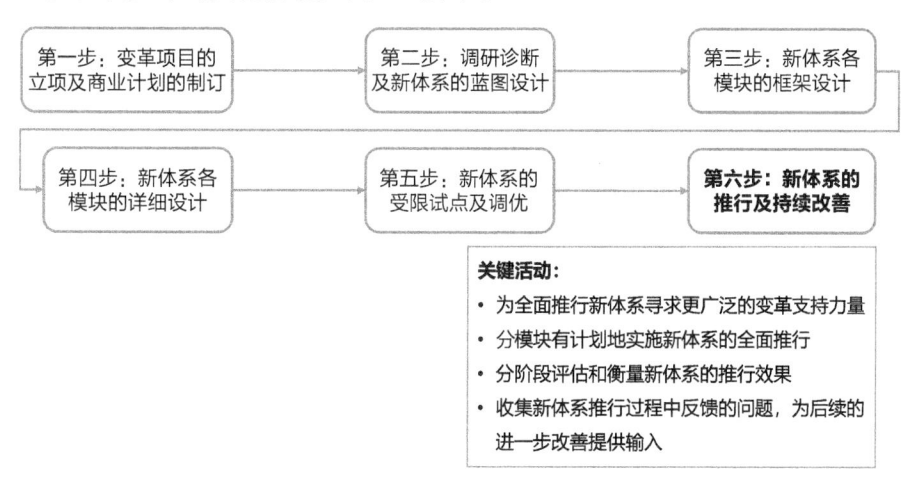

```
第一步：变革项目的         第二步：调研诊断         第三步：新体系各
立项及商业计划的制订   →   及新体系的蓝图设计   →   模块的框架设计
                                                        ↓
第四步：新体系各         第五步：新体系的         第六步：新体系的
模块的详细设计     ←    受限试点及调优      ←    推行及持续改善
```

关键活动：
- 为全面推行新体系寻求更广泛的变革支持力量
- 分模块有计划地实施新体系的全面推行
- 分阶段评估和衡量新体系的推行效果
- 收集新体系推行过程中反馈的问题，为后续的进一步改善提供输入

图 6-1　IPD 变革管理六步法第六步的关键活动

在 IPD 变革方案的全面推行阶段，对项目关键干系人的关注依然处于变革管理工作的核心位置，同时，变革项目团队还需想办法团结更广泛的支持力量。即便如此，变革阻力依旧会存在，在此情形下，变革项目团队必须保持足够的耐心，把握好变革方案的推进节奏，不断创造短期成效来赢得人们参与变革的信心。变革项目团队经常认为，新的管理体系在企业或业务单元得以全面实施，变革任务也就算完成了。然而，在人们的行为习惯没有真正改变之前，旧的行为习惯依然有机会"吞噬"前期所取得的所有阶段性成果，将管理体系重新拉回到原来的运行轨道上去。变革项目团队必须继续为 IPD 变革保驾护航，直至新的良好行为习惯初步固化成了组织的一种崭新文化，并融入组织的 DNA。

第二节　广泛的共识是推行变革的基础

企业开发出新产品向客户销售时需要说服客户下单购买，变革项目团队设计出 IPD 变革方案后也需要说服企业内部各层级的员工付出努力去实施，与员工达成广泛的变革共识是推行变革所必需的群众基础。然而，要说服员工与自己同坐一条船，理解和支持我们的变革方案并不是一件容易的事情，抵制变革反而是大多数员工的本能反应。

员工抵制变革的原因，基本源自对前文所说的与变革相关的五个基本问题的错误理解，其中对如下三个问题的错误理解尤其明显：

➢ 要变革什么？（IPD 变革试图要解决的核心问题是什么？）
➢ 要变革成什么？（针对核心问题的解决方案是什么？）
➢ 如何实现变革？（如何实施这个解决方案？）

上述三个问题基本涵盖了说服工作的主要内容，同时也揭示了说服工作的执行顺序。也就是说，说服工作必须像剥洋葱一样由外而内逐层达成共识，IPD 变革的说服层次如图 6-2 所示。说服层次说明了在没有对问题达成共识之前就讨论解决方案是没有意义的；同样，在对解决方案没有达成共识之前就讨论实施措施也是没有意义的；否则，听者与说者不在同一频道的说服就只能是"鸡同鸭讲"。

为了更好地说服抵制变革的人改变其立场，只是了解上述三个基本的说服层次还不够，还需要将说服过程在每个层次可能遭遇的具体问题进行细分，并逐一设计好说服的策略。

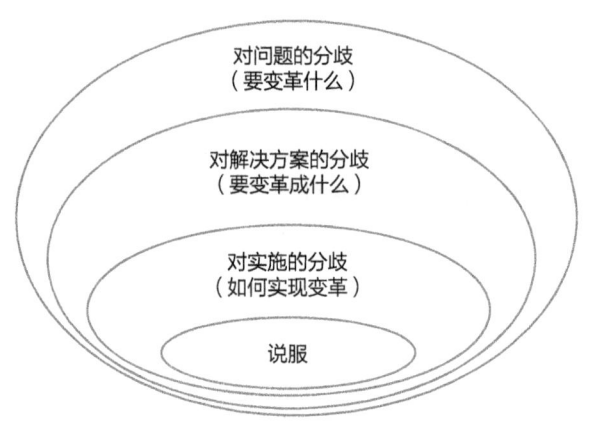

图 6-2　IPD 变革的说服层次

对问题的分歧

变革项目团队与抵制变革的人们在 IPD 变革要解决的核心问题上的分歧又可细分为两个子分歧：一是认为不存在需要通过变革才能解决的问题；二是不认同变革项目团队诊断出来的核心问题。

当变革项目团队向人们急切地提议要讨论应当实施的 IPD 变革方案时，有时会被这些人反问："我们现在有必要导入 IPD 吗？"或者"我们今年的形势还不错呀，干吗要折腾啊？"，这类问题表明对方不认为企业或业务单元存在需要通过 IPD 变革来解决的问题。

说服过程被卡在这里，原因可能有两个：有时是对方真的没有意识到当前或潜在问题的严重性，他们已经习惯了这些负面现象及其造成的不良状况，因而见怪不怪了；有时则是出于相反的原因，他们可能很清楚问题的存在，同时他们对这些问题负有部分责任，因为不想被指责，于是拒绝公开承认这一点。

对于第一个原因，前面五个步骤所采取的增强变革紧迫感的措施依然有效。变革项目团队首先是要认真倾听对方关于为什么会满足于当前现状的解释，让他们畅所欲言，并帮助他们梳理出支持其观点的主要理由，下一步再跟他们开展一系列的讨论，用事实和数据证明他们的理由是错误的，并让他们逐步同意变革项目团队对当前状况的看法，这是"分析—思考—变革"的增强变革紧迫感的方法。与此同时，变革项目团队也可以采用"目睹—感受—变革"的方法来让对方意识到问题的存在及其严重性，因为问题所产生的不良现象在实际工作中往往是不言而喻的，让他们以直观的方式看到一个或多个不良现象所带来的对组织和业务的破坏性，使其从心灵上的触动开始，逐步形成思想意识上的转变。

IPD 变革当然不只是为了解决当前存在的问题，也就是要弥补业绩差距，更是为了支撑业务战略目标的达成，也就是要弥补机会差距。因此，在变革项目立项阶段梳理出来的业务战略，也可以帮助变革项目团队提醒那些对要解决的问题存在意见分歧的人们对标要实现的战略目标，检验当前的研发体系能否支撑该目标的达成。只有通过战略推演，让他们真正意识到了产品创新与研发管理能力上的差距，才表明双方已成功克服了这一分歧。

对于那些很清楚问题是存在的却不想被指责的人们，变革项目团队不应过多地讨论那些问题的真实存在及其危害性，否则，讨论结果可能会让他们觉得自己是在被他人指责，这就好比火上浇油，被人架在火上烤的滋味只会让他们的抵触情绪愈发强烈。对某个问题负有责任的人，也往往是该领域的负责人或主管，是 IPD 变革管理中的项目关键干系人，是需要重点关注和争取支持变革的对象。这些责任人也许曾经非常努力地解决过问题，只是因为问题过于复杂或超出了他们的权限而以失败告终。此时，变革项目团队的正确做法不再是说服，而是倾听，并且要认真请教他们曾经采取过哪些具体措施，同时表明这一次变革的决心，争取他们对此次变革的大力支持。

在说服过程中，如果我们听到这样的话："我知道有问题存在，但关键的问题是什么呢？"或者"现在我觉得，我所理解的问题跟你说的不太一样。"那就表明双方的讨论已经进入了下一个分歧：IPD 变革要解决哪些问题，也就是说，哪些问题才是真正的核心问题。

由于人们的职位不同，所属部门不同，利益关注点当然也会有所不同，对于 IPD 变革要解决的问题也就有了各种合情合理的不同观点。销售和市场人员说 IPD 变革要解决产品竞争力低的问题，研发人员说要解决核心技术的开发投入不足的问题，生产制造人员说要解决产品设计质量差的问题，HR 说要解决研发人才培养和激励机制的问题。在关于"要变革什么"或者"问题是什么"的讨论中，变革项目团队可能会意识到，尽管人们认识到的问题不一样，但它们其实是相互关联的，也许大家所说的问题是同一个问题，只是说法不同而已。也许甲所说的问题正是乙所说问题的原因，同时也是丙所说问题导致的一个结果。IPD 变革要解决的就是这些问题中的核心问题，其他的大多数问题不过是这些核心问题所引发的不良效应而已。

想在 IPD 变革要解决的核心问题上达成共识，需要再次用到前文所述的基于 GAPMB 的系统问题根因分析方法。从企业或业务单元的市场表现和财务表现入手分析业绩差距，从外部市场环境及业务战略的要求出发分析机会差距，然后再从内部运营的角度分析造成差距的能力短板，最后从业务领导力、组织流程体系、人才与激励机制、氛围与文化等维度分析问题根因。如图 6-3 所示，该图展示了某汽车零部件生产商 IPD 变革核心问题的分析逻辑。

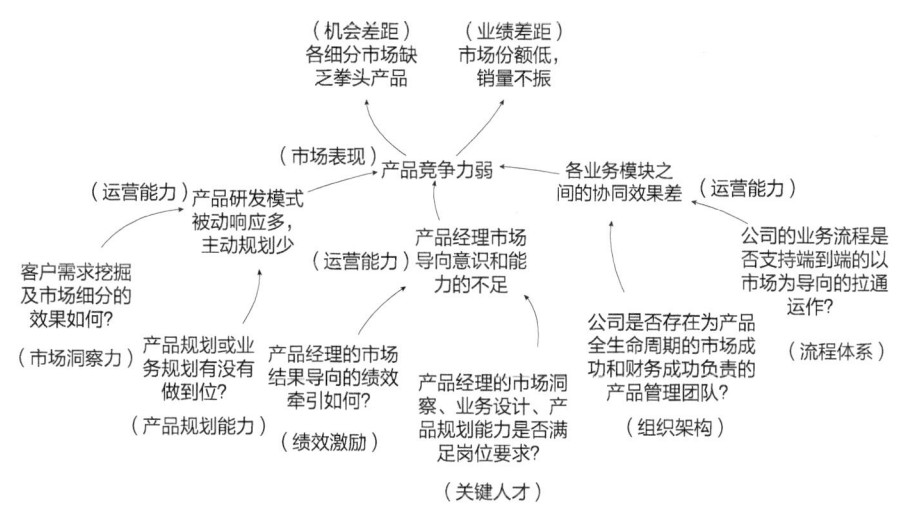

```
（机会差距）          （业绩差距）
各细分市场缺      市场份额低，
乏拳头产品        销量不振
```

（市场表现）产品竞争力弱 ← 各业务模块之间的协同效果差（运营能力）
（运营能力）产品研发模式被动响应多，主动规划少
产品经理市场导向意识和能力的不足（运营能力）
公司的业务流程是否支持端到端的以市场为导向的拉通运作？（流程体系）
客户需求挖掘及市场细分的效果如何？（市场洞察力）
产品规划或业务规划有没有做到位？（产品规划能力）
产品经理的市场结果导向的绩效牵引如何？（绩效激励）
产品经理的市场洞察、业务设计、产品规划能力是否满足岗位要求？（关键人才）
公司是否存在为产品全生命周期的市场成功和财务成功负责的产品管理团队？（组织架构）

图 6-3　某汽车零部件生产商 IPD 变革核心问题的分析逻辑

通过对所有问题的关联关系的梳理和基于 GAPMB 的根因分析，变革项目团队就可以向抵制变革的人们说明我们所面对的问题其实都是从同样的核心问题衍生出来的，这些核心问题是系统性、结构性的问题，不能要求哪个部门或哪个责任人对这些问题的存在负责。经过上述讨论，或许双方就能调和各种观点，从而认识到 IPD 变革要解决的核心问题是什么，以及他们所关心的问题与核心问题有何关联，并就如何集中力量推动 IPD 变革来解决这些问题达成一致意见。

与抵制 IPD 变革的人们在有没有问题以及要解决哪些问题这两点上达成共识后，变革项目团队就可以乘胜追击，进入对问题的解决方案，也就是"要变革成什么"的说服过程了。

对解决方案的分歧

在解决企业管理体系的问题时，企业内部在最初的方向或方针的选择上可能就存在着分歧。例如，笔者曾服务过的一家企业，在同一时间点请了和×咨询公司来做战略咨询，请了上海的一家咨询公司来做人力资源方面的咨询，又请笔者启动了 IPD 变革项目。这家企业选择了在三个不同的方向上同时进行体系改造和实施问题解决，但从实际的变革推行效果来看，三个不同方向上的解决方案的实施给基层员工造成了极大的困扰，使得基层员工对变革产生了强烈的抗拒。

再以前文所述的为苹果代工手机充电线和耳机的 OEM/ODM 供应商 W 公司为例。为摆脱业绩增长乏力的困境，W 公司开启了向自主品牌转型的第二曲线探索之路，并据此想引入 IPD 体系，以提升企业的产品创新及研发能力。而笔者则认为 W 公司在解决问题的方向选择上存在致命的错误，W 公司当前正处于经营模式转型的初期，其工作重心应是需要验证新的价值主张是否匹配新的目标客户群的需求，新的销售模式与市场是否匹配，而不是急于引入 IPD 体系来指导大规模的产品开发。正如前文所总结的那样，W 公司过晚开辟第二曲线，以及过早启动 IPD 变革，都是解决问题的方向性错误。

如果在解决问题的方向选择上都还存在分歧，那就没必要着急讨论解决方案的具体细节了。而且能够在解决问题的方向上提出不同意见的人，往往也是企业里的中高层管理者，因此这一层面的分歧对变革方案的杀伤力是极强的。在问题解决方向上达成共识，本应是 IPD 变革管理六步法中第二步的任务，如果推行阶段还存在这一问题，变革项目团队就有必要重新回顾一下变革项目立项之初所确立的总体目标及预期的主要收益，并以此为标准衡量变革抵制者所提出的问题解决新方向。一般来说，变革项目团队经过大范围的深度研讨所提出的变革方向远比单个管理者提出来的要更周全，更能满足衡量标准。要注意的是，变革项目团队说服此类管理者的目的不是要向其展示自己所提出的变革方案的优越性，而是实事求是地向其说明变革方案是如何达成变革目标的，尽最大努力争取与其达成解决方向上的共识。

在对研发管理问题的解决方向达成共识后，人们抵制变革的理由就变成了对解决方案相关细节的讨论上存在的不同意见。针对这一分歧的提问可能是"这个方案还不够好，没有涵盖 X、Y 或 Z"，或者"你的方案还需要进一步完善"等。这些异议并不会给变革项目团队的变革方案带来灭顶之灾，事实上，它表示异议者已基本同意了变革项目团队的解决方案，只是觉得方案还不够完善，没有达到他们所期望的效果而已。如果变革项目团队决心赢得异议者对变革的全面支持和配合，就应当坦然地倾听他们的心声，并认真评估他们的意见。如果异议者的担心是没有根据的，则需要向其解释变革方案是如何实现他们所关心的利益的；如果异议者的质疑是对的，有些重要关注点被遗漏了，则应该感谢他们的提醒，并根据他们的建议修改变革方案。如果本阶段要推行的变革方案真的没能实现对方提出的某个重要利益，变革项目团队也应坦然面对，并说明 IPD 变革是一个持续改善的过程，鱼和熊掌可以兼得，但不会是在同一时间得到。

尽管此时对解决方向和解决方案的细节达成了共识，也依然没有到要讨论实施步骤的时候。此时的变革抵制者，心中还有一个欲言又止的"梗"没有得到解决，这个"梗"出现的标准格式往往是"是的，这个方案听起来已经很完美了，但是……"，对方的顾虑是变革方案可能造成负面影响，如关键员工的流失，或者 IPD 矩阵式组织架构下业务主管与资源主管的协调工作量及矛盾的增加等。如果人们认为解决方案可能会造成负面影响，那么支持变革的意愿就会低很多。变革项目团队必须花时间了解人们的顾虑是什么，是什么原因让他们认为变革方案必然会造成这些负面影响。如果人们的顾虑是合理的，变革方案就应当包含如何消除负面影响的措施；如果不合理，则应当予以澄清。

在这些负面影响中，有一种表面上人们不愿意提及实际上却特别关心的顾虑，那就是变革方案的实施可能需要他们放弃一部分当前正在享有的权力和利益。变革项目团队为了获得他们的支持，必须说服他们，并要使他们确信，变革方案可以为其带来新的、更大的利益，因而短期内为之付出一定的代价也是值得的。

只有打消了人们对解决方案负面影响的顾虑，双方才算是真正地对变革方案达成了共识。接下来，才是适合继续讨论如何实施的时候。

对实施的分歧

凡事说起来容易，做起来却是困难重重。即使人们认同了 IPD 的变革方案，对方案的实施依然会心存诸多顾虑。正如许多国有企业的员工对笔者表达的："樊老师，国有企业要导入 IPD 太难了，我们是在戴着镣铐跳舞。"毫无疑问，如果人们不相信 IPD 变革方案是切实可行的，那么他们给予的变革支持力度就会很小。所以，变革项目团队别无选择，必须将人们提出的各种束缚或"镣铐"列入变革项目的风险管理计划，并提出降低或规避风险的措施。同时，实施计划越详细，对各种风险的考虑越周全，人们对变革方案的实施也就越有信心。实施计划应当包括角色的分配和职责、日程进度安排和资源投入预算等。

与人们沟通实施计划时，除了要说明计划中的每一步"是谁在何时何地做什么"，还应解释清楚"为什么要如此安排"，这样做会有助于让人们确信变革实施计划是明智的，是切实可行的。

随着对变革方案实施细节的讨论越来越细，人们意识到变革的实施过程可能会遭遇到越来越多的风险，毕竟管理变革推行失败的概率太高了。深入的讨论反而增加了那些曾经历过失败的员工对此次变革可能会再一次遭遇失败的焦虑感，因而他们会更加决绝地退回到自己的舒适区，更加抗拒变革。正如前文所述，应对焦虑感的措施是提前了解员工在过往变革项目中的经历，并向员工表明这一次变革项目团队有足够的信心和能力促成变革成功。

培养员工对 IPD 变革的主人翁意识

变革项目团队总是过于高估自己推动重大变革的能力，然后又过于低估促使员工走出舒适区所需要付出的努力。即使双方对 IPD 变革的问题、解决方案及实施细节进行了深入的沟通，变革项目团队还是未能获得广泛而真心的变革支持，怎么办？此时，变革项目团队依然要放弃强推的想法，应仔细倾听员工们在说什么，有可能是在问题的分歧上，变革项目团队就从未说服过他们，如果是这样的话，很显然，变革项目团队需要回过头去再来一遍。另一个原因可能是人们不喜欢即刻表态支持，还需要更多的时间来消化，而经过反复权衡之后，他们就可能采取支持变革的具体行动了。

只有一种变革会让人们真心地投入，那就是他们自己提议的变革。越是重要的变革，所需的群众支持就越多，变革项目团队就越应该投入时间和精力来让人们认识到这也是"他们的"变革，培养人们对变革的主人翁意识。

运用上述的变革说服程序可以很好地帮助人们建立起主人翁意识。在此过程中，变革项目团队也应学会将自我保护意识放在一边，接受人们的质疑和反对，并鼓励他们提出建议和意见。对于合理的建议和意见，变革项目团队认可和采纳得越多，变革就越变得是"他们的"了。实践表明，一旦人们建立起了变革的主人翁意识，对个人短期利益的得失就不会再有过多的计较，这就扫清了与变革公平性有关的障碍，其所带来的帮助不正是变革项目团队所希望的吗？

第三节　分阶段有节奏地推进 IPD 变革

IPD 变革项目的推进不能也无法总是沿着一条直线走到底。正如任正非在要求华为管理干部要学会"开放、妥协与灰度"的一次讲话中提到的："纵观中国历史上的变法，虽然对中国社会的进步产生了不灭的影响，但大多没有实现变革者的理想。我认为，对其所处的时代环境来讲，他们的变革太激进、太僵化，冲破阻力的方法太苛刻。如果他们用较长时间来实践，而不是太急迫、太全面，收效也许会好一些。这其实就是缺少灰度，方向是坚定不移的，但路线并不是一条直线，也许是一条不断左右摇摆的曲线，对某些时段来说，也许还会画一个圈，但是我们离得远一些或从粗一些的角度来看，它的方向仍是紧紧地指向前方。"

全面推行计划的制订与过程管控

IPD 变革项目进入全面推行与实施阶段，必须针对要重构的体系模块、实施范围、资源投入做好推行方案的设计及推行计划的制订，并对推行方案的实施过程进行有效管控。

在制订全面推行计划之前，变革项目团队有必要重新识别并检查推行阶段可能存在的新的重大风险，然后刷新风险管理计划。笔者在此想要强调的一点是，在 IPD 变革管理六步法中，每进入一个新的阶段，变革项目团队都应当回顾和刷新风险管理计划。通过回顾，变革项目团队可以了解哪些风险依然没有被解除，本阶段又存在哪些新的风险。

全面推行计划的内容应当包括实施的模块及方案、要达成的最终目标及阶段性目标、完成的时间及阶段里程碑、实施小组及责任人、最终交付件等。另外，前面试点项目总结出来的经验数据是制订全面推行计划的重要参考。

在实际的方案实施和过程管控中，变革项目团队要讲究策略和对节奏的把握，保持足够的耐心。按照系统思考的观点，事情在变好之前，往往会先变差。例如，矩阵式组织结构的实施会造成冲突和协调工作量的增加，反而会在短期内造成研发效率的下降，而笔者却总是乐观地认为这是矩阵式组织开始发挥作用了。

变革项目团队还要学会以渐进甚至迂回的方式推进变革，"开放、妥协与灰度"是应对变革过程中的冲突和矛盾的有效方法。罗马不是一天建成的，要让各级员工适应新的研发管理体系，培养起新的行为方式，必须给予他们足够的时间。

变革项目团队要通过项目例会和项目状态报告定期通报项目进展，并开展阶段性复盘，及时发现推行过程中的问题并总结经验教训，确保变革项目目标的达成。

推进 IPD 变革，要适时"松刹车"

自然界的所有生物都是在生长的促进因素与制约因素的相互作用之下成长起来的，即使种子含有成长为大树的基因，也只能通过促进其成长的因素来实现这一愿望。种子探出小小的根苗吸入水和养分，使树根得到扩展，以便于吸收更多的水分和养料，然后再作进一步的生长，如此不断循环，此时的生长制约因素是水分、养料、树根生长的空间和温度。当小树苗破土而出时，新的制约因素也会接踵而至：阳光、树干伸展的空间，以及损害树木枝叶的昆虫。如果小树苗在未达到它的潜力之前就停止了生长，则是因为其在成长过程中遇到了某些无法避免的制约因素，如缺乏水分、营养不足或者树根生长的空间不够。

IPD 的变革有着与植物一样的成长规律，我们无法驾驭它的成长，只能像园丁一样照料它的成长，激活促进因素并克服制约因素。在《第五项修炼：变革篇（上）》中，彼得·圣吉总结了如图 6-4 所示的推动企业管理变革成长的三种力量，分别是个人成就（R1）、非正式关系网络（R2）和经营成果（R3），R 代表系统思考方法中的增强回路，可能是良性循环也可能是恶性循环，变革项目团队当然希望它们是良性循环，实现的方法便是增强变革紧迫感。

在促进变革成长的三种力量中，直接的个人成就是推动变革不断成长的首要力量,这是人性决定的。另外,在企业内部,从非正式关系网络,也就是几个要好的同事或朋友之间传播的信息,往往要比从正式的官方渠道得到的信息更容易让人接受并相信。因此,变革项目团队可以在企业中尝试推动成立 IPD 学习小组、IPD 变革兴趣小组等"民间组织",以此激发自下而上的自发的 IPD 变革"民间力量"。当然,IPD 变革的最终目的是要获得经营成果的改善,否则,将无法让人们相信 IPD 变革是可持续的。

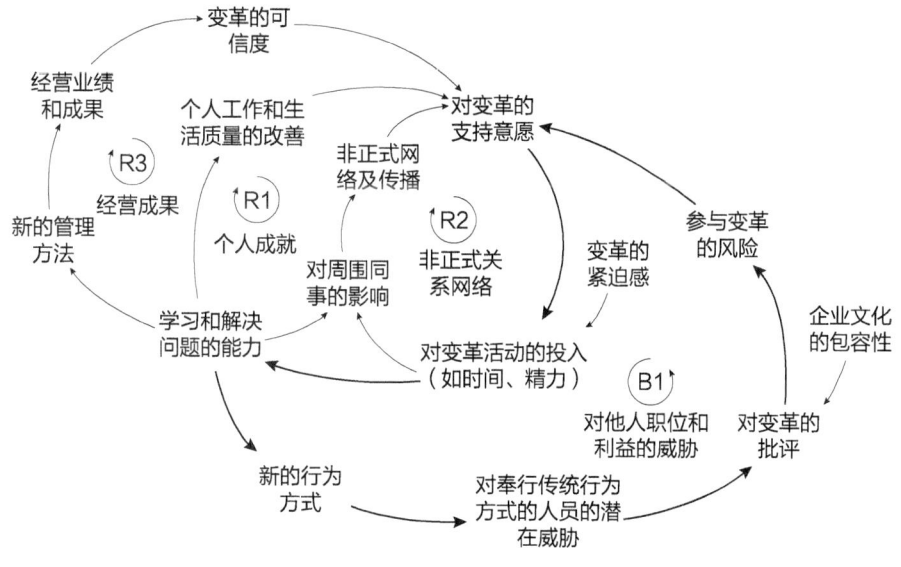

图 6-4 推动企业管理变革成长的三种力量

事实上,在任何事物的生长过程中,促进因素与制约因素都是相生相伴的,它们是一种互动的关系,这是自然法则,我们无法改变,只能顺势而为。也就是说,当变革遭遇减速或停滞的时候,变革项目团队需要系统分析(而非线性分析)造成变革减速或停滞的真正原因。在变革风风火火推进了一段时间后,此时需要的往往不再是施以更多的"肥料"(加大推行力度),而是要及时"松土"(给制约因素松绑)了。一味地强行推动变革往前走,盲目套用所谓的"先僵化、后优化、再固化"与"不换脑袋就换人",效果可能适得其反。也就是说,在这种情况下,推进变革的力度越大,员工抵制变革的反弹力度就会更大。因此,此时正确的做法不再是"加油门",而是"松刹车",要解除变革过程中的某些制约因素。

变革中的制约因素会像图 6-4 中用粗线条所显示的调节回路 B1 那样,

对推进变革的三种力量形成制约。因为 IPD 变革推进过程中所形成的新的研发管理方式，会对那些继续奉行旧的研发管理模式的人造成潜在的职位和利益上的威胁，自然会招致大量对 IPD 变革给予批评的声音，导致其他人也会减少对变革的支持，并重新评估自己参与变革所面临的风险，于是这个调节回路就形成了对 IPD 变革成长的制约。解除该制约因素的方法之一，就是企业高层要及时营造一种能够包容新的管理方式和行为的企业文化与组织氛围，像鼓励产品创新一样大力倡导管理模式的创新，保护好刚刚成长起来的这棵 IPD"小树苗"。

创造短期成效，增强变革信心

在 IPD 变革过程中所取得的及时、明确的短期成效具有重要的激励作用，无论是对个人工作、生活质量的改善还是对组织经营业绩的提升，短期成效都能帮助人们建立起变革的信心，并推动变革的持续成长。如果没有明确及具体的事实或数据证明 IPD 变革取得了明显的成效和回报，积极参与变革的人们就会因为变革耗费了太多的资源而感到厌烦，那些本来就对变革持有怀疑态度的人也会更加难以被说服。

当然，并非所有的短期成效都可以起到相同的促进作用。一般来说，成效越明显，就越能增强人们对变革的信心，对质疑者的说服作用也就越大，就越能推动变革的成长。同样，取得的成效与人们的切身利益越是相关，就越能获得人们对变革的重视，对变革的推动作用也就越大。因此，我们所需的短期成效应该是：

- 能够以较少的投入、简单的方式就能实现的成效。
- 能够让尽可能多的人看到的成效。
- 有足够的事实和数据加以支撑的成效。
- 能够争取到有权力之人的支持的成效。
- 对个人工作、生活及企业业绩都有意义的成效。

变革项目团队通常是通过找出本阶段要实施的变革任务中的"低垂的果实"，设计一些"快赢"项目来创造短期成效。快赢项目是指那些可以在短期内取得明显改进效果的变革措施，许多快赢项目源于员工在工作中解决实际业务问题的经验总结，这些项目可能是研发设计能力的提升、项目管理流程的剪裁、需求质量保障活动的改进、技术评审要素的调整等。对快赢项目的选择，需要从项目所需的投入、可能遭遇的变革阻力及最终的实施效果三个方面来评估和权衡。IPD 变革快赢项目的选择标准如图 6-5 所示。

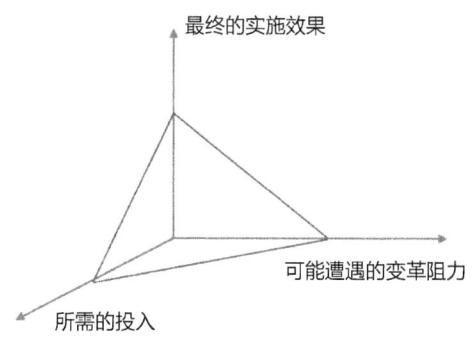

图 6-5　IPD 变革快赢项目的选择标准

尽管快赢项目只是一些短期或者较小的变革成效，然而其作用却不可小觑，变革项目团队可以利用它向变革项目的所有干系人，特别是能给予支持的那些人进行宣传。宣传的内容应当包括：说明短期成效对整个变革项目的意义；解释短期成效与变革活动之间的关系；说明短期成效是如何验证变革方案的正确性的等。

墨菲无处不在，快赢项目失败的概率也是很大的。针对没有取得预期成效的项目，变革项目团队要通过及时有效的沟通将影响降至最低，要通过沟通解释快赢项目本身所具有的探索性，说明从中吸取了哪些教训及这些收获对整个变革项目具有何种价值并提供了哪些帮助，同时要认可参与快赢项目人员的辛苦付出。

榜样的力量是无穷的，取得短期成效的快赢项目以及之前在受限试点阶段取得初步成功的试点项目，都可以被变革项目团队打造成"样板点"，供人们学习借鉴。华为的所有变革项目，都非常重视样板点的打造。2015年，任正非在变革战略预备队进展汇报座谈会上说过："可以拿出一两个代表处来做例子，一是讲清楚你们的贡献，变革起了啥作用，或者现在没有起作用，但过几年会显现出作用来。有些抵制（变革）的代表处一看，（实行变革的代表处）效益提升得多，那他肯定要干了，就会欢迎你。从你们要人家变革，到人家要变革，让你们去帮他忙，（性质）就不一样了。"

第四节　将变革成果固化成组织的文化

内容进行到这里，笔者想先给大家讲个故事。

有一天，一位大师最喜欢的一个徒弟在偷东西时被他当场逮住，他气愤地说："我不会培养一个小偷。你走吧，当你改变了再回来。"

这个徒弟感觉很惭愧，走了一天，边走边思考他的人生和他的行为。那天晚上，他回去了，对师傅说："师傅，我花了一天的时间反思我是谁，我想成为什么样的人。我相信，以后我的表现会不一样。我全心全意地希望回来继续做您的徒弟。"

大师回答道："认识到需要改变并不等于改变了。你走吧，当你改变了再回来。"

徒弟非常沮丧地再次离开了。这次他来到附近的一个城市，不时干些工作来养活自己。两个星期后，他回来了，说道："师傅，我用了两周的时间来工作和学习，忍住了每次的诱惑，没有去偷东西。我知道，我将来的表现会不一样了。我全心全意地希望回来继续做您的徒弟。"

大师回答道："尝试新的东西并不等于改变了。你走吧，当你改变了再回来。"

于是，徒弟第三次离开了。他去全国各地游历，学习技能，欣赏以前做梦也没梦到过的奇观。一年后，他发现自己来到了原来的村子附近，于是顺便去看望他的老师傅。他说："师傅，我已经走遍了这个世界，看到了许多奇妙的东西。我很高兴见到您，但我的心愿已经不再是做您的徒弟了。"

大师微微一笑，说道："欢迎你，你在这里待多久都行。"

提升组织绩效需要真正的变革，不只是意识到需要变革就行了，也不只是尝试着去改变一些组织结构和流程就可以了，而是要改变我们做事的行为习惯，也就是那些我们在处理日常工作时不假思索就会采取的习惯性方法。例如：

➢ 接到工作任务时，总是想做完就行，先"抛过墙去"再说，而不是想方设法一次把事情做对。

➢ 对解决方案的评估依据的是其对个人或所在部门的影响，而不是对整个项目及客户满意度的影响。

只有当人们改变了旧的行为习惯，并且将新的习惯固化成组织的一种文化，成为了组织的 DNA 之后，变革才算真正成功，否则，人们很容易倒退回去采用老习惯、选择老方法。IPD 变革希望构建的研发文化主要有以客户为中心的文化，工程商人文化，团队协作文化，一次把事情做正确的文化和容忍失败、勇于创新的文化等。

以客户为中心的文化

以客户为中心是包括华为在内的许多企业的核心价值观之一，华为甚至提出"为客户服务是华为存在的唯一理由"。企业的发展需要资金，而这只能通过为客户提供所需的产品和服务来获得。只有针对不同的客户需求，提供相应的解决方案，并根据这种解决方案开发出优质的产品，提供良好的售后服务，不断提高客户满意度，客户才会持续购买企业的产品，企业才能获得持续发展的动力。所以，企业要实现可持续发展，归根结底是要满足客户需求，客户需求是企业发展的原动力。

以客户为中心就是要洞察客户真实需求，为客户提供满足其需求的产品、服务和解决方案。IPD 体系通过需求管理体系、业务战略规划体系、新产品规划体系的运作，推动企业既要满足客户当前的需求，更要挖掘出客户潜在的深层次的需求。通过企业自己对行业变化趋势的深刻理解，为客户提供领先的产品和解决方案，促成客户可持续的高质量发展。

以客户为中心的文化要求研发体系的组织、流程及运作机制的设计都要对准客户、贴近客户和匹配客户。IPD 体系的矩阵式组织结构与结构化业务流程的建设要端到端地满足从客户需求到客户满意的过程，围绕客户的战略需要和业务活动，构建企业自己的组织和流程，通过管理体系与客户相匹配，让客户在接触企业的每一个环节时都能感受到被理解，感受到企业存在的独特价值，因而获得客户的信赖。

以客户为中心的文化要求产品和技术的创新也要紧紧围绕客户需求进行。许多引领世界潮流的技术，虽然是万米赛跑的领跑者，却不一定是赢家。技术再先进，做出来的产品如果不能满足客户需求，不能为客户创造价值，对企业来说就是没有意义的。技术只是实现客户需求的一种手段和工具，任何先进的技术、产品和解决方案，只有满足客户需求或转化成客户的商业成功，才能产生价值。

工程商人文化

企业研发体系的构建要服务企业的战略发展需要，开发出来的产品和技术要满足市场和客户的需求，而评价产品是否成功的标准是市场成功和财务成功。因此，企业要将产品开发视为一项投资行为，要考虑投入产出，而研发工程师则应具备商人的思维，做工程商人。

任正非说："不要以为毕业于名牌大学来华为就是做科研的，你们来华为不是做'院士'的，而是做'院土'的。华为没有院士，只有院土。要想成为院士，就不要来华为。"对于科学家来说，什么都不管，一辈子只研究蜘蛛腿上的一根毛，这是可以的。但对于工程商人来说，不能研究无法为客户和企业带来商业价值的东西，要研究客户需求，满足客户需求。

工程商人要以客户为中心，以市场为导向，对市场及客户需求的变化保持高度的敏感性，紧随行业变化趋势规划业务战略和新产品，并以质量好、服务好、成本低为目标提升产品的市场竞争力。

研发体系的员工基本都是工程师，都渴望把技术做得很好，认为把技术做好才能体现自己的价值。简简单单地把东西做好，在研发中也许评价是不高的，而把事情做得复杂，显得难度很大，反而评价很高，这就不是以客户为中心，也不是工程商人的文化。以简单的功能和较低的成本为客户提供实现同样功能的产品，这才是一名合格的工程商人应该做的，这种做法理应得到认可。

工程商人要以市场为导向，以产品的市场成功和财务成功为目标，通过前瞻性的业务战略规划和有竞争力的新产品 Charter 开发，以及规范化的产品开发过程，实现从市场机会到商业变现的转化。

团队协作文化

新产品从创意到上市必须依靠跨部门的团队协作才能完成，只有团队成功了，才会有每一位参与者的个人成功。因此，IPD 变革也是在营造一种"胜则举杯相庆，败则拼死相救"的团队协作文化。

团队协作文化倡导集体奋斗而非单打独斗。要求以开放的心态参与产品开发与管理的活动，在需求分析、方案研讨、开发配合、问题处理时冷静平和地接受不同的意见和建议；以包容和接纳的态度换位思考，对他人的观点求同存异，积极沟通，共同提升组织运作效率，降低沟通成本，努力维护好团队协作的氛围。

团队协作文化要求员工具备极强的责任心和服务意识。经 IPMT 或 PDT 集体讨论后做出的决策，即使个人还有不同意见，也要从整个团队或项目的全局出发，坚决执行团队决策，按计划完成工作任务，并服从管理和监督。集成产品开发过程中对各专业领域、各部门及岗位之间相互依赖、相互配合的要求很高，因此，每一位参与者都应以高度的责任心和极强的服务意识承担起对团队和项目组的责任与义务。

团队协作文化同时要求企业管理要流程化、规范化、体系化运作，为团队协作提供组织支撑。华为在导入 IPD 体系之前的产品开发，既没有严格的产品工程概念，也没有科学的流程和制度，一个产品能否取得成功，主要靠英明的领导者和运气，靠的是"个人英雄"。更要命的是华为员工个个都想做"英雄"，每个人的能量都很大，如果没有规范化的管理，就容易形成无序的"布朗运动"，这是对企业资源的极大浪费。IPD 体系的结构化业务流程、重量级业务团队及各种协同机制的设计，都是为了在产品管理与客户价值的创造过程中实现端到端跨部门的高效协作。它们是 IPD 体系实现真正的集成开发，让产品创新从偶然成功走向必然成功，并使产品的成功由依赖个人英雄转变为依赖全体英雄所必需的基础设施。

一次把事情做正确的文化

在导入 IPD 体系之前，IBM 的咨询专家曾这样评价华为：浪费了很多时间反复做一件事情，就是不能一次即把事情做正确。这也是许多企业产品开发的现状：一款新产品要上马，没有高质量的立项分析，基本是由领导说了算，即使有这个过程，也是走个形式而已；在产品开发的后期，不断增加新需求和变更方案设计，开发团队加班加点，最后赶工交付的产品客户还是不满意，市场表现不达预期。

IPD体系的各个子体系可以按"做正确的事"与"正确地做事"分成两类。需求管理体系、业务战略规划体系和新产品规划体系主要是为了保证"做正确的事",其他子体系则是为了保证"正确地做事"。为了一次把事情做正确,改善的重点一般应首先聚焦于产品开发的前端,投入更多的时间和精力保证"做正确的事",否则后端即使做到了"正确地做事",也不过是"正确地做了一件错误的事"。

当然,一次把事情做正确的文化是倡导在产品实现的所有环节(包括前、后端)都要争取做到一次把事情做正确。IPD体系在产品实现的诸多环节上增加了许多表面上看起来很烦琐的流程和规则,如开发过程中的三次决策评审和六次技术评审,它们本质上也是用于保证一次把事情做正确的。因此,一次把事情做正确的文化要求员工应自觉遵从流程和规则,流程是企业最佳实践的总结,同时承载了质量管理活动,流程如果被有效遵从,则被固化到流程中的最佳实践及质量管理活动,就可以指导员工一次把事情做正确。

一次把事情做正确,端到端的效率最高,成本最低,且质量有保障。与之相反的常见做法则是在进度压力下,把质量放一边,先扔出来一个东西用于交差,等后面测试或生产环节,甚至客户使用时发现有问题了再改。

容忍失败、勇于创新的文化

IPD体系是一套管理产品和技术创新的体系。有创新自然就会有失败,但是许多企业却总想着从外面招几个技术"牛人"过来就可以开发出爆品,而且对这些高价招来的"牛人"总是急于求成,无法容忍他们的创新失败,结果是"牛人"换了一茬又一茬,爆品还是没有开发出来。

时任华为轮值董事长的郭平曾在2016年的新年致辞中说道:"主航道上的创新非常难,华为要耐得住寂寞,同时要关注产业的不确定性,在考核方面宽容失败,不要太追求完美。"

IPD体系的构建,也是要营造一种可以容忍创新失败的文化。在从新产品的立项分析到集成开发的概念、计划阶段,呈现出一个明显的喇叭口形状,目的就是要在产品开发的前端把喇叭口张开,尽可能多地接纳创新项目,然后通过决策评审,筛选出真正值得继续投资的项目。这意味着有些项目会被淘汰，IBM给华为建议的早期淘汰率是40%以上，此后进入开发、验证阶段，还会有3%的淘汰率。IPD体系用前端的高淘汰率来保证最终产品上市的高成功率。对于那些被淘汰的项目，IPD体系不认为是失败的项目，而认为只是无法达成商业成功的项目，因此，IPD体系认为在正确的时间节点正确地终止一个项目也是一种成功。

IPD体系要营造的容忍失败、勇于创新的文化不仅适用于产品和技术的创新，同样也适用于管理的创新。IPD变革本身也是企业在管理体系上的一次重大创新，其也有失败的可能性。有了容忍失败、勇于创新的文化氛围，IPD变革项目团队也就多了一份必胜的信心。

第五节　持续改善方可构建卓越研发体系

当新体系的全面推行按计划取得项目立项阶段所确立的目标成果时，变革项目团队就可以召开变革项目的总结和关闭会议了。会议的内容应当包括：

一、对项目目标及商业计划的回顾。

二、对项目主要工作过程及工作内容的总结。

三、对当前项目取得的主要成果的说明。

四、对项目过程中的经验及教训的总结。

五、对项目的遗留问题及下一步持续改善的建议。

六、对项目关闭及项目组成员的工作安置。

IPD变革无法毕其功于一役。华为的IPD变革从1999年开始启动，到2003年IBM的顾问专家团队撤走为止，华为的研发体系在产品上市时间、客户响应速度、质量与成本管理及职业化研发队伍建设等方面均取得了不俗的成绩。但是，华为依然没有停止对IPD体系的持续优化，正如任正非所说："值得庆幸的是，在IBM顾问的帮助下，到现在我们终于可以说IPD、ISC没有失败了。注意，我们为什么还不能说它们是成功了呢？因为IPD、ISC是否成功还要看未来数千年而不是数十年的努力和检验的结果。"

IPD在华为的十年成长历程如下所示：

➢ 1999年，IPD变革项目启动，完成"动员及关注"阶段，进入"发明"阶段。

➤ 2000 年，建立 IPD 体系的雏形，组建第一个 IPMT，成立试点 PDT。

➤ 2001 年，正式发布 IPD 1.0，任命 IRB 及各产品线的 IPMT。

➤ 2002 年，发布优化后的 IPD 2.0，进入推行阶段。

➤ 2003 年，IPD 与 CMM 结合，建立技术管理体系，组建 BMT、PMT、RMT 和解决方案管理团队。

➤ 2004 年，细化 IPD 流程中的生命周期管理模型。

➤ 2005 年，IPD 与 MM、OR 对接，定义使能流程，实现了端到端流程的衔接。

➤ 2006 年，明确流程活动合并与裁剪的原则，开发了解决方案流程。

➤ 2008 年，增加分层分级 IPD 流程评审体系。

➤ 2009 年，发布 IPD 6.0，明确了决策授权原则，加入全球化的要求。

企业在 IPD 变革取得第一阶段的初步成功之后，不要松懈，应当再接再厉，按照体系蓝图设计时给出的变革路径规划，及时启动第二阶段的变革项目或者局部小范围的研发改进项目。

为推进 IPD 体系的持续改善，构建起真正的卓越研发体系，笔者建议企业参照如图 6-6 所示的研发体系持续改善的过程框架，将分期的变革项目及研发改进项目统一纳入到企业的战略规划中，并通过改善过程的度量和效果评估，实施闭环管理。

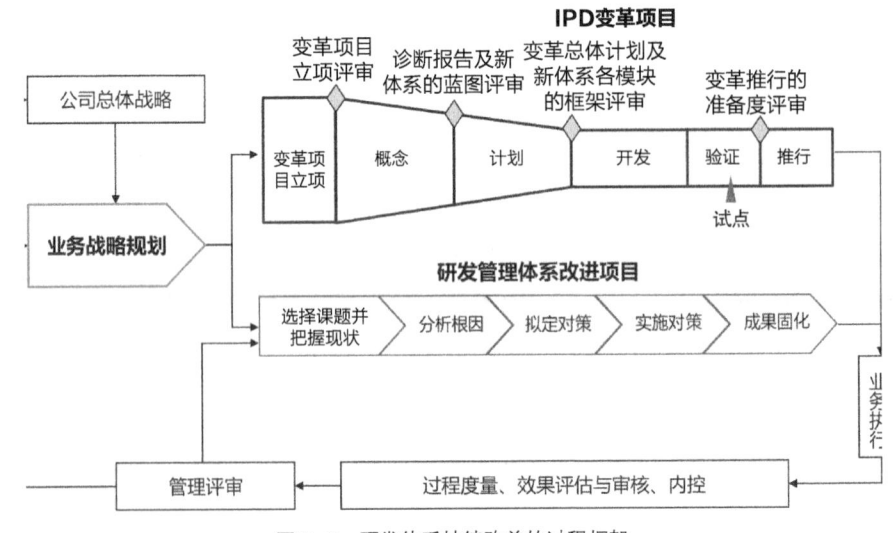

图 6-6 研发体系持续改善的过程框架

结 语
IPD 变革的八个关键成功因素

推动研发体系实施 IPD 变革的复杂性是有目共睹的，不同企业的研发体系所处的外部市场环境与内部管理问题都大为不同，因而推行 IPD 的时机、目的、方式和结果也会千差万别。IPD 变革管理是一项复杂的系统工程，不仅需要技术和方法，更需要艺术性地解决变革管理问题的思维方式和创新途径。尽管家家都有一本难念的经，但如下的八个关键成功因素却值得所有正在或计划实施 IPD 变革的企业投入足够的关注度：

- 关键成功因素一：公司上下达成共识的变革紧迫感。
- 关键成功因素二：各层级管理者对变革的领导力。
- 关键成功因素三：清晰的以战略为导向的变革愿景。
- 关键成功因素四：基于系统思考全局最优的变革方案。
- 关键成功因素五：能扛事高自主的变革项目经理。
- 关键成功因素六：对项目关键干系人情绪变化的始终关注。
- 关键成功因素七：化解利益冲突达成双赢的思维方式。
- 关键成功因素八：自发自律且自我批判的学习能力。

关键成功因素一：公司上下达成共识的变革紧迫感

科特在《领导变革》一书中提到："迄今为止，组织在推动变革的过程中所犯的最大错误就是：没有在其管理者和员工当中建立起足够的紧迫感。"此关键因素提醒变革项目团队务必要在 IPD 变革管理六步法的每一步都自觉运用"目睹—感受—变革"和"分析—思考—变革"相结合的方式，为变革干系人特别是项目关键干系人增强变革的紧迫感。而下面的这些问题都是变革紧迫感不足的表现：

- √ 是的，我们的确存在问题，但整个行业都是这样子的呀……
- √ 是的，我们确实有很多的问题，但我们的业绩还在增长，因此这些都可以看成是企业发展过程中必然会出现的问题。
- √ 我知道存在这些问题，但这是领导们应关心的，跟我们无关。
- √ 在我们国有企业，大量老员工守旧思想很严重，是无法改变的……
- √ 领导们都在说如果不变革，公司马上就快要不行了，但你看他们还在花公司的钱装修自己的办公室。

关键成功因素二：各层级管理者对变革的领导力

IPD 变革事关企业研发管理模式能否成功转型，也与企业战略能否达成预期的战略目标强相关，因此，IPD 变革必定是企业或业务单元的"一把手工程"。除此之外，IPD 变革对企业内部各层级管理者的领导力而非管理能力也提出了相当高的要求，因为 IPD 变革对绝大多数企业的管理者而言，都将是一次摸着石头过河的变革实践，是研发管理体系组织结构、业务流程和运作规则的再造，是领导力和企业文化的重塑。

做产品创新还可以采取跟随竞争对手的策略，IPD 变革除了可以参照华为的一些优秀实践，具体应用还得与企业的业务实际相结合。在变革进入最困难的时刻，只能靠各层级管理者在茫茫黑暗中，用自己的决心、信心和耐心发出一丝丝微光，照亮 IPD 变革前行的道路，引导大家走出困境。

关键成功因素三：清晰的以战略为导向的变革愿景

变革愿景明确了变革的方向，没有一个清晰有效的变革愿景，IPD 变革就会很容易变成一系列混乱的、不协调的、纯粹浪费时间的"布朗运动"，不是方向不对，就是根本没有明确的方向。而清晰有效的 IPD 变革愿景必须是以业务战略为导向的，同时具备如下四个特征：

（1）是可以想象的：变革愿景要能清晰地描绘出未来的美好画面。

（2）是值得一搏的：变革愿景要以客户、企业和员工的长期利益为诉求。

（3）是切实可行的：变革愿景要有现实的、可实现的行动策略。

（4）是聚焦的：变革愿景要有明确的未来工作"靶心"。

下面以某企业的 IPD 变革愿景为例，说明如何设计一份清晰有效的变革愿景：

我们的战略目标是在五年内成为行业领导者，为了实现这一目标，我们的研发体系必须在三年内完成由销售导向项目定制驱动的交付模式转型为市场导向产品创新驱动的研发模式。在这一转型变革过程中，我们决心立足未来业务需要，聚焦市场管理及研发基础能力两大瓶颈的突破，逐步建立起以 IPD 核心思想为基础的大研发体系。

关键成功因素四：基于系统思考全局最优的变革方案

IPD 变革需要系统性的解决方案，但系统性的解决方案绝不是表面上看起来很全面，实际上却在头痛医头、脚痛医脚，只解决浅层次问题的方案。真正的系统性解决方案应当是先诊断出系统中的各种问题及症状，然后梳理出它们之间的因果连接关系，从而识别出系统中长期存在的某些结构性冲突或者核心问题，并进一步挖掘出影响系统整体绩效的瓶颈因素，最后针对瓶颈因素设计具有杠杆作用的根本解。尽管这一根本解是针对瓶颈因素的，却能带来系统整体绩效的改善，所以它是全局最优的解。

系统思考集成了全面思考、深入思考和动态思考。全面思考就是要看到问题的全貌，既见树木，也见森林；深入思考就是要看到问题的本质，看到冰山水面以下的部分；动态思考就是要看清问题沿着因果连接关系随时间变化的趋势。只有经过系统思考，提出的变革解决方案才会更精准、更鲁棒、更具远见。

关键成功因素五：能扛事高自主的变革项目经理

变革项目团队的项目经理，是推动 IPD 变革的核心人物，懂业务、具备丰富的实践经验，这是变革项目经理的基础硬技能。而如下表所示的软技能在 IPD 变革管理中的作用也不容小觑。

变革项目经理的软技能

软技能	作用
影响他人	影响力也是领导力，IPD 变革是对公司全方位的改变，其所遇到的阻力也是前所未有的，项目经理无法凭借自己的职权去推动变革，只能靠影响项目团队、OSG 及其他干系人，凝聚众人的力量，通过合作的方式去设计变革方案并推动执行
驾驭政治	IPD 变革必然会带来责、权、利的重新组合，也必然会有人使用明的或暗的手段阻挠变革。项目经理必须能够驾驭这些办公室内的政治操弄，洞察干系人的利益诉求，并懂得借助 OSG 的力量促成合作，消除抵触
冲突管理	与 IPD 变革与生俱来的就是新旧两套体系之间的冲突，从而造成利益分配上的、行为习惯上的诸多冲突。在 IPD 体系的设计和实施过程中，项目经理必须为冲突双方尽量找到双赢的解
推动决策	管理没有精确答案，特别是变革项目中各种利益的拉扯会拖延对方案和计划的决策，从而消磨领导层的变革意志。项目经理必须推动 OSG 快速达成共识，并做出承诺

续表

软技能	作用
沟通呈现	项目经理需要向上、向下以及横向地与各层级的干系人沟通，并需要使用他们听得懂的易于接受的语言和形式与他们沟通，以争取到更多的支持和变革拥护者

关键成功因素六：对项目关键干系人情绪变化的始终关注

在变革项目中对项目干系人特别是项目关键干系人的关注所需要的投入，远超其他产品或技术开发类项目。IPD 变革，归根结底是对组织中权力和利益的重新分配，是对人们的思维方式和行为习惯的改变。而绝大多数人都是被动变革者而非主动变革者。因此，在 IPD 变革项目中，项目关键干系人的情绪变化应当被列为风险管理中最需要重点关注的内容之一。一般来说，被动变革者的情绪会经历如下图所示的变化过程。

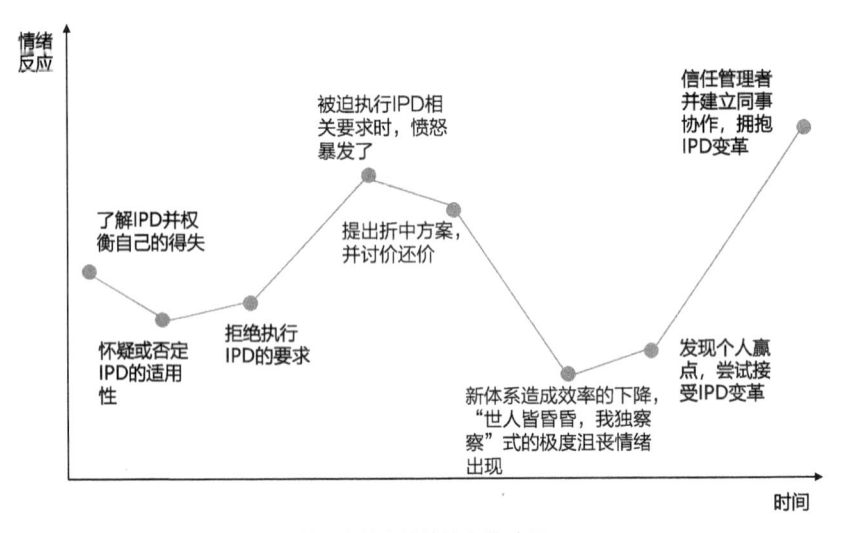

被动变革者的情绪变化过程

关键成功因素七：化解利益冲突达成双赢的思维方式

IPD 变革过程中的冲突是无法避免的，冲突与变革总是如影随形。企业存在的理由是现在和未来都能够持续地为客户、企业和社会创造价值，即追求基业长青。而企业要想追求基业长青，其管理体系必须持续不断地推行变革或改良。任何形式的变革，必须要确保能给企业带来整体绩效上的改善，同时又不破坏企业的稳定性，这便是任何形式的变革都会遭遇的根本性冲突。变革与不变革的冲突，可以用瓶颈理论的冲突图来表示，所示如下。

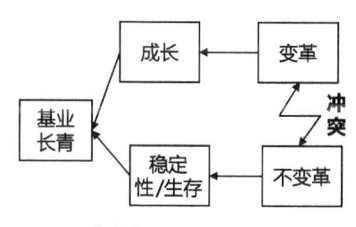

变革与不变革的冲突

变革过程是新旧体系、文化、权力转换的过程，也是一个充满冲突的过程。面对冲突，人们要么是无原则地妥协，要么是用强硬手段如换人的方式去解决。其实通过分析，我们发现管理中的冲突都是存在双赢解的，也就是说，鱼和熊掌可以兼得，只不过不是在同一时间得到而已。冲突双方有着共同的目标（如基业长青），为了实现共同目标，双方提出了各自的子目标或需求，而冲突只是发生在实现各自子目标或需求的行为上而已。下图揭示了企业的各项管理活动之间产生冲突的本质。

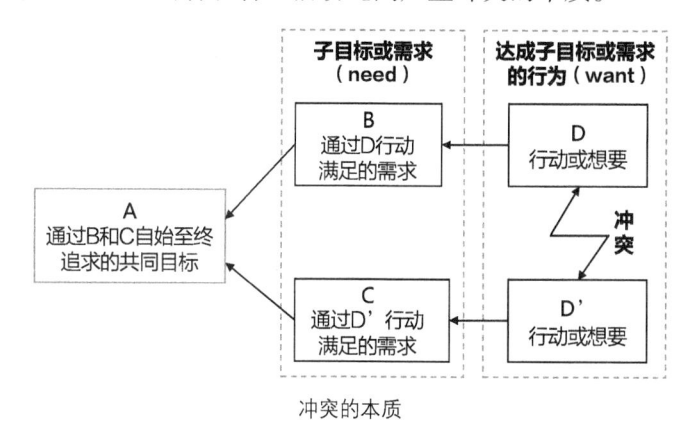

冲突的本质

可见，冲突的本质是：
- B 与 C 都是实现 A 的必要条件，它们之间并不存在本质上的冲突；
- 冲突发生在实现 B 和 C 的子目标或需求的行为上。

冲突产生的原因，就在于由 D 到 B、由 D' 到 C、D 和 D' 之间的逻辑关系上，例如为了实现企业的成长（B），必须实施变革（D）。这些逻辑关系之所以成立，是因为人们默认了必然为真的一些假设，而事实上有些假设是错误的。因此，找出这些错误的假设，就可以帮助我们找到双赢的解决方案，具体方法有三个：

◆ 方法一

√ 为了 B，必须 D，是因为……（找出 B—D 之间的主要假设）。
√ 是否有实施 D'后仍能满足 B 需求的方法？（引出解决方案）。

◆ 方法二

√ 为了 C，必须 D'，是因为……（找出 C—D'之间的主要假设）。
√ 是否有实施 D 后仍能满足 C 需求的方法？（引出解决方案）。

◆ 方法三

√ D 与 D'陷入冲突，是因为……（找出 D—D'之间的主要假设）。
√ 有什么办法可以让我们在某种条件下实施 D，在另一种条件下实施 D'？（引出解决方案。）

关键成功因素八：自发自律且自我批判的学习能力

有人提出，一个企业成长的速度，取决于企业员工特别是管理层学习进步的速度。诚哉斯言，这里的学习不仅仅是指从书本或培训课堂上学习，更应当是指向市场、客户甚至竞争对手学习。

达尔文的进化论证明了能够存活下去的往往不是最强的物种，而是能够适应外部环境变化的物种。自然界的这一规律在商界同样适用，企业要想基业长青，唯有不断地学习成长，并发扬自我批判精神，不断地吐故纳新，自我革新。而变革正是企业通过组织、流程、文化等方面的持续改善来更好地适应生存环境的过程。

自我学习的前提是自我批判，组织具备了自我批判精神，就会主动识别差距，不满足于现状，并对标优秀企业和行业优秀实践。任正非曾说："华为公司是否会垮掉，完全取决于自己，取决于我们的管理能否进步。管理能否进步，就是两个问题：一是核心价值观能否让我们的干部接受，二是能否自我批判。"因此，一个企业的各级员工特别是管理层是否具备不断学习且自我批判的能力，是 IPD 变革能否持续推行且不断深入的关键因素之一。

缩略语表

［1］ADCP，Availability Decision Check Point，可获得性决策评审点。

［2］APQC，American Productivity & Quality Center，美国生产力与质量中心。

［3］AT，Administrative Team，行政管理团队。

［4］BEM，Business strategy Execution Model，业务战略执行模型。

［5］BG，Business Group，业务集团。

［6］BLM，Business Leadership Model，业务领先模型。

［7］BOM，Bill Of Material，物料清单。

［8］BP，Business Plan，商业计划。

［9］BU，Business Unite，业务单元。

［10］CBB，Common Building Block，公共构建模块。

［11］CDCP，Concept Decision Check Point，概念决策评审点。

［12］CDP，Charter Development Process，任务书开发流程。

［13］CDT，Charter Development Team，任务书开发团队。

［14］CMM，Capability Maturity Model，能力成熟度模型。

［15］CMMI，Capability Maturity Model Integration，能力成熟度模型集成。

［16］DCP，Decision Check Point，决策评审点。

［17］DFX，Design for X，面向产品生命周期某环节的设计。

［18］DSTE，Develop Strategy To Execution，从战略规划到执行。

［19］E2E，End to End，端到端。

［20］EA，Enterprise Architecture，企业架构

［21］EMT，Executive Management Team，经营管理团队。

［22］EOM，End Of Marketing，停止销售。

［23］EOP，End Of Produce，停止生产。

［24］EOS，End Of Service&Support，停止服务与支持。

［25］GA，General Availability，一般可获得性。

［26］HRBP，Human Resource Business Partner，人力资源业务合作伙伴。

［27］IBM，International Business Machines，国际商业机器公司。

［28］IO/S BP，Initial Offering/Solution Business Plan，初始产品包/解决方案商业计划。

［29］IPD，Integrated Product Development，集成产品开发。

［30］IPMT，Integrated Portfolio Management Team，集成组合管理团队。

［31］IRB，Investment Review Board，投资评审委员会。

［32］ISC，Integrated Supply Chain，集成供应链。

［33］ITMT，Integrated Technology Management Team，集成技术管理团队。

［34］ITR，Issue To Resolution，从问题到解决方案。

［35］KPI，Key Performance Indicator，关键绩效指标。

［36］LDCP，Lifeend Decision Check Point，生命周期结束决策评审点。

［37］LM，Line Manager，资源经理。

［38］LMT，Lifetime Management Team，生命周期管理团队。

［39］LPDT，Leader of PDT，PDT 经理。

［40］LTC，Lead To Cash，从线索到回款。

［41］MC，Management Committee，跨部门委员会。

［42］MECE，Mutually Exclusiv Collectively Exhaustive，不重复无遗漏。

［43］MKT，Marketing，市场部。

［44］MM，Marketing Manage，市场管理。

［45］NPI，New Product Introduction，新产品导入。

［46］OEM，Original Equipment Manufacturer，原始设备制造商。

［47］ODM，Original Design Manufacture，原始设计制造商。

［48］OKR，Objectives and Key Results，目标和关键成果。

［49］OSG，Operation Steering Group，运作指导团队。

［50］O/S BP，Offering/Solution Business Plan，产品包/解决方案商业计划。

［51］PA，Product Assistant，产品助理。

［52］PACE，Product And Cycle-time Excellence，产品及周期优化法。

［53］PBC，Personal Business Commitment，个人绩效承诺。

［54］PCB，Printed Circuit Board，印刷线路板。

［55］PD，Product Director，产品总监。

［56］PDP，Project Defined Processes，项目定义流程。

［57］PDT，Product Development Team，产品开发团队。

［58］PDCP，Plan Decision Check Point，计划决策评审点。

［59］PLM，Product Lifecycle Management，产品生命周期管理。

［60］PM，Project Manager，项目经理，或者Product Manager，产品经理

［61］PMBOK，Project Management Body Of Knowledge，项目管理知识体系。

［62］PMI，Project Management Institute，项目管理协会。

［63］PMT，Portfolio Management Team，组合管理团队。

［64］PO，Purchase Order，销售订单。

［65］PQA，Product Quality Assurance，产品质量保证工程师。

［66］PRINCE2，PRoject IN Controlled Environment 2，受控环境下的项目管理2。

［67］QA，Quality Assurance，质量保证工程师。

［68］RDP，Roadmap Development Process，路标开发流程。

［69］RMT，Requirement Management Team，需求管理团队。

［70］SDV，System Design Verify，系统设计验证。

［71］SE，System Engineer，系统工程师。

［72］SGS，Stage-Gate System，门径系统。

［73］SIT，System Integration Test，系统集成测试。

［74］SOW，Statement Of Work，工作任务书。

［75］SP，Strategy Plan，战略规划。

［76］ST，Staff Team，业务管理团队。

［77］SVT，System Verification Test，系统验证测试。

［78］TDT，Technical Development Team，技术开发团队。

［79］TL，Technical Leader，技术专家。

［80］TMG，Technical Management Group，技术管理组。

［81］TMT，Technical Management Team，技术管理团队。

［82］TR，Technical Review，技术评审。

［83］VDBD，Value Driven Business Design，价值驱动的业务设计。

［84］WBS，Work Breakdown Structure，工作分解结构。

［85］xDCP，x Decision Check Point，某决策评审点。

［86］$APPEALS，价格（$Price）、可获得性（Availability）、包装（Packaging）、性能（Performance）、易用性（Ease of use）、保证（Assurances）、生命周期成本（Life cycle costs）、社会接受程度（Social acceptance）八个要素的缩写。

参考文献

［1］巴纳德．经理人员的职能［M］．王永贵，译．北京：机械工业出版社，2007．

［2］明茨伯格．卓有成效的组织［M］．魏青江，译．杭州：浙江教育出版社，2020．

［3］哈默，钱皮．企业再造：企业革命的宣言书［M］．王珊珊，胡毓源，徐荻洲，译．上海：上海译文出版社，2007．

［4］达夫特．组织理论与设计［M］．王凤彬等，译．北京：清华大学出版社，2017．

［5］科特．领导变革［M］．徐中，译．北京：机械工业出版社，2021．

［6］科克斯三世，施莱尔．瓶颈理论手册［M］．张浪，王华，译．北京：电子工业出版社，2015．

［7］黄卫伟．以客户为中心：华为公司业务管理纲要［M］．北京：中信出版社，2016．

［8］黄卫伟．以奋斗者为本：华为公司人力资源管理纲要［M］．北京：中信出版社，2014．

［9］夏忠毅．从偶然到必然：华为研发投资与管理实践［M］．北京：清华大学出版社，2019．

［10］樊辉．业务增长战略：BLM战略规划7步法［M］．北京：电子工业出版社，2022．